아픔도 가꾸면 반짝인다

강태근 문학시평 · 칼럼집

아픔도 가꾸면 반짝인다

1판1쇄 | 2018년 11월 10일

지은이 강태근
발행인 이영옥
편집 김원선

펴낸곳 이든북
출판등록 제2001－000003호
주소 34625 대전광역시 동구 태전로 43－1 (의지빌딩 201호)
전화번호 (042)222－2536 | **팩스**(042)222－2530
전자우편 eden－book@daum.net

ISBN 979－11－87833－68-0 03810
값 15,000원

* 이 도서의 국립중앙도서관 출판예정도서목록(CIP)은 서지정보유통지원시스템 홈페이지(http://seoji.nl.go.kr)와 국가자료종합목록시스템(http://www.nl.go.kr/kolisnet)에서 이용하실 수 있습니다.
(CIP제어번호 : CIP2018035251)

강태근 문학시평 ◦ 칼럼집

아픔도 가꾸면 반짝인다

강 태 근

|머리말|

이삭을 주우며

노을이 물들고 있는 들녘에 서서
한생을 가꾸어온 문학의 전답을 바라본다.
흉년이다.
부푼 꿈으로 야심차게 튼실한 씨앗을 뿌렸지만
아픈 세월의 상처가 할퀴고 간 들녘에는
제대로 자란 곡식이 없다.
세상의 헛것에 너무 많이 한눈을 팔았다.
뒤늦게나마
남에게, 세상에 속는 것보다 자신의 무지에 속는 것이
더 아프다는 걸 깨달은 게 그나마 다행이다.
우선 이삭들을 주워 밭을 정리하고
계절에 맞는 고소득 품종들로만
부지런히 파종을 시작해야겠다.
정말로, 한눈팔지 말고!

▌차례▐

PART 2 문학시평

PART 부록 강태근 소설의 위상

1

칼럼

대통령의 양심

대선이 앞당겨질 것이 예상되면서 내로라하는 대선 주자들이 앞 다투어 출마를 선언하고 있다. 유권자들은 누구를 선택해야 할지 고민이 깊다. 탄핵 정국을 지켜보면서, 이번에야 말로 표를 찍은 손가락을 잘라버리고 싶은 통한의 후회를 하지 말아야겠다고 자각한 유권자들이기에, 고민은 더 깊을 수밖에 없다.

미국 제28대 윌슨 대통령에게 한 비서관이 찾아왔다. 그 비서관은 잠시 업무를 접어두고 기분전환을 좀 하는 게 어떻겠느냐고 말했다. 윌슨 대통령은 무언가 생각하다가 "내 상관이 허락하지 않을 걸세."라고 말했다. 비서관은 의아해하며 다시 물었다. "지금 상관이라고 하셨습니까?" 그러자 윌슨 대통령이 대답했다. "그렇다네. 내 상관은 바로 양심일세. 양심상 업무 수행에 매진할 수밖에 없기에 자네의 제안을 받아들일 수 없네."

양심의 사전적 의미는 '자신의 행위에 대하여 옳고 그름과 선과 악의 판단을 하는 도덕적 의식'이다. 지도자의 자격은 바로 이 '양심'이 첫 번째 덕목이 되어야 하지 않을까. 그리고 옳은 일에는 포퓰리즘에 영합하지 않고 소신 있게 추진하는 '정직성'을 갖추어야 하고.

미국 국회도서관에서 오랫동안 공개하지 않았던 상자를 공개했다. 그 상자는 아브라함 링컨이 암살당한 1865년 4월 14일 밤에 링컨 대통령의 주머니에 들어 있었던 물품을 담아 놓은 상자였다. 'A. 링컨'이라고 수를 놓은 손수건 한 장, 펜을 수리할 때 사용하는 소형 나이프, 실로 묶어서 고쳐 놓은 안경집, 5달러 지폐 한 장이 든 지갑, 신문기사를 스크랩한 낡은 종이 몇 장. 이것이 링컨이 암살당하던 날 주머니 속에 넣고 있었던 물건들의 전부였다. 그 가운데 사람들의 관심을 끈 것은 스크랩한 신문기사였다. 그 기사들은 아브라함 링컨에 관한 기사로, 그 중 하나는 아브라함 링컨을 '역사상 가장 위대한 인물 가운데 한 분'이라고 언급한 존 브라이트의 연설문이었다.

지금은 거의 모든 미국인들이 링컨을 가장 위대한 대통령으로 꼽고 있지만 그 당시에는 수백만의 사람들이 링컨 대통령을 반대했다. 실제 그는 미국 역사상 생전에 그처럼 논란과 시비의 표적이 된 대통령이 없을 정도였다. 링컨을 비난한 사람들의 수가 많았을 뿐만 아니라, 그에 대한 행동도 거칠었다. 링컨의 외모만 보아도 기분이 나쁘다며 원숭이, 바보, 괴물, 허풍선이, 사기꾼이라고 별명을 붙일 정도였다. 남부 사람들은 자신을 뽑아 준 것을 기억하지 못하는 배신자라고 분노했고, 북부 사람들은 분리주의적인 행동을 엄단하겠다는 링컨을 몹시 싫어했다.

아마도 링컨은, 맹목적인 증오와 잔혹한 전쟁으로 인해 국민들이 남과 북, 또 계층끼리 분열되는 것을 걱정하는 그를 비난하는 사람들로, 고통의 나날을 보냈을 것이다. 그렇기 때문에 이례적으로 그를 칭찬한 존 브라이트의 기사들을 스크랩하여 주머니에 넣고 다녔을 것이다. 그리고 암살당하기 직전까지도 묵묵히 자신의 양심이 시키는 대로 정직하게 소신을 가지고 임무를 수행했을 것이다.

지금 대한민국의 국민들은 미국의 '윌슨 대통령'과 '링컨 대통령' 같은, '양심'과 '정직'을 겸비한 대통령을 학수고대하고 있다.

그 임금에 그 신하

정유년 새해가 밝았다. 새해가 밝았지만 국민들의 마음은 어둡고 착잡하다. 순수성이 퇴색해가는 촛불 집회와 국회국정조사 청문회 그리고 헌법재판소의 탄핵 심판 과정을 지켜보면서, 과연 정유년에는 진정 희망의 메시지를 알리는 닭 울음소리가 울려 퍼질 수 있을까, 걱정이 앞선다. 특히 국정 농단의 책임을 회피하고 '모르쇠'로 일관하는 국정 책임자들과 모든 잘못을 부하들에게 떠넘기는 박 대통령의 한심한 작태는 '이 나라에는 언제나 난파 직전의 대한민국 호를 순항으로 이끌 선장이 나타날 것인가, 하는 자탄의 한숨을 몰아쉬게 한다.

모든 국정을 책임지고 이끌어야 할 대통령의 마음 자세가 그러하니, 그 밑의 위정자들의 행동거지가 올바를 리 없다. '임금이 밝으면 신하는 곧다'라는 말이 새삼 가슴을 저리게 한다.

조선 숙종 때의 일이다. 당하관 벼슬에 있던 이관명이 암행어사가 되어 영남 지방을 시찰하고 돌아와 숙종에게 보고한다. "통영에 소속된 섬 하나가 있는데, 무슨 일인지 대궐의 후궁 한 분의 소유로 되어 있었습니다. 그런데 그 섬 관리의 수탈이 어찌나 심한지 백성들의 궁핍을 차마 눈으로 볼 수가 없을 지경이었습니다." 그러자 숙종은 화를 벌컥 내면서 책상을 내리

친다. "과인이 그 조그만 섬 하나를 후궁에게 준 것이 그렇게도 불찰이란 말인가!" 갑자기 궐내의 분위기가 싸늘해졌지만, 이관명은 조금도 굽히지 않고 다시 아뢴다. "신은 어사로 어명을 받들고 밖으로 나가 1년 동안 있었습니다. 그런데 전하의 지나친 행동이 이 지경에 이르렀는데도 누구 하나 전하께 진언을 올리지 않은 모양입니다. 그러니 저를 비롯하여 이제껏 전하에게 직언하지 못한 대신들도 아울러 법으로 다스려주십시오." 숙종은 여러 신하 앞에서 창피를 당하자 화가 치밀어 올라 승지를 불러 전교를 쓰라고 명한다. 신하들은 이관명에게 큰 벌이 내려질 것으로 알고 숨을 죽인다.

그러나 숙종의 입에서는 뜻밖의 교지가 내려진다. "전 수의어사 이관명에게 부제학을 제수한다." 그리고 숙종은 다시 명한다. "부제학 이관명에게 홍문제학을 제수한다." 신하들이 저마다 웅성거리는데 또다시 숙종은 승지에게 명을 내린다. "홍문제학 이관명에게 예조참판을 제수한다."

숙종은 따로 이관명을 불러들여 말했다. "경의 간언으로 이제 과인의 잘못을 깨달았소. 앞으로도 그와 같은 신념으로 짐의 잘못을 바로잡아 나라를 태평하게 하시오." 권력 앞에서 그릇된 것을 그릇되다 말하는 용기도 훌륭하지만, 충직한 신하를 알아보는 숙종 임금의 안목이 더 훌륭하다.

이번 경악할 국정농단은 어디에서 발단한 것인가. 일차적인 책임은 혜안이 부족한 박 대통령의 인품과 지도력에 있다. 그리고 대통령의 잘못된 판단을 그르다고 직언하지 못한 관리들에게 있다. 임금이 밝으면 신하는 곧다'라는 말이 새삼 가슴을 저리게 하는 이유이기도 하다.

우리가 꿈꾸는 '정의를 외칠 수 있는 사회', '현자를 알아보는 사회', '상식이 통하는 사회'는 다름 아닌 '임금님 귀는 당나귀 귀다!'라고 떳떳하게 외칠 수 있는 소통의 사회에서만이 가능하다.

가면무도회는 끝났다

가면무도회는 끝났다. 이제 박 대통령은 가면을 벗고 지체 없이 무대에서 내려와야 한다. 공연을 망친 것을 관객들에게 사죄하고, 역시 자신이 삼류 정치 배우였음을 통감하고 정치 무대 뒤로 사라져야 한다. 광화문에서, 전국 각지에서, 세계 곳곳에서 촛불을 들고 비싼 관람료를 환불해달라고 아우성치는 관객들을 더 이상 분노하게 해서도, 실망시켜서도 안 된다.

지난 대선을 돌이켜보면, 박근혜 대통령, 당신을 주연으로 무대에 세운 것은 당신이 뛰어나서가 아니었다. 당신이 소속되어 있는 새누리 극단은 계속되는 실정으로 관객들을 실망시켰고, 그래서 민주 극단에서 주연배우가 선정되어 새로운 공연을 맡게 될 수밖에 없는 상황이었다. 그러나 정치 극단이라는 것들의 속성이 그렇듯, 민주 극단들 역시 저희들이 잘 해서 다음 공연을 맡게 되는 줄 착각하고 젯밥에만 정신이 팔려 추태를 부리다가 관객들을 불안하게 만들었다. 그래서 당신 아버지의 향수에 젖은 관객들과 평생 독신으로 나라의 안위만을 생각하며 살았다는 당신의 말을 믿는 관객들이, 다음 공연의 환골탈태를 기대하며, 당신 극단과 당신을 다시 선택할 수밖에 없었던 것이다.

공연 초반에는 당신의 그럴듯한 연기에 박수갈채도 쏟아져 나왔다. 하지만 공연이 계속될수록 비싼 관람료를 지불한 관객들의 실망의 목소리는 커져만 갔다. 그러다가 당신은 역시 중요한 공연을 맡을 만한 연기력도, 다른 조연 배우들과 호흡을 맞추며 공연을 조화롭게 이끌어갈 능력도 없는 배우라는 사실이 하나 둘 들통이 나기 시작하더니 급기야, 극단이 해체될 지경에 이르는 악연을 자행하고 말았다.

이번의 돌이킬 수 없는 실수로, 당신은 역시 리더로서 갖추어야 할 세 가지 덕목이 부족한 지도자라는 것이 판명되었다. 지도자가 갖추어야 할 세 가지 덕목은 무엇인가. 그것은 신(信), 의(義), 혜(慧), 세 가지다. 지도자는 구성원들에게 믿음을 주어야 하고, 의로워야 하고, 앞을 내다볼 줄 아는 지혜 즉 혜안이 있어야 한다.

믿을 신(信)은 사람 인(人)변에 말씀 언(言)으로 이루어진 글자다. 지도자는 구성원들에게 한 약속은 어떠한 일이 있더라도 지켜야 한다. 그래야 믿음을 얻을 수 있다. 당신은 다소 이 덕목을 알고는 있는 것 같으면서도, 소통과 유연성이 부족했다.

의로울 의(義)는 양(羊) 밑에 나 아(我)로 이루어진 글자다. 양은 서양에서 희생의 제물로 바쳐졌다. 즉 옳음을 위해서는 나를 먼저 희생의 제물로 바치는 것이 참다운 지도자다. 바로 기독교인들이 말하는 십자가 정신이다. 계백이 오천의 군사로 십만의 나당 연합군과 아홉 차례나 싸워 이길 수 있었던 것도 이 의로움의 정신을 몸소 실천했기 때문이다. 당신은 이 의로움의 칼을 엉뚱하게 휘둘러, 작금의 사태를 초래했다.

지혜 혜(慧)는 싸리비로 쓸 혜(彗) 밑에 마음 심(心)으로 이루어진 글자다. 즉 앞을 내다볼 줄 아는 지혜는 마음의 욕심을 말끔하게 쓸어낼 때에 생긴다. 그래야 구성원들을 이끌고 함께 어디로 향해야 할 것인지 앞길이 보인다. 지금이야 말로 모든 욕심을 내려놓고 천애의 벼랑 끝에 서있는 당신의 발밑을 먼저 내려다보아야 할 때다.

중국의 계몽주의 지식인 량치차오(梁啓超)는 1910년에 쓴 「조선 멸망의 원인」이란 글에서 우리의 민족성을 비판했다. "조선 사람들은 화를 잘 낸다. 모욕을 당하면 곧 팔을 걷어붙이고 일어난다. 그러나 그 성냄은 얼마 안 가서 그치고 만다. 한번 그치면 죽은 뱀처럼 건드려도 움직이지 않는다."라고 지적했다. 그동안 위정자들은 이러한 우리의 고질적인 민족성을 교묘하게 이용했다. 행여 전무후무할 저 꺼질 줄 모르는 촛불의 분노를 그렇게 착각하지 않기를 바란다.

가장 무서운 암세포

인류는 생(生)에서 출발해서 사(死)로 가는 여정에서 병마와 싸움을 계속하고 있다. 과거에 가장 피해가 컸고 공포의 대상이었던 병은 페스트다. 페스트는 1347년 킵차크 부대에 의해 아시아 내륙에서 유럽으로 전파되었다. 일명 '흑사병'이라고도 불렸던 이 병으로 인해 당시의 유럽 인구가 1/5로 줄어들었으며, 백년전쟁이 중단되기도 했다. 대규모의 노동력의 손실은 유럽 경제의 기반을 이루고 있던 장원제도와 봉건제도를 뒤흔들었다. 또한 죽음에 대한 공포는 사람들로 하여금 미신에 지나치게 의존하게 하였다.

현대의 가장 무서운 병은 암이다. 그동안 꾸준한 연구로 어느 정도 치유의 성과를 보이고는 있으나, 현대인은 누구나 암의 공포에서 자유롭지 못하다. 그러나 이 암도, 페스트가 그러 했던 것처럼, 언젠가는 인간에 의해 정복될 날이 올 것이다. 지금 우리 사회에는 이보다 더 무서운 암세포가 만연하고 있다. 양심이 간지럼조차 타지 않는 몰염치의 암세포다. 이 암세포가 무서운 것은 인간 자체가 병원체이기 때문에 인간 스스로 치유하지 않으면 대책이 없다는 점이다.

맹자는 사단설(四端說) 가운데 수오지심(羞惡之心)을 말하면서 "부끄러워하는 마음이 없으면 사람이 아니다"라고 했다. 아담과 이브가 에덴동산에서 선악과를 따먹고 인간으로서 느끼게 된 최초의 감정도 부끄러움이다. 인간이 만물의 영장의 자격을 갖는 것도 수오지심 때문일 것이다. 사회 지도층이 수오지심을 잃으면 나라가 부패하게 되고, 종국에는 망국에까지 이르게 된다.

조선 말기에 시행한 팽형(烹刑)도 이 수오지심을 이용한 중형이었다. 서울 종로구 혜정교에서 시행된 이 형벌은 나라의 재물이나 백성의 재물을 탐한 탐관오리를 가마솥에 넣고 삶는 시늉을 하는 공개형이다. 가마솥에 담긴 죄인은 시체처럼 시늉을 해야 하고 유족들은 통곡하면서 살아있는 시체를 칠성판에 뉘어 들고 가서 장례를 치러야 한다. 이후 죄인은 호적과 족보에 죽은 사람으로 등재된다. 비록 몸은 죽지 않았으나 죽음보다도 더한 심적 고통이 따르는 형벌이다. 그렇기 때문에 이 형벌을 받기보다 자살을 선택하는 사람이 많았다.

이런 형벌이 우리 사회에서 얼마나 실효성을 거둘 수 있을까. 실효를 거두기는커녕 코웃음거리가 될 것이 뻔하다. 고위 공직자와 사회 지도층의 비리와 범죄는 그 수법에도 혀를 내두를 지경이지만, 범법을 저지른 공직자들에게서 일말의 죄의식조차 찾아볼 수 없는 뻔뻔스러운 거짓말에 더 혐오를 느낀다. 더욱이 우리를 경악케 하는 것은, 얼마 전 청소년들을 대상으로 '만약에 10억이 생긴다면 범죄를 저지르고 감옥살이를 하고 나오겠느냐'는 설문에 45%가 '그렇게 하겠다'고 응답한 사실이다. 우리 사회가 얼마만큼 심각하게 몰염치의 암세포에 오염되어 있는가를 실감할 수 있다.

다시 암세포 얘기를 하자. 암은 정상세포가 변해서 생겨난 것이지만, 그 성장과 분열을 조절하는 정상적인 통제기능이 말을 듣지 않음으로써 제멋대로 분열, 증식하는 일종의 무법자와도 같다. 일정 횟수 이상 증식을 하지 않는 보통 세포와 달리 암세포는 조건만 맞으면 시험관 내에서도 무한히 증식한다. 지금 몰염치의 암세포는 증식하기 좋은 우리의 사회 환경에서 무섭게 번져나가고 있다. 그리고 더 두려운 것은 그것을 알고도 무감각해져가는 국민의식이다.

청산(淸算)이 청산(靑山)을 만든다

새 정부 들어 적폐청산을 놓고 여야 간의 공방이 뜨겁다. 적폐청산이라는 미명 하에 치졸한 정치보복을 하고 있다는 야당의 주장과 촛불 혁명의 정신으로 깨끗한 나라, 바른 나라를 세우기 위한 필연의 과정이라는 여당의 주장이 첨예하게 맞서고 있다. 특히 과거 여당이었던 야당의 반발이 거세다. 그러나 지난 정권의 적폐가 속속 드러나면서 야당의 주장은 설득력을 잃어가고 있다.

진부한 얘기지만 공직자의 기강이 바로 서지 않고서는 나라가 바로 설 수 없다. 공직자가 수범을 보이지 않고서는 나라의 법과 원칙이 지켜질 수 없다. 세르반테스의 우화처럼, 어미 게가 새끼 게들에게 옆으로 걷지 말고 앞을 보고 똑바로 기어가라고 아무리 호통을 쳐도, 어미가 시범을 보여주지 않는 한 새끼 게들에게는 소귀에 경 읽기밖에 될 수 없다.

옛날 어느 나라에 효성이 지극한 왕이 있었다. 왕은 백성들에게 존경받을 만큼 어질었다. 하지만 법을 위반했을 때는 누구도 예외 없이 40대의 태형으로 엄하게 다스렸다. 그런데 공교롭게도 왕의 어머니가 법을 어기는 일이 생겼다. 신하들은 저마다 근심스러운 얼굴로 수군거렸다. 효성이 지극한 왕이 어머니라고 봐준다면 나라의 공의와 질서가 무너질 텐데 어찌할 것인가라고.

왕은 깊은 생각에 잠겼다가 "짐의 어머니를 기둥에 묶어라. 그리고 법대로 40대를 쳐라."라고 무겁게 입을 열었다. 일순 신하들은 놀라 당황했지만 왕의 명령대로 시행할 수밖에 없었다. 그렇게 해서 매를 치려는 순간 왕이 어머니에게 달려들어 어머니를 껴안았다. 왕은 어머니를 대신하여 40대의 매를 고스란히 다 맞았다. 왕의 옷은 상처의 피로 흥건히 젖었다. 이 사실이 백성들에게 알려지자 그 나라는 더욱 법을 잘 지키는 나라가 되었다.

사람을 평등하고 행복하게 만드는 기본요소는 누구에게나 동일하게 적용되는 법과 공의다. 법과 원칙과 공의가 바로 세워질 때 모두가 행복해질 수 있다. 그래서 나라가 부패로 병들었을 때 묘약으로 법과 공의와 원칙을 처방하는 것이 아니겠는가. 장개석이 비교할 수 없는 우위의 전력을 가지고도 부패 때문에 대만으로 패주하여 나라를 바로 세우기 위해 결행한 것도 부패 척결이었다. 부패에 연루된 며느리와 친인척들을 예외 없이 법과 원칙에 따라 엄벌하여 나라를 바로 세웠다. 이집트의 나세르 대통령 역시 딸이 제 실력으로 이집트 제일의 국립대학에 들어갈 수 없게 되어 특혜 입학을 권유받자, 단호하게 거절하고 딸에게 가사를 돌보게 하여 국민들로부터 존경을 받았다.

그런데 이 나라를 병들게 한 지도자들의 작태는 그동안 어떠했는가. 가진 자들의 갑질은 또 어떠했는가. 두 말이 필요 없다. 그동안 되풀이되어온 적폐청산은 여야의 정쟁의 대상이 될 수 없다. 적폐 청산은 제대로 된 나라, 바른 나라 세우기를 표방하고 있는 이 정권이 반드시 청산하고 넘어가야 할 과제이자 온 국민의 해묵은 염원이다.

무술년 새해가 밝았다. 지난해는 온갖 정치적인 소음으로 온 나라가 시끄러웠고, 난무하는 베드로의 닭울음소리로 국민들은 정치에 신물이 났다. 위정자들이여, 공직자들이여! 깨끗한 나라, 바른 나라를 세우려거든 먼저 자신부터 깨끗해져라. 속죄하고 거듭 나라. 무술년 새해에는 정치판에도 명견 짖는 소리만 요란하기를 국민들은 소망하고 있다.

'김영란 세트 메뉴' 유감

김영란 법의 실시를 앞두고 관공서 주변의 식당가에 구만 구천오백 원짜리 세트 메뉴가 출시되었다고 한다. 공직자가 십만 원 이상의 식사 대접을 받으면 처벌 대상이 되니까, 십삼만 오천 원에 상당하는 메뉴를 구만 구천오백 원으로 가격을 낮췄다는 것이다. 소비자 입장에서는 반가운 일이기는 하나 어쩐지 씁쓸한 뒷맛이 남는다.

공직자의 부정부패는 과거나 현재나 끊임없이 사회적 문제가 되고 있다. 부정부패가 횡행한 나라치고 그 명맥을 온전하게 유지한 사례가 없다. 그래서 공직자의 청렴도를 일등 국가의 기본으로 삼고, 청렴에 관한 일화도 많이 회자되고 있다.

중국 송나라 때에 한 벼슬아치가 진귀한 옥을 가지고 재상 '자한'을 찾아갔다. 옥을 뇌물로 바치고 청탁을 할 생각에서였다. "세상에서 구하기 힘든 진귀한 옥입니다. 제가 보배로 여기며 이제까지 보관해 왔으나 이제는 재상께 바치고자 합니다."라고 벼슬아치가 말하자, 평소 청렴하고 고결한 인품을 지녔던 자한은 이렇게 거절했다. "당신은 이 옥을 보배로 여기고 있으나, 나는 탐내지 않는 마음을 귀한 보배로 여기고 있소. 내가 이 옥을 받으면 우리 둘 다 귀한 보배를 잃어버리는 것이 되지 않겠소? 그러니 도로 가지고 가시오." 이 일화만 듣고도 재상 '자한'이, 공직을 수행했던 송나라가 어떤 나라였으리라는 것을 짐작할 수 있다.

그렇다. 공직사회의 청렴의 기풍은 흐르는 물과 같다. 윗물이 맑아야 아랫물이 맑다. 지도자가 먼저 청렴의 수범을 보이고 공무집행이 공정하면, 맑은 물이 흘러 혼탁한 물을 정화시키듯, 아래 공직자들도 자세를 바르게 가다듬게 된다. 이를 뼈아프게 체험하고 수범을 보인 것이 타이완의 초대 총통 장개석이다. 장개석은 모택동보다 물량적으로 훨씬 우위의 조건으로 싸웠으나, 군대의 부정부패로 참패를 당한 후 타이완으로 쫓기는 신세가 되었다. 이후 장개석은 자신부터 청렴의 모범을 보이며, 밀수에 연루된 며느리를 가차 없이 처벌하는 등 엄중하게 공직사회의 기강을 바로잡고, 사회를 정화해 나갔다. 이집트 대통령 나세르도 딸이 카이로대학의 입학시험에 실패하자, 직권으로 딸을 입학시키지 않고 집안일을 돌보게 했다.

구태여 남의 나라에서 예를 찾을 필요도 없다. 역대 임금 중 성종도 청렴의 수범을 보이며 공정하게 정사를 처리한 지도자로 평가된다. 많은 일화 가운데 하나만 언급하자. 성종의 외척으로 승지 벼슬을 한 사람이 있었는데, 수입 고급 향나무인 자단향으로 집을 지었다는 소문이 성종의 귀에 들어오자 내시를 보내어 확인한 후, 대비가 용서를 구할 것을 염려하여, 그 자리에서 병이 있어 요양한다고 경복궁으로 옮겨갔다. 성종은 그 외척의 사형집행이 끝나자 병이 나았다고 환궁했다.

지금 청탁 비리로 처벌 대상이 된 전 진모 검사장에 관한 기사로 매스컴이 시끄럽다. 국민들은 이제 분노할 기력조차 없다. 법치 질서를 바로잡는데 수범을 보여야 할 검찰의 고위 공직자가 비리를 저지르는 사건이 계속되는 현실을 언제까지 바라보아야만 하는 것인지 암담하기만 하다. 엄청난 범법을 저지르고 복역한 대통령이 반성은커녕 '갖은 재산은 29만 원밖에 없다'고 버티다가 강제 추징을 당하는 나라의 공직사회가 언제나 제대로 정화될지 요원하기만 하다.

소 귀에 경 읽기겠지만, 공직자들에게 '소크라테스'의 경구를 들려주고 싶다. "좋은 평판을 최고의 보물로 생각하라. 명성은 불꽃과 같아서 불을 붙이면 그 불꽃을 유지하기가 비교적 쉽지만, 꺼뜨리고 나면 다시 그 불꽃을 살리기가 어렵기 때문이다. 좋은 평판을 쌓는 방법은 당신이 보여주고 싶은 모습을 갖추기 위해 노력하는 것이다."

공직자들이 보여주고 싶은 모습은 무엇이어야 하는가. 두말할 필요 없이 '청렴'이다.

다시 '김영란 법'을 생각한다

김영란 법의 시행을 앞두고 법을 보완해야 한다는 의견들이 제기되고 있다. 법이 형평성에 맞지 않고, 선물의 상한선도 현실 상황을 고려하지 않은 획일적인 규정이라는 것이다. 이러한 주장은 설득력을 갖기에 충분하다.

먼저, 청렴의 모범을 보여야 할 국회의원과 시민단체에 대해 예외 규정을 둔 것은 그 명분이 약하다. 특혜의 인상을 지울 수 없다. 지도자의 청렴은 사실상 규정에 앞서 그 마음 자세가 중요하기는 하다. 청렴한 지도자는 외적인 규제보다도 청정에 충실해야 하기 때문이다. 정약용은 『목민심서』에서 '상산록(象山錄)'을 인용하여, 청렴하다는 것에는 세 등급이 있다고 다음과 같이 말한다.

"최상의 청렴한 이는 자기의 봉록 이외에는 아무것도 먹지 않는다. 그가 먹다가 남은 것도 또한 가지고 돌아가지 않는다. 돌아가는 날에는 다만 채찍 하나만 쥐고 간다. 이것을 옛날에 청렴한 관리라고 말하였다. 그 다음은 자기의 봉록 이외에도 그 명목이 정당하지 않은 것은 먹지 않으며, 그가 먹다 남은 것은 자기 집으로 실어 간다. 이것은 중고(中古)에서 청렴한 관리라고 말하던 것이다. 최하급의 자는 이미 규례를 이루고 있는 것이면 그 명목이 비록 정당하지 않은 것이라도 먹고, 규례로 돼 있지 않은 것은 제가 먼저 악례(惡例)를 만들지는 않는다."

국회의원과 시민단체에 대해 예외 규정을 두자는 것은 자칫 악례를 만들자는 것으로 오해될 수 있다. 청렴의 근간은 신독(愼獨)이다. 홀로 있을 때에도 도리에 어긋남이 없도록 삼가며, 혹여 판단을 잘못하여 흐트러짐이 있을 때는 충언을 받아들여 잘못을 바로잡는 것이 지도자의 자세다. 청렴한 군왕으로 회자되고 있는 성종은 가뭄에 송골매를 키우는 데 대하여 신종호가 상소를 올리자 겸허하게 수렴하였고, 승지·육조·삼사(三司) 등 모든 관아에 각각 붓 40자루와 먹 20개씩을 내리면서 자신의 과실을 수시로 적어 올리라고 분부하였다.

『돈키오테』의 저자 세르반테스의 우화에 '어미 게와 새끼 게'의 이야기가 있다. 어느 날 어미 게가 새끼 게들이 앞으로 걷지 않고 옆으로 걷는 모습을 보고, 앞으로 똑바르게 걸으라고 훈계를 한다. 새끼 게들은 어미 게의 훈계에도 불구하고 자꾸 옆으로만 걷는다. 어미 게가 화가 나서 체벌을 하려고 하자, 새끼 게들이 어미 게에게 '어떻게 걷는 것이 똑바로 걷는 것인지 시범을 보여 달라'고 한다. 그러자 어미 게가 새끼 게들 앞에서 "이렇게, 이렇게 똑바로 걸으란 말이야! 정정당당하게 앞을 보고, 똑바로!"라고 큰소리를 치며 시범을 보이지만, 새끼 게들이 보기에는 어미 게의 걸음걸이가 자기들의 걸음걸이와 하나도 다른 것이 없어 당혹해 한다. 국회의원들이여, 시민단체들이여, 예외 규정을 주장하는 그대들의 모습이 바로 이 어미 게의 모습이 아닌지 자성해 보시라.

다음으로, 5만 원 이상의 선물은 할 수 없다는 규정은 현실의 실정에 맞지 않으며 그러지 않아도 나쁜 경제를 더욱 악화시킬 것이라고, 축 · 수산업자들이 거칠게 항의하는 것도 수용하여 재고해야 한다.

법은 무엇인가. 상식이 우위인가, 법이 위인인가? 상식으로 해결되지 않을 때 법이 필요한 것이 아닌가. 법보다 상식이 통하는 사회가 좋은 사회가 아닌가. 그리고 법(法)은 물 수 변에 갈 거가 의미하는 대로, 고정 불변성보다도 유연성을 가지며 유익하게 흘러가야 하는 것이 아닌가. "법을 소중히 여겨 정의를 저버리는 것은 모자나 신을 귀하게 여겨 머리와 발을 잊는 것이다"라는 회남자(淮南子)의 말과 "법은 의복과 같아야 한다. 그들이 봉사해야 할 사람 몸에 꼭 맞게 만들어져야 한다"는 'J.로크'의 말을 생각하며, 김영란 법을 시행하기 전에, 숙고하고 보완하기 바란다.

반 잔의 술을 사랑한 사람들

또 한 사람, 반 잔의 술을 사랑한 시인이 떠났다. 임강빈. 그는 박용래, 이종수와 함께 반 잔의 술을 사랑할 줄 아는 우리 고장의 진정한 예술가였다. 항상 말이 없고, 말을 아끼고, 말을 삼키는 사람. 자기 생을 치열하게 담은 17권의 시집을 남기고도 평생 애송시 한 편 남기지 못했다고 자탄하며 떠난 시인, 임강빈.

그는 박용래 시인과 도예가 이종수의 삶의 빛깔과 동질의 삶을 살았다. 황토 빛의 삶을. "한때는 황토 빛깔을 그렸습니다. …나뭇가지에 앉은 새가 부러웠고 이슬 머금고 피던 들꽃들의 황토가 한없이 부러웠습니다."라고 고백한 박용래 시인처럼, 이종수도 임강빈도 그들이 지향했던 세계는 황토 빛이었다.

낙엽 밟는 소리를 들을 수 있도록 뜰에 내린 낙엽을 쓸지 말게 했던 시인 박용래. 민들레 한 송이에서도 고향을 느꼈던 그. 오솔길에 기운 낮달을 사랑했던 그. 창가의 외로운 물레를 찾고, 푸른 사과 향기에 취하고, 잎새를 스치는 바람에도 울고, 가장 가냘픈 것의 흔들림에도 울고, 가장 아름다운 솟구침에도 울었던 박용래의, 그 황토 빛깔은, 고스란히 이종수의 도자기의 근원적 빛깔이었고 임강빈의 청빈과 고독의 근원이었다.

그들은 "나는, 나의 내부에서 스스로 뛰쳐나오려는 것을 살아 보려 했을 따름이다. 그런데, 그것이 왜 그렇게도 어려웠던지"라고 한 에밀 싱클레르의 개탄에 공감할 수밖에 없는 삶을 살았던 것이다. 그들은 내부에서 스스로 뛰쳐나오려는 삶을, 순수를 지향하며, 세상의 속된 것에 상처받고 아파했다. 그러면서도 예술가의 자존심을 도도하게 지켜내려고 했다. 나는 감히 그 삶의 무늬를 황토 빛깔로 말하고 싶은 것이다.

시인이 너무 많아서 시인이 그리운 세상. 한 구절의 소중한 시구를 얻기 위해 양심의 심장에 펜을 박고, 거기서 솟구치는 피로 진실을 노래하는 시인을 찾아보기 힘든 세상. 오늘도 수준 미달의 문예지를 통해 국화빵 기계에서 빵이 구워져 나오듯이 양산되는 시인, 시인, 시인, 문인, 문인, 문인… . 그 시인들과 문인들을 양산해서, 문단의 권좌(?)에 앉아 허세를 부려보겠다는 한심한 사이비 문단 장사꾼들이 오늘따라 더 처연해 보이는 것은 무슨 까닭인가?

박용래도 갔고 이종수도 갔고. 임강빈도 이제, 떠났다. 이승에서 영원히 형상으로 남는 것은 없다. 그러나 형상은 사라져도 영원히 남는 것이 있다. 죽었어도 아직 살아 있는 사람이 있다.

구월이다. 가을이다. 황토 언덕에 지천으로 피는 구절초가 청아하게 산야를 물들이는 가을의 길목에서, 여전히 내 마음속에 살아 있는 세 아름다운 예술가와 함께, 반 잔의 술을 나누고 싶다. 그들이 이사 간 마을의 안부를 묻고 싶다.

어떻게 살다가 갈 것인가

호국 영령 앞에서 숙연해지는 6월이다. 값진 죽음에 대하여 생각해 보는 계절이기도 하다.

1833년 스웨덴에서 태어난 노벨은 33세 때에 최초로 다이너마이트를 발명하여 온 세상을 떠들썩하게 했다. 그 후 30여 년이 지난 어느 날 노벨은 신문 기사를 보다가 '다이너마이트의 왕 죽다. 죽음의 사업가. 파괴의 발명가 죽다'라는 기사 내용을 보고 충격을 받았다. 노벨의 형을 노벨로 착각하고 기사를 잘못 실었던 것이다.

그 기사를 보는 순간 노벨은 생각했다. 오늘이라도 내가 죽는다면 이 기사는 사실이 되고, 사람들은 나를 이렇게 평가할 것이 아닌가. 노벨은 착잡한 심정으로 숙고한 끝에, 다이너마이트로 모은 전 재산을 인류의 평화와 번영을 위해 공헌한 사람들을 기리고 지원하는 노벨상을 제정했다.

누구나 살면서 한두 번쯤은 죽음에 관해 생각해 봤을 것이다. 죽음에는 예외가 없다. 태어나면 반드시 죽는다. 오늘은 내 차례요, 내일은 네 차례다. 나도 어제 너와 같았으니, 너도 내일 나와 같으리라. 이것이 죽음의 실상이다. 하늘에서 죽을 날에 호명을 하면 지체 없이 대답하고 귀천해야 한다. 대리대답도 통하지 않는다.

죽음에는 선후배도 없다. 평균 수명을 대입하여 몇십 년 후에나 심각하게 생각해 볼 문제라고 여유를 갖는 것도 착각이다. 죽음에는 백 살 먹은 할아버지보다 세 살 먹은 손자가 얼마든지 선배가 될 수 있다. 그런데도 사람들은 자기만은 그 법칙에서 예외인 것처럼 착각하고 살 때가 많다.

묘비명을 보면 죽음의 실상과 그 사람의 생전의 삶의 자세를 엿볼 수 있다. 몇 사람의 묘비명을 보자. '우물쭈물하다가 내 이럴 줄 알았지(버나드 쇼)', '일어나지 못해 미안하다(헤밍웨이)', '살고 쓰고 사랑했다(스땅달)', '괜히 왔다 가네(걸레 스님 중광)', '이런! 그 사람 조금 전까지도 여기 있었는데…!(미국 코메디언 조지 칼린)', '태어나지 않았고 죽지 않았다. 다만 지구라는 행성에 다녀갔을 뿐이다(라즈니쉬)' 이 외에도 회자되는 묘비명이 많은데, 그 가운데 인상 깊었던 묘비명을 하나 더 소개한다.

"내가 젊고 자유로워 상상력이 한계가 없었을 때, 나는 세상을 변화시키겠다는 꿈을 가졌었다. 그러나 좀더 나이가 들고 지혜를 얻었을 때, 나는 세상이 변하지 않으리라는 것을 알았다. 그래서 내가 살고 있는 나라를 변화시켜야겠다고 결심했다. 그러나 역시 불가능한 일이라는 것을 알고 마지막 시도로 나와 가장 가까운 가족을 변화시키겠다고 결심했다. 그러나 아무것도 달라지지 않았다.

이제 죽음을 맞으며 문득 깨닫는다. 만약 내가 나 자신을 먼저 변화시켰더라면…. 그것을 본 가족이 변화되었을 것을…. 또한 그것에 용기를 내어 내 나라를 더 좋은 곳으로 바꿀 수 있었을 것을…. 그리고 누가 아는가? 세상까지도 변화되었을지….(성공회 어느 주교의 묘비명)"

왜 사는가? 역설 같지만, 잘 죽기 위해서 사는 것이 아닌가? 당신은 어떤 삶을 살다가 간 사람으로 평가받고 싶은가?

법 위의 법

"법률은 거미줄과 같다. 약자는 걸려서 꼼짝을 못 하지만 강자와 부자는 뚫고 나간다"는 '아나카르시스'의 말이나, "교수대는 가난한 자들만의 것이다"라는 프랑스의 격언은 법의 불공정성에 일침을 가하는 날카로운 비판이다.

필자는 얼마 전 뜻밖의 과세 통고를 받고 쓴웃음을 금할 수 없었다. 이천만 원에 가까운 양도소득세를 내라는 세무서의 과세 통고였다. 2년도 훨씬 전에 보증을 섰다가 강제 경매를 당한 주택에 대한 뒤늦은 과세 집행 통고였다. 과세 대상 주택은 실제로는 30년이 넘게 소유한 주택이라서 양도소득세 대상이 아니다. 그런데 보증을 서 주고 형식상의 등기만 하였다가 부채만 떠안게 된 다른 주택이 있었으므로, 1가구 1주택으로 볼 수가 없다는 것이다. 보증을 선 주택이 실제 필자의 소유가 아닐뿐더러 강제 경매로 2억 원 가까운 손해만 보았고, 그 건물은 이미 2년 전에 세금처리가 되었을 뿐 아니라 14일만 늦게 경매가 진행되었어도 과세 대상이 아니지 않느냐는 것을 입증해도 소용이 없었다. 그렇다면 과세 대상 건물은 구매 시의 건물이 아니라, 헐고 신축한 새 건물이니, 과표 평가만을 고집하지 말고 제대로 가치 평가를 해달라고 법원에 의뢰한 감정평가서를 첨부하여 청원해도 들은 성도 하지 않았다. 아무리 생각해도 강제 경매를 당하여 1원도 실제 이득이 발생하지 않았고, 2년이 경과한 후에 세무 신고를 하지 않았다고 누진세까지 붙여 과세한다는 것은 납득이 되지 않았다.

모든 법은 "통고를 받은 날로부터 ㅇㅇ일 이내에 이의나 소를 제기할 수 있다"는 것은 일반적인 상식이 아닌가. 그리고 강제 경매를 당하여 실제 이익이 발생하지 않았을 뿐 아니라, 가정이 파탄지경에 이르러 국가의 보살핌이 필요한 국민에게, 국가가 양도소득세를 부과한다는 법률지식을 알고 소득을 미리 신고한 국민이 몇이나 되는가. 처분청은 납세자에게 불이익을 주지 않기 위해서라도, 사전에 통보할 의무가 있고, 그것이 국민의 공복으로서 취해야 할 올바른 근무자세가 아닌가. 이는 '국가(정부)의 모든 권리는 국민으로부터 나오며 국가(정부)는 국민을 보호하고 그 고충을 해결해야 한다는 헌법 정신'에 충실하지 못한 처사라고 아니할 수 없다.

다시 법 얘기를 하자. "가장 엄격한 법률은 가장 나쁜 해악이다"라는 '키케로'의 말과 "법을 소중히 여겨 정의를 저버리는 것은 모자나 신을 귀하게 여겨 머리와 발을 잊는 것이다"는 회남자(淮南子)에 나오는 말은 법의 제정 목적이, '인간의 선과 정의를 지키고 선양하고자 함'에 있다는 법정신을 일깨워주는 명언이다. 또한 법보다도 법을 집행하는 관리들의 양식과 자질이 얼마나 중요한 것인가를 생각하게 하는 대목이기도 하다.

잘못된 법은 고쳐져야 한다. "법은 깨어지기 위해서 제정되었다"는 '노스'의 말도 경청해야 되지만 "법이 오래 되면 폐단이 생겨서 백성에게 돌아가니 계책을 써서 폐단을 고치는 것은 백성을 이롭게 하려는 까닭이다"라는 율곡 이이의 말과 함께 "법은 의복과 같아야 한다. 그들이 봉사해야 할 사람 몸에 꼭 맞게 만들어져야 한다"는 〈J.로크〉의 말도 법을 집행하는 관리들이 가슴 속에 새겨두어야 할 금언이다. 그러나 무엇보다 법을 집행하는 관리들이 잊지 말아야 할 것은, 법 위에 더 잘 섬겨야 할 국민이 있다는 것을 명심해야 한다.

삶의 원근법

불가근불가원(不可近不可遠)이라는 말이 있다. 멀리할 수도 가까이할 수도 없다는 뜻이다. 이 말은 "소인과 여자는 너무 가까이 하면 교만하여 함부로 대하려 하고 멀리 하면 원망하니, 너무 가까이 하지도 말고 너무 멀리 하지도 말라."고 공자가 논어 이인편(里仁篇)에서 한 말이다. 인생은 모자이크와 같다는 말도 있다. 모자이크 그림은 아무리 명화라도 너무 가까이서 보면 조잡하게 보인다. 인생도 그와 같다.

두 말 모두 삶의 원근법을 설파한 말이다. 다시 말해 삶의 초점 맞추기인데 그것이 쉽지 않다.

근시와 원시를 안경 하나로 극복해보겠다고 만든 것이 다 초점렌즈다. 그러나 다 초점렌즈를 써본 사람은 경험했겠지만, 눈동자를 위 아래로 움직여 렌즈에 초점을 맞추는 것이 여간 힘든 게 아니다. 특히 가까이 있는 사물을 볼 때 초점 맞추기가 힘들다. 계단을 내려갈 때 발을 헛디뎌서 자칫하면 사고가 나기도 한다. 근거리를 볼 때 신중에 신중을 기하여야 한다.

이 세상에는 날마다 얼굴을 대하면서도 보지 못하는 사람이 많다. 수십 년 동안 살을 맞대고 동고동락해온 부부도 예외일 수 없다. 서로가 제대로 보지 못해서 서로 상처를 입고 돌이킬 수 없는 후회의 길로 들어서기도 한다. 위인도 예외가 아니다. 위인치고 제 가정이나 고장에서 제 값을 제대로 쳐 받거나 환영받은 인물이 거의 없다. 소크라테스나 공자나 심지어 예수까지도 박해를 받거나 배척당했다. 가까이 있는 사람일수록 제대로 보기가 어렵고, 장점보다는 단점이 더 많이 보이기 때문이다.

『바람과 함께 사라지다』의 여주인공 스카렛은 자신을 진심으로 사랑하는 남편 레트의 사랑을 외면한 채 처녀 때부터 짝사랑해온 애슐리에게만 몰입한다. 그러다가 레트가 그녀에게 실망하고 떠나간 뒤에야 비로소 레트와의 진정한 사랑을 깨닫고 후회한다. "내일은 또 다시 내일의 태양이 떠오를 거야."라고 중얼거리며.

단언컨대 레트는 돌아오지 않는다. 내일의 태양은 레트와의 재회를 위해서 떠오르지 않을 것이다. 놓쳐버린 열차는 다만 아름다울 뿐이다. 스카렛은 레트를 놓쳐버리기 전에 마음의 눈을 뜨고, 초점을 맞춰, 참 사랑을 제대로 볼 수 있어야 했다.

지금 당신의 마음의 시력은 괜찮으며, 초점은 적정하게 맞아 있는가. 더 늦기 전에 점검해볼 일이다.

아름답게 저문다는 것

어느 비구니 스님이 말했던가. 잘 물든 단풍은 봄꽃보다 아름답다고. 봄꽃은 화려하나 지고 나면 금방 지저분해지지만, 곱게 물든 가을 단풍은 낙화가 되어도 오랜동안 온 산야를 아름답게 수놓는다고. 단풍이 아름다운 것은 봄꽃보다 더 긴 인고의 세월을 건너왔기 때문이다. 봄을 지나 폭풍우가 몰아치는 여름을 건너 시들어가는 가을 햇살 아래 고요히 물들었기 때문이다. 그리고 낙화가 오랜동안 제 빛을 잃지 않는 것은 색깔이 추해질 때까지 가지를 붙들고 아등바등 매달리지 않아서다. 가야 할 때 갈 줄을 알았기 때문이다.

우리 삶도 다를 바 없다. 잘 저무는 인생은 장엄하게 물들어가는 황혼처럼 아름답다. 구태여 테레사 수녀나 법정 스님이나 김수환 추기경의 노년의 모습을 떠올리지 않더라도, 만고풍상을 겪으며 가족들을 위해 한생을 헌신하고, 이제 무심으로 돌아와 조용히 천명을 기다리고 있는 백발의 어머니의 모습은 거룩하기까지 하다.

인생이 아름답게 저물기는 쉽지 않다. 쉬우면서도 어렵다. 왜냐하면 누구나 그 방법을 알고 있지만 실행하기가 어렵기 때문이다. 탐욕을 버리는 것. 놓는 것. 그것이 노년의 아름다움의 문으로 들어가는 필수항목이라는 것을 모르는 사람은 없다. 그러나 그것을 실행하기가 얼마나 어려우면 루소가 "십대에는 과자에, 이십대엔 사랑에, 삼십대엔 쾌락에, 사십대엔 야망에, 오십대엔 탐욕에 빠져 허우적대니 인간은 언제 철이 드나."라고 한탄했을까.

노년의 탐욕은 권세와 돈에 대한 집착이 가장 크다. 특히 권세를 누리던 사람은 그것을 놓기가 어렵다. 어느 직종보다도 정치인이 그렇다. 우리는 선거철마다 철 지난 이월상품의 목록에도 낄 수 없는 노병들이 구식 병기를 들고 싸움터에 앞장서겠다고 설쳐대는 것을 보며 눈살을 찌푸린다. 그래도 한때 국민들에게 신망을 받았던 정치인이 그런 추태를 보이면 역겹기까지 하다.

현직 대전시장의 불출마 선언을 놓고 설왕설래하고 있는 것 같다. 그의 용단을 칭찬하면서도 속내를 궁금해 하고 있는 사람도 있다. 하지만 필자는 그의 결단에 박수를 보내고 싶다. 필자는 그동안 그의 행보를 학자로서, 문인으로서, 동문으로서, 시민으로서 조용히 지켜보았다. 인간인데 그라고 왜 허물이 없겠는가. 그래도 돌아설 때 돌아설 줄 아는 그의 뒷모습은 아름답다.

손자병법에 풍림화산(風林火山)이란 병법이 있다. 전쟁을 할 때에는 네 가지 때를 알아 작전을 세워야 한다는 것이다. 바람처럼 빠르게, 숲처럼 고요하게, 불처럼 거세게, 산처럼 무겁게, 상황에 맞춰 거병해야 한다는 것이다. 인생도 전쟁과 다름없다. 실제 삶은 전쟁터를 방불케 한다. 노년은 분명히, 숲처럼 고요하고 산처럼 무거워야 할 때다. 그래야 품위 있는 그림자를 드리우며 아름답게 물들 수 있다.

에즈라 파운드가 주는 교훈

참사가 난 지 120여 일째, 세월호는 아직도 오리무중의 안개 속을 헤매며 특별법의 암초에 걸려 비통의 항해를 계속하고 있다. 야당은 야당대로 여당은 여당대로 공감할 수 있는 특별법을 만들자고 목소리를 높이지만, 그 어느 쪽도 유족과 슬픔을 같이 하는 수많은 국민들의 동의를 얻지 못하고 있다. 오히려 곡학아세하는 기괴한 언설들이 분노를 가중시킬 뿐이다. 이런 와중에서 한 원로시인의 언설이 그의 최근의 행보와 함께 문단에서 화제가 되고 있다.

그 분은 과거 독재정권하에서 옥고를 치르며 이 나라의 양심과 민주사회를 위해 악전고투했다. 그 과정에서 겪어야 했던 참담한 고통은 당사자가 아니고서는 결코 실감할 수 없다. 그러기에 그를 아끼고 존경했던 문인들이 우려의 시선으로 그를 바라보는 것인지도 모른다.

세월호 참사와 특별법 제정에 대한 그 분의 핵심 견해는 이러하다. “안전사고에 대해 추념일을 지정하고 추모공원과 추념비를 건립하는 역사는 이번이 처음이다. 다른 안전사고 희생자는 껌 값이고, 세월호 안전사고 희생자는 다이아몬드 값인가?” “사망자 전원을 의사자 차원에서 예우하자는 것은 어불성설이다. 의사상자! 국가유공자가 받는 연금액의 240배까지 받을 수 있는 대우. 그러니 '시체장사'라는 말이 나올 만도 하다. 과거 크고 작은 안전사고 때 유사 안전사고를 당했던 유족들은 국가에 대하여 보상을 바라지도 않았고, 그런 비겁한 거지 근성은 생각도 않고 넘어갔다." "사고를 당한 유족들이 대통령도 수사하고 기소하겠다는 이 발상은 어떻게 가능한가? 대통령도 정부도 이들에게 안전사고를 교사한 바가 없다. 안전사고에 대한 보상은 사고를 낸 기업체에게서 받아야 하고 사고유발의 직간접적으로 책임이 있는 공직자들로부터 받아야 할 것이다. 국민이 어렵게 낸 세금을 이런 데 지출해서는 안 된다. 우리 현실로 보아 그 돈으로 탱크 비행기라도 몇 대 더 사와야 한다. 종북 정치인들이 이번 세월호 사건을 폭동의 불씨로 키우고 있다. 종북주의자들은 원래 받아들일 수 없는 억지 주장을 하다가 폭동을 일으킨다는 것은 온 국민들이 다 아는 사실이다."

이 분의 견해를 경청하면서 에즈라 파운드의 불운의 행보를 생각하게 되는 것은 무슨 연유 때문일까? 에즈라 파운드는 20세기 세계문학사에서 혁혁한 공헌을 한 다재다능한 문인이다. T.S. 엘리엇, J.죠이스, 타골에 이르기까지 파운드의 영향과 후원에 힘입어 대성한 문학의 큰 별들이 많다. 그 가운데 엘리엇만 하더라도 파운드가, 그의 탁월한 재능을 발견하고 헤밍웨이와 함께 재정적인 뒷바라지까지 하며, 20세기 모더니즘의 대표적인 시인으로 성장시켰다. 노벨문학상의 수상작이 된 「황무지」는 에즈라 파운드의 권고에 의해 원작에서 반 이상을 삭제하였고 '4월은 잔인한 달'이라는 첫 명구도 개작의 과정에서 탄생한 것이다. 그러나 그의 빛나는 문학자로서의 행보는 2차 세계대전이 발발한 후, 이태리로 건너가 무솔리니의 파시즘에 동조함으로써, 불운을 맞이하게 된다. 파운드는 2차대전이 끝난 후 반미활동의 혐의로 오랫동안 정신병원에 연금되었다가 T.S. 엘리엇이 주축이 된 시인들의 사면운동으로 풀려났다.

파운드는 무솔리니의 금권력에 대항한 정책을 존경했다. 파운드는 이태리의 파시즘이 현대주의의 병폐를 정복할 가능성을 보여준다는 점에 끌렸던 것 같다. 하지만 그는 그 이념보다 더 소중한 생명의 고귀함, 자유, 정의를 간과한 것이 아니었나싶다.

세월호 특별법을 제정하려는 목적은 무엇인가? 죄 없는 수많은 생명들을 바닷물 속으로 끌고 들어갔던 오리무중의 검은 고리의 정체를 기필코 찾아내자는 것이 아닌가. 그래야 억울하게 죽은 영혼들을 위로할 수 있고, 그들의 죽음을 헛되지 않게 하여 또 다른 세월호의 참사를 막을 수 있기 때문이 아닌가? 국조개조를 통해 양심과 정의가 빈사상태에 빠진 대한민국을 소생시키자는 것이 아닌가?

장황한 수사(修辭)는 그만 두기로 하자. 붓이 곡학아세에 감염되면 에이즈에 감염된 것보다도 더 심각하다. 세월호 안에서 수거되어 올라온 국정원의 노트북, 세월호 근처에 떠올랐던 정체불명의 물체, 세월호가 침몰하던 그 시각 어디론가 잠적했다는 대통령의 일곱 시간의 미스터리에 대한 세간의 설왕설래를 악의적인 유언비어라고 하자. 그렇다고 해도 세월호가 침몰하는 72시간 동안 허둥대다가 단 한 명의 생명도 구하지 못하고, 아니 지금껏 시신마저도 다 찾지 못한 책임을 어디엔가 묻기는 물어야 하지 않겠는가! 정부는 누구를 위한 정부이며 대통령은 누구를 위해 존재하는가? 이 사건이 단순한 과거의 유사사건에 불과한 것인가? 이번 참사의 진상규명을 계기로, 대한민국을 중병에 들게 한 병인을 제거하자는 것이 종북주의자들의 상투적인 억지 주장이며 폭동이라고 보는 것이 옳은가?

국민의 전체 대다수가 공감하는 특별법이 현행법과 충돌한다는 여당의 주장도 경청하기는 해야 한다. 그러나 잘못된 법은 고쳐야 한다. 정죄의 대상에게 수사권을 준다는 것은 고양이에게 생선을 지켜달라고 맡기는 것과 무엇이 다른가? "법은 깨어지기 위해서 제정되었다"는 '노스'의 말과 "법이 오래 되면 폐단이 생겨서 백성에게 돌아가니 계획을 써서 폐단을 고치는 것은 백성을 이롭게 하려는 까닭이다"라는 율곡 이이의 말을 되새겨보며 "법을 소중히 여겨 정의를 저버리는 것은 신을 귀하게 여겨 머리와 발을 잊는 것이다"라는 회남자의 말이 재삼 아프게 가슴을 친다.

탈무드에 하나의 몸뚱이에 두 개의 머리를 가진 아이를 두 사람으로 생각해야 하느냐, 한 사람으로 생각해야 하느냐라는 논쟁이 나온다. 그 논쟁에 대한 대답은 아주 간단하다. '두 개의 머리 중 한 머리에 뜨거운 물을 부어라. 물을 뒤집어쓰지 않은 머리 쪽이 아무렇지도 않은 채 히죽 웃으면 두 사람이고, 뜨겁다고 놀라 울면 한 사람이다'라고.

'we want the truth(우리는 진실을 원합니다)'라는 글이 새겨진 천막 앞에서 단원고생 김유민 양의 아버지 김영오 씨는 8월 16일 현재 34일째 단식을 하고 있다. 몸무게가 48kg으로 줄어 움직일 때마다 지팡이를 사용해야 하는 피골이 상접한 그의 모습이 아픔으로 느껴지지 않거든, '시체장사'나 '비겁한 거지 근성'을 운운해도 좋다. 그리고 한국을 방문한 교황이 왜 한국에서 느낀 두 가지 문제로 '분단국가'와 '세월호 참사'를 들었을까를 생각해 보라.

답답한 정치의 계절에

또 선거의 계절이 다가오고 있는 모양이다. 지방 선거를 앞두고 정객들이 다투어 출판기념회를 열고 있다. 그들의 출판기념회를 폄하하려는 것은 아니지만, 저서 속의 이념이나 주장이 구호로만 끝나지 않을지 걱정부터 앞선다. 지금까지 지도자로서의 덕목을 제대로 보여준 당선자들을 찾아보기 힘들었기 때문이다.

지도자의 덕목은 무엇인가. 믿음(信), 의로움(義), 지혜로움(慧)이 아닐까. 믿음은 사람 인(人)에 말씀 언(言)으로 이루어진 글자가 의미하는 대로, 지도자는 그 사회의 구성원들에게 말로써 약속한 것은 어떠한 경우에라도 반드시 지켜야 한다. 그래야 믿음이 생긴다. 의로울 의(義)자는 양(羊) 밑에 나(我)로 이루어졌다. 양은 희생의 제물이다. 의로움을 이루려면 내가 먼저 의로움을 위해 십자가의 제물이 되어야 한다. 지혜로움은 어디에서 생기는가. 싸리비로 쓸 혜(彗)자 밑에 마음 심(心)이 의미하는 대로, 지혜는 마음속의 욕심을 싸리비로 말끔히 쓸어낼 때 구성원들을 어디로 이끌고 갈 것인지 지혜의 눈이 떠진다. 이러한 덕목으로 구성원들의 마음을 결집하면 6+6+6=18이 아니라 6×6×6=216이라는 상승효과를 나타낸다. 계백 장군이 5000의 군사로 10만이나 되는 나당연합군을 아홉 차례나 이길 수 있었던 것도 이러한 리더십의 힘 때문이었다.

우리는 천인공노할 대죄를 짓고도 진정한 참회는커녕 가진 것이라고는 29만 원밖에 없다고 탈세를 하는 사람과 '이 사람 믿어주세요'라고 서민대통령을 자처하면서 5000억 원을 착복한 사람을 대통령으로 선출한 부끄럽고 아픈 과거가 있다. 드러나지 않아서 그렇지 어디 그 사람들뿐이겠는가.

지금 정쟁으로 나라가 어수선하다. 시끄럽다. 지도자의 덕목이 실종된 탓이다. 마음속에 쌓이고 있는 욕심을 쓸어내지 못하기 때문이다. 필자는 20여년의 아픈 질곡의 세월을 경험한 초로의 노옹(老翁)으로서, 진정으로 이 나라의 앞날을 걱정하는 국민의 한 사람으로서, 이 나라의 대표적인 지도자라고 자처하는 분들에게 충정어린 쓴소리를 하고 싶다.

김빠진 타이어를 교체하지 않고 한길로만 매진하겠다는 김한길 의원이시여! 근근이 고난의 험로를 빠져나와 지혜롭게 공생의 새로운 길을 모색해야 할 박근혜 대통령이시여! 철수를 아니 하고 국민을 위해 봉사하겠다고 출사표를 던진 안철수 의원이시여! 문제가 있었다면 다시 그 문제를 해결하고 싶다는 문재인 의원이시여! 진정 이 나라와 국민을 사랑한다면 가까이 오시라! 더 가까이 오시라! 가까이 다가와서 국민의 심장에 귀를 대고 귀를 기울이시라! 공생의 한길로 손잡고 지혜를 나누라는 심근경색 직전의 국민의 가쁜 숨소리에 귀를 기울이시라! 지금 이 나라는 갈 길이 바쁘다오!

왜들 이러시는가?

얼마 전에 지인이 카톡을 보내왔다. 요즘 인터넷에서 유포되어 세간의 공분을 사고 있는 글이니 읽어보라는 것이다.

내용은 "대한 불교 조계종 자승 총무원장이며, 화쟁(和爭)위원회 위원장인 도법 스님이 어느 식사 자리에서 '굴비'를 처먹는 모습을 촬영한 사진이 인터넷에서 화제가 되어 개망신을 당하고 있습니다."라는 설명과 함께 사진 밑에 "속담에 '중이 고기 맛을 보면 빈대를 잡아먹는다.'라고 했는데, 세상에… 중놈이 정말 굴비를 처먹고 있네요."라는 주석이 함께 붙어 있었다.

그리고 저주에 가까운 악담을 장황하게 늘어놓다가 "종교를 오염시키는 이런 놈은 불교계에서 퇴출시켜야 합니다. 승복을 벗고, 개고기 보신탕집을 하던지 생선 횟집을 하면서 고기를 실컷 처먹게 하여 배때기가 터지도록 해야 합니다."라고 끝을 맺었다.

필자는 그 글을 읽고 한동안 정신이 멍멍했다. 땡감을 씹은 듯 떫고 씁쓸한 기분이었다. 그러면서 어느 시골 선비의 일화가 떠올랐다.

어느 산골 마을에 가난한 선비가 살았다. 선비는 뒷산에 있는 주지 스님과 대화를 나누며 여러 차례 공양을 대접받았다. 선비는 고마운 생각에 언제고 기회가 오면 자기 집에서 스님께 식사라도 한 끼 대접해야겠다고 마음먹었다. 그러던 어느 날 장터에서 스님을 만났다. 선비는 잘됐다 싶어 스님을 억지로 끌다시피 자기 집으로 모시고 왔다. 그러나 살림이 너무 곤궁해서 스님에게 대접할 양식이라고는 밀가루 몇 줌밖에 없었다. 선비의 아내는 하는 수 없이 밀가루 몇 줌으로 칼국수를 해서 스님 그릇에는 남편 것보다 양을 많이 담고, 맛이 있으라고 파와 함께 아끼던 새우젓도 조금 넣었다. 그런데 스님이 국수를 한 젓가락 입으로 가져가더니 벌컥 화를 냈다. 스님인 줄 알면서 어떻게 자기 그릇에 파와 새우젓을 넣을 수 있느냐고 화를 내면서 자리를 박차고 일어섰다. 선비가 죄송하다면서, 파와 새우젓을 가려내고 드시면 어떻겠느냐고 만류를 해도 막무가내로 화를 내면서 뒤도 돌아보지 않고 가버렸다. 선비는 스님의 등 뒤에다 대고 탄식을 했다. 동사섭(同事攝)도 모르는 중놈이 무슨 중생 제도냐고.

세상에 알려진 대로, 원효 대사는 계율에 얽매어 요석 공주의 청혼을 거절하다가, 깨달음을 얻은 후 결혼을 하여 설총을 낳았다. 뿐만 아니라 저잣거리에서 대중과 함께 술을 마시고 기녀들과 잠자리도 했다. 똥통에 들어가기도 했다. 경허 스님이 야단법석자리에서 주장자를 치며 화두로 개다리를 집어던진 것은 너무도 유명하다.

문제는 마음의 시력이다. "사람들은 꽃의 색깔만 보지만 나는 꽃의 기를 본다."라는 옛글이 새삼 가슴을 친다. 지금 우리 사회는 너무 경직되어 있다. 소통과 여유가 절실히 필요하다.

이란에서는 아름다운 문양으로 섬세하게 짠 카펫에 의도적으로 흠을 하나 남겨 놓는다고 한다. 그것을 '페르시아의 흠'이라고 부른다. 인디언들은 구슬 목걸이를 만들 때 살짝 깨진 구슬을 하나 꿰어 넣는다. 그것을 '영혼의 구슬'이라고 부른다.

제주도의 돌담은 어떠한 태풍에도 무너지지 않는다. 돌담을 잘 살펴보면 돌과 돌 틈 사이를 메우지 않았다. 그 틈새로 어떤 시련의 강풍이 몰아쳐도 큰 품으로 받아들여 여과시킨다. 그 때문에 돌담은 무너지지 않는다.

막힌 완벽함은 절대로 행복을 소통시키지 못한다.

아픔도 가꾸면 반짝인다

황사 바람이 쓸고 간 황량한 봄의 끝에, 신록이 한창이다. 유난히도 춥고 눈이 많았던 긴 겨울의 터널을 지나, 뒤숭숭한 봄의 끝에서 맞이하는 유월의 싱그러운 푸름은 경이롭기까지 하다. 아, 나무들도 인동을 지내고 하 수상한 봄꿈에 시달리면서 저토록 싱싱한 아름다움을 정제해 내는구나! 새삼 찬탄하면서, 겨울 속에서 봄을 꿈꾸었지만 밤이 깊어도 꿈은 끝내 찾아오지 않았다고 절규하며 우리 곁을 떠나간 한 시인의 생애를 생각한다. 박정만의 유고 시 전집을 넘기면서, 아직도 유월의 하늘처럼 시퍼렇게 살아 있는 그의 목숨을 본다.

박정만의 처절한 삶은 도서출판 고려원에서 편집장으로 있던 1981년, 전두환 독재 정권의 흉포한 칼을 맞고 궁핍과 병고로 신음하다가 간경화로 숨졌다. 현실과 타협하기를 포기하고 시인이기만을 고집했던 그는 숨지기 1년 전에는 단 20여 일 동안 무려 300편의 시를 쏟아냈다. 당시 어떤 보이지 않는 손의 인도에 따라 머릿속에서 들끓는 시어의 화젓가락으로 시를 썼다고 말하던 시인 박정만은 시퍼런 허무와 한의 칼날이 섬뜩섬뜩 빛나는 시들을 남기고 88서울올림픽이 끝나던 날 홀로 불행한 삶을 마쳤다.

"모든 것이 부질없구나/ 잠자는 남명의 바다 위에 눈꽃은 지고/ 젊은 날의 내 야심도/ 저 바다의 꽃잎같이 스러졌구나."라고 비탄하며 그는 갔지만, 그의 아픔은 시로 남아 아름답게 반짝이고 있다.

문학을 한다는 것은 무엇인가!

그것은 난파선에서 폭풍노도와 싸우며, 마지막까지도 희망을 버리지 않고, 오직 진실의 노 하나에 의지하여 유토피아에 도달하고자 하는 고단한 노정이 아닌가!

'유토피아'라는 말을 최초로 쓴 것은 16세기 초엽 토마스 모어이다. 그는 그가 이상으로 삼는 꿈의 나라를 묘사한 『유토피아』라는 책을 썼다. '유토피아'는 그가 꿈에 생각하고 있는 나라의 이름이며, 그리스말의 '우(ou)',와 '토포스(topos)'를 합쳐서 만든 말이다. 'ou'는 'no'이고, 'topos'는 'place'의 뜻으로, 'Noplace', 즉 아무데도 없는 나라라는 의미를 가지고 있다.

역사상으로 보면 플라톤의 '공화국' 역시 하나의 이상국을 그린 것이며, 성 아우구스티누스의 '신의 도시' 또한 이상향을 말한 것인데, 모어는 이 두 사람의 영향을 받은 것이 틀림없다.

그러나 진정한 유토피아는 공간적인 유무를 떠나서 인간의 마음 안에서만 존재할 수 있는 것이 아닌가. 그리고 그 낙원의 아름다움은 저마다의 마음의 시력으로만 볼 수 있는 것이 아닌가.

중요한 것은 여유이다. 진실의 벽돌을 쌓아 이상의 도시를 건설하고 건물마다 아름다운 마음의 창문을 내고, 그 창문을 통해 저 남실대는 바다 위에 걸쳐진 꿈의 무지개를 그리는 여유이다. 설사 그것이, 이육사의 시가 상징하는, 강철로 만들어진 무지개일지라도.

다시 토마스 모어 얘기를 하자. 토마스 모어는 그의 친구 에라스무스와 함께 당시 전 유럽에 알려진 인문학계의 대학자였다. 법조계에 발을 들여놓아 대법관이 되었다. 그의 사회적 위세는 당당했으나 헨리 8세 종교개혁에 반대하여 런던탑에 감금되었다가, 단두대에서 처형되었으며, 그 목은 거리에 내걸리는 치욕을 당했다.

모어가 단두대에서 처형될 때의 유명한 일화가 있다. 모어가 단두대에 올라가며 사행집행관에게 미소를 지으며 이렇게 말했다. “내려올 때는 혼자서 할 테니 올라가는 것이나 좀 도와주시오.”

그렇다. 최후에도 인간적인 진실을 포기하지 않으면서, 아픔을 가꾸는 여유, 그 여유는 우리의 삶을 반짝이게 한다.

이번에는 성녀 고디바(Godiva)의 얘기를 하자. 고디바는 11세기 영국 코벤트리 영주였던 레오프릭 백작의 부인이다. 주민들이 무거운 세금에 시달리자 고디바는 남편에게 세금감면을 요구했다. 영주는 부인에게 벌거벗고 마을을 한 바퀴 돌면 세금을 감면해 주겠다고 약속했다. 부인이 마을을 돌자, 마을사람들은 문을 닫고 커튼을 내려 밖을 내다보지 않았다. 그런데 단 한 사람, 양복 재단사 톰(Tom)은 몰래 고디바의 아름다운 나신을 훔쳐보다가 눈이 멀었다.

커튼을 내리고 밖을 내다보지 않는 것도 여유고, 고디바의 나신을 훔쳐보는 것도 여유다. 굳이 설명을 붙이자면 전자는 내면에 숭고성에 충실한 여유이고, 후자는 관능적인 본성에 충실한 여유이다.

문학은 이 삶의 양면성이 모두 필요하다. 그러나 아픔을 반짝이게 만드는 것은 숭고성의 여유가 아닐까.

우리는, 잎새에 이는 바람에도 괴로워한 윤동주의 시편에서, 실명의 절망 속에서도 딸에게 글을 받아쓰게 하여 완성한 밀턴의 『실락원』에서, 아픔이 반짝일 수 있는 이유를 본다,

지금, 우리의 문학은 어느 이정표를 향해 가고 있는가?

진지성을 잃어버린 이 시대에 우리의 문학이 지향해야 할 곳은 어디인가? 잔잔한 바다는 결코 훌륭한 뱃사공을 만들지 못한다는 격언을 생각하면서, 싱그러운 유월의 푸름 뒤에 숨겨진 반짝이는 아픔을 본다.

진정한 보수와 진보

대선일이 5월 9일로 확정되면서 각 당이 경선의 열기로 뜨겁다. 그 중심 화두는 보수와 진보의 논쟁인 것 같다. 각 당이, 자기 당만이 앞으로 이 나라의 산적한 난제를 해결할 수 있는 진정한 보수고 진보라는 주장을 앞세우고 있다. 그러나 그 말을 경청하다보면, 과연 이 나라에 진정한 보수와 진보가 존재하는가라는 회의가 앞선다.

주지하다시피 진정한 보수와 진보는 '보수 안에 진보가 있고, 진보 안에 보수가 존재'하는 것이다. 나와 다른 너를 인정하고, 너와 다른 나를 인정받는, 정(正), 반(反), 합(合)의 변증법의 논리가 그 근간이다. 그런데 지금 이 나라에는 진정한 보수와 진보는 없고, 흑백논리만이 무성하다.

고슴도치들은 날이 추워지면 추위를 막기 위해 서로에게 가까이 다가간다. 그러나 곧 가시에 찔려 화들짝 놀라며 서로 멀리 떨어진다. 그러면서도 또 추위를 느끼고 서로 다가가지만 이내 가시에 찔려 아픔을 피하려 다시금 떨어진다. 그렇게 고슴도치는 추위와 아픔 사이를 오가며, 마침내 서로에게 상처를 주지 않으면서도 따뜻함을 느낄 수 있는 절묘한 자리를 찾아내 유지한다.

인간관계도 마찬가지다. 어느 한쪽이 너무 가까이 다가오면 느슨해지고,

어느 한쪽이 너무 멀리 달아나면 끊어지게 된다. 인간관계는 어느 정도 팽팽함을 유지하고 있을 때 최적의 상태가 된다. 따라서 좋은 인간관계를 위해서는 서로 간에 '적당한 거리'를 유지하는 것이 중요하다. 그래서 공자가 처세의 비결로 '너무 가깝지도, 멀지도 않게(不可近不可遠)'라는 가르침을 주었는지도 모른다.

정치 또한 예외일 수 없다. 그러함에도 불구하고 그동안 한국 정치는 어떠했는가? 그동안 한국 정치는 확고한 정치적 이념도 없이, 모호한 진보와 보수의 논쟁을 되풀이하면서, 야합과 반목으로 국민을 실망시켜왔다.

이번 탄핵 정국으로 치러지는 조기 대선의 상황도 과거와 크게 다르지 않다. 특히 정통 보수를 자처하는 모 당의 작금의 행태는 양식 있는 국민들의 눈살을 찌푸리게 한다. 수권 정당이었으면서도 탄핵정국으로 분당을 자초하였으면 자성하고 심기일전하여 새 모습으로 거듭나야 할 것이다. 그럼에도 불구하고, 정권 창출을 위해 뜻이 달라 갈라진 타 보수정당과 그것이 정의이든 불의이든 무조건 다시 뭉쳐야 한다며, 후보 간에 설전을 벌이고 있는 모습은 아무리 생각해도 곱게 보아줄 수가 없다. 야합과 조화는 다르다. 더욱 가관인 것은, 헌법재판소의 탄핵심판의 결과에 승복하겠다고 약속해 놓고도 원했던 결과가 나오지 않자, 대다수의 국민이 동의하는 판결에 불복하며 해괴한 논리로 법치주의의 근간을 흔들어놓았던 국회의원이, 경선주자가 되어 진정한 보수를 운운하는 것은 보기에도 딱하고 안타깝다.

어느 정당의 후보가 진정한 보수이고 진보인지 유권자는 신중하게 판단해야 한다. 누구를 선택하느냐에 따라, 이 나라의 기상도가 달라질 수 있다. "앞뒤를 돌보지 않는 변혁에는 위험이 있지만, 그것보다도 훨씬 큰 위험은 맹목적인 보수주의다."라는 'H. 조지'의 말을 곰곰이 곱씹어볼 필요가 있다.

진정한 사랑과 용서

김수환 추기경이 남긴 말 가운데 "사랑이 머리에서 가슴으로 내려오는 데 40년이 걸렸다."는 명언은 새삼 우리를 숙연하게 한다. 사랑의 실행이 얼마나 어려운가를 알기 때문이다.

사랑은 인간의 가장 귀중한 덕목이다. 그러기에 '믿음과 사랑과 소망 중에 제일은 사랑이라'고 노래하지 않는가. 그러나 그 노래를 구호처럼 부르는 기독교인들조차 막상 그것을 실행하기는 힘들다. 오죽하면 간디가 "나는 그리스도를 좋아한다. 그러나 그리스도인들은 싫어한다. 왜냐하면 그리스도인들은 사랑을 실천하지 않으니까. 그리스도교는 가져가고 성경만 남겨 놓아라."고 한탄했을까.

용서하기는 더욱 힘들다. 용서는 진정한 사랑이 뒤따라야 하기 때문이다. 무조건적인 용서는 사랑이 아니다. 역설 같지만, 진정한 사랑은 진정한 용서가 동반해야 하고 진정한 용서는 진정한 사랑이 동반해야 한다. 공자가 인의 덕목 가운데 제일이 용서(恕)라고 말한 것도 그러한 까닭일 것이다.

그렇다면 진정한 사랑과 용서는 무엇인가. 우리는 그 답을 '용서와 사랑'을 가르친 예수의 행위에서 찾을 수 있다.

예수는 원수를 사랑하라고 가르치면서 "왼빰을 치면 오른빰을 내주고 일곱 번씩 일흔 번을 용서하고도 더 하라."고 말했다. 그러한 예수가 예루살렘의 성전에 입성할 때 먹고살기 위해 성전 앞에서 좌판을 벌여놓고 장사를 하는 장사치들의 좌판을 뒤엎고 가죽채찍으로 등짝을 후려치면서 "이, 바리새인들만도 못한 것들아!"라고 진노하였다. 우리는 예수의 이러한 행위에 대해 의아해하지 않을 수 없다. 490번을 용서하고도 더 하라고 한 예수가 먹고살기 위해 성전 앞에 좌판을 깔아놓고 장사를 했다고 그처럼 진노한 것은 모순이 아닌가. 하지만 조금만 더 생각하면 '참으로 용서할 수 없는 것까지 묵과하는 것은 진정한 사랑과 용서가 아님'을 깨닫게 된다.

지금 우리 사회는 진정한 용서와 사랑이 부재한다. 특히 교육이 그렇다. 학교 교육이 무너진 지 오래고 학생한테서 구타를 당하는 선생님들이 늘고 있다는 보도가 나오고 있다. 왜 이 지경이 되었나. 어느 때부터인가 교육의 근본인 가정교육이 잘못되고 있기 때문이다. 부모가 진정한 사랑과 용서의 훈육의 채찍을 놓고 무조건적인 사랑에 빠져 묵과하지 말아야 할 것까지 묵과하고 있기 때문이다.

아이들의 최초의 스승은 부모다. 오디프스 콤플렉스나 앨렉트라 콤플렉스의 심리학을 끌어들이지 않더라도 자식은 부모를 보고 그대로 배운다. 자식의 말만 듣고, 불문곡직하고 학교로 찾아가, 제자들이 보는 앞에서 선생님의 멱살을 잡고 폭행을 하는 아버지나 어머니에게서 자식들이 무엇을 배우겠는가. 그리고 그러한 행위는, 자식이 부모를 살해하기까지 하는, 끔찍한 인과응보로 부메랑이 되어 돌아가고 있지 않은가.

지금 이 땅에 절실하게 필요한 것은 진정한 사랑과 용서의 회복이다.

진짜 나이는 몇 살입니까?

애늙은이라는 말이 있다. 이 말뜻이 남한과 북한이 다르다. '생김새나 행동이 나이가 든 사람 같은 아이를 놀림조로 이르는 말'이 남한에서 쓰는 말이고 북한어로는 '젊은 티가 있는 늙은이'라는 뜻이다. 북한에서 쓰는 애늙은이라는 말을 나이가 먹었지만 삶의 태도가 젊은이 못지않게 활기차다는 뜻으로 받아들이고 싶다.

남한은 생활수준이 향상되어 100세 세대를 눈앞에 두고 있다. 생활수준의 향상과 함께 의학의 발달로 노령인구가 늘고 있다. 지하철을 타보면 그것을 실감한다. 지하철 승객의 반 이상이 노인이다. 승객은 만원인데도 지하철 공사가 적자타령을 하는 것을 실감할 만하다. 서울의 경로노인들은 거의 매일이다시피 공짜 지하철을 타고 춘천이나 온양 같은 데로 나들이를 하면서 소일한다고 한다. 젊은 시절 수고했으니 노후를 편안하게 즐기는 것을 탓할 사람은 없다. 그러나 여생을 그렇게 무위도식하다시피 보내는 것이 후회 없는 삶을 살다 가는 것인지, 한번쯤은 생각해볼 필요가 있을 것 같다.

나이를 먹었다고 현재에서 안주하지 말고 조금 더 보람된 일을 찾아볼 수는 없을까? 노인들에게 응원가를 부르는 심정으로, 노년까지 활기차게 살다간 사람들의 삶을 타령조로 열거해 본다.

소크라테스의 원숙한 철학은 70세 이후에 이루어졌고, 철인 플라톤은 50세까지 학생이었다네. 르네상스의 거장 미켈란젤로가 시스티나 성당 벽화를 완성한 것은 90세였고. 그런가 하면 파테르프스키는 70세 때에도 피아노 연주회를 가졌다네. 그뿐인가. 베르디는 오페라 「오셀로」를 80세에 작곡했고 괴테는 『파우스트』를 60세에 시작해서 82세에 마쳤네. 또 미국의 현대 화단에 돌풍을 일으킨 리버맨은 사업에서 은퇴하고 장기나 두려는 차에 어떤 아가씨의 충고를 받아들여 단 10주간 그림 공부를 한 후에 그림을 그리기 시작했는데 그때가 81세였네. 그리고 그는 101세에 스물두 번째 개인전을 열고 "원시적 눈을 가진 미국의 샤갈"이라는 극찬을 받았네. 크리스천들이 다 알고 있는 모세는 80세에 하나님의 부름을 받아 민족 해방의 일선에 나서지 않았는가. 왜 고상한 직종만 얘기 하냐고? 그럼 사업가를 하나 더 들어볼까. 미국의 부호 벤더필드는 70세 때에 상업용 수송선 1백 척을 소유했는데, 83세로 죽기까지 13년 동안 1만 척으로 늘렸다네. 나이는 숫자에 불과하다니까 그러네!

그렇다. 숫자의 나이가 중요한 것이 아니다. 진짜 나이가 중요하다. 독일 사람들은 출생연도의 나이보다 체력측정의 나이를 더 중요하게 생각하는 것으로 알고 있다. 젊은 티가 나는 늙은이, 애늙은이 값을 더 높게 쳐주는 것이다.

그러나 더 중요한 것은 얼마나 오래 사느냐가 아니라 어떻게 사느냐이다. 이 땅의 노인들이여! "아, 비극 중에서 최악의 비극은 젊어서 죽는 것이 아니다. 75살까지 살지만 한 번도 진정으로 살지 않는 것, 그것이 가장 큰 비극이다."라고 외친 마틴 루터 킹 2세의 말을 곰곰이 되새겨보자.

추해지는 것이 어찌 술뿐이랴!

탈무드에 술의 기원에 대한 얘기가 나온다. 최초의 인간이 포도나무를 심고 있는데 악마가 찾아와서 무엇을 하고 있느냐고 묻는다. 인간이 악마에게 "멋진 식물을 심고 있지! 이 나무에 아주 달콤하고 맛있는 열매가 열려서 그 즙을 마시면 당신을 행복하게 만들 거야!"라고 말하자 악마는 그렇다면 자기도 한 몫 끼워달라면서 양과 사자와 돼지와 원숭이의 피를 거름으로 쏟아 붓는다. 그래서 술은 마시기 시작할 때는 양처럼 순하고, 좀더 마시면 사자처럼 용감해지고, 그보다 더 마시면 돼지처럼 더럽게 된다. 너무 지나치게 마시면 원숭이처럼 춤추거나 노래를 부르거나 하면서 추태를 부린다. 이것이 악마가 인간에게 준 선물이라는 것이다.

술에 대한 해악을 지적한 말은 많다. "입술과 술잔 사이에는 악마의 손이 넘나든다."라는 '칸트'의 말과 "전쟁, 전염병, 흉년, 이 세 가지를 합쳐도 술이 끼치는 손해와 비교할 수 없다."는 'W.E. 글래드스턴'의 말을 대표적인 것으로 들 수 있다. "사람이 술을 마시고, 술이 술을 마시고, 술이 사람을 마신다."는 법화경(法華經)의 말씀도 있다.

하지만 술의 예찬론자도 많다. '백거이(白居易)'는 "죽은 후 북두성에 닿을 만한 돈을 남기더라도 생전의 한 두루미 술만 못하다."고 하였고, '정약용(丁若鏞)'은 "대숲 외로운 달 흔적 없이 비치는데 초당에 홀로 앉아 술잔을 기울였다. 백 잔쯤 마시고는 실커장 취한 뒤에 큰소리로 노래 불러 근심시름 씻었노라. 이 어찌 통쾌치 않을소냐!"라고 읊었다. 그뿐인가 우리 고장의 대표시인인 '정훈(丁薰)' 선생은 「취야(醉夜)」라는 시에서 "사람보다 술이 좋더라/ 몸이 불타 이글거리면/ 내 위에 잘난 놈이 없어 좋더라/ 비분(悲憤)보다/ 차라리 술에는 위엄이 있어/ 쥐새끼 놈들은 호령호령해 본다/ 내가 술인지/ 술이 나인지/ 거인이 된 것처럼 자랑스럽구나."라고 술을 예찬하였다.

문제는 절제다. 공자는 술을 사양하지 않고 마시지만 난(亂)의 정도에 미치지 않았다고 논어(論語)에 전한다. 그렇다면 어느 선에서 잔을 거두어야 할까. 술꾼들이 귀 기울여 들을 말이 있다. "첫 잔은 갈증을 면하기 위하여, 둘째 잔은 영양을 위하여, 셋째 잔은 유쾌하기 위하여, 넷째 잔은 발광하기 위하여 마신다."는 로마 격언이나 "여성이 술을 한 잔 마시는 것은 퍽 좋은 일이다. 두 잔 마시면 품위를 떨어뜨린다. 석 잔에는 부도덕하게 되고, 넉 잔째에는 자멸(自滅)하게 된다."는 '탈무드'의 가르침은 자경문(自警文)으로 삼을 만하다.

그러나 절도를 지키지 못하고 대취하여 추해지는 것이 어찌 술뿐이겠는가! 더 경계해야 할 것은 돈과 권세와 명예에 대한 지나친 탐닉이다. 자신이 추해질 뿐만 아니라 세상까지 오염시킨다. 그리고 심하면 패가망신에까지 이른다.

이 해의 마지막 달력을 넘기며 술보다도 부질없는 탐욕의 술잔을 놓지 못하고 추태나 부리지 않았는지 자성하며 얼굴을 붉힌다. 어차피 삶이란 것이 흔들릴 수밖에 없는 것이라면, 새해에는 흔들려도 좀더 아름답게 흔들려야겠다. "아름다운 흔들림을 위하여! 건배!"

아픔으로 꽃 피우는 나무

봄호 특집에는 장애문인의 글이 함께 실린다. 장애문인이라고 특별히 강조할 필요는 없다. 왜냐하면 문학 자체가 잃은 자, 상처받은 자의 위치에서, 그 정신으로 세상을 보는 것이기 때문이다. 장애문인들의 글에 관심을 갖는 것은 연민 때문이 아니다. 과거 어느 때보다도 다양하고 복잡하게 구성되는 현대사회에서, 그들은 그 특성을 어떤 시각에서 포착하고 있느냐 하는 점에 관심을 갖는 것뿐이다.

그런 의미에서 이번에 장애인을 대상으로 한 단행본 작품 모집에 선정된, 한 수상자의 소감은 잔잔한 감동으로 다가온다. 그 여류 시인은 "글을 쓰는 장애인들에게 문학은 삶의 모든 것입니다. 그리고 우리들의 문학은 충분한 가치가 있습니다. 하늘을 바라볼 때 누워서 보는 하늘과 앉아서 보는 하늘과 서서 보는 하늘이 다르듯이 우리들에게 비쳐지는 세상의 모습은 다르며 특별한 가치를 지닌다고 생각합니다."라고 장애문인들의 글에 관심을 가져줄 것을 당부한다.

그렇다. 인간은 누구나 제 마음의 시력 만큼밖에 세상을 볼 수 없다. 육신의 시력이 아무리 좋아도 마음의 시력이 약하면 삶의 내면을 깊이 있게 볼 수 없다. 도(道)도, 종교도, 문학도 궁극적으로는 마음의 시력을 높이는 공부다.

석가는 열반에 들기 전에 사랑하는 제자 아난존자를 데리고 숲속을 걷는다. 숲속을 걸으며 "아난아, 나무가 참 많지?" 하고 묻는다. 아난이 "예." 하고 대답하자 석가는 또 묻는다. "저 나뭇가지에 매달린 잎사귀는 더 많지?" 하고. 아난이 "예." 하고 대답하자 석가는 재차 묻는다, " 그리고 아난아, 내가 너희들에게 45년 동안 가르쳐준 진리의 말씀은 저 나뭇가지에 매달린 잎사귀보다도 더 많지?"라고. 그러면서 아난이 "예." 하고 대답하자 "그러나 아난아, 나는 너희들에게 아무 말도 하지 않았다."라고 말을 맺는다. 석가는 아난에게 '45년 동안 제자들에게 가르쳐준 진리가 나뭇가지에 매달린 잎사귀보다도 더 많다'고 하고서도 왜 '나는 너희들에게 아무 말도 하지 않았다'고 했을까? 그것은 '불립문자(不立文字)'의 진리를 말하고자 함이 아닌가.

깨달음은 문자나 말로써 전하는 것이 아니라, 궁극에 가서는 제 스스로 마음의 눈을 떠야만 비로소 진리가 보인다는 것을, 석가는 '자등명(自登明)', '법등명(法燈明)'으로도 이 진리를 설파했다. 네 스스로 등불을 삼고, 내가 가르쳐 준 법(진리)으로 등불을 삼으라고. 등(燈)은 범어로 'dipa'다. 섬이라는 뜻이다. 흔히 사람들은 삶을 고해(苦海)라고 한다. 고해의 바다를 항해하다가 인생의 배가 난파를 당하여 생명을 보존하려면 섬으로 가야 한다. 그때 가르쳐 준 수영법(진리)으로 스스로 헤엄쳐 섬에 닿아 구원을 얻으라는 것이다. 석가는 또 이 말을 나룻배에 비유하기도 했다. 행인이 강을 다 건너면 강을 건너게 해준 배가 고맙다고 해서 그 배를 두고 가냐, 등에 지고 가냐고 묻는다. 궁극에는 법(法)까지도 버리고 스스로 갈 수밖에 없는 깨달음의 길을 찾아가라는 것이다.

문학의 길에 들어선 장애문인들이여. 우리는 같은 순례의 길에 들어선 도반(道伴)들이다. 수행에는 고통이 따른다. 문학은, 예술은 아픔으로만 꽃을 피우는 나무다.

역설 같지만 예술의 길을 선택한 당신들은 어쩌면 우리들보다 더 많은 신의 축복을 받은 사람들인지도 모른다. 왜냐하면 잔잔한 바다는 절대로 훌륭한 뱃사공을 만들지 못하기 때문이다. 그리고 많이 넘어져 보아야 비로소 바로 서는 법을 제대로 알 수 있기 때문이다. 또한 신은 자신이 귀하게 쓸 인간은 언제나 아픔과 눈물로 단련시켜왔기 때문이다.

봄이다. '사월은 잔인한 달, 죽은 나무에 꽃을 피우고…' T. S. 엘리엇의 「황무지」의 시구를 읊조리며, 우리들의 아픔을 감내하며, 찬연한 봄을 예약하자.

네가 있기에 내가 있다

우분투(UVUNTU). 아프리카 어느 부족의 인사말이다. '네가 있기에 내가 있다.'라는 뜻이다. 잘 알려진 일화지만, 이 부족의 아이들에게 출발선에서 멀리 떨어진 지점에 한 바구니의 과일을 놓고 경주를 시켰다고 한다. 먼저 도착한 아이가 과일을 모두 먹을 수 있다는 조건을 걸고, 경주를 시킨 사람은 아이들이 출발 신호가 떨어지기가 무섭게 목표 지점을 향해 달려갈 줄 알았다. 그런데 예상과 달리, 아이들은 손에 손을 잡고 목표지점에 도착하여 빙 둘러앉아 과일을 사이좋게 나누어 먹더라는 것이다. 아이들에게 먼저 달려가면 혼자 과일을 다 차지할 수 있는데 왜 그렇게 하지 않았느냐고 묻자, 아이들이 "친구들을 놔두고 혼자 먹는 것이 어떻게 행복할 수 있느냐?"고 반문하더라는 것이다.

세월호 참사의 후유증으로 온 나라가 슬픔과 고통 속에서 헤어나지 못하고 있다. 형언할 수 없는 슬픔 가운데도 많은 사람들이 보여준 동병상련의 애틋한 위무는 그래도 대한민국은 살 만한 나라라는 위안을 갖게 한다. 앞다투어 몰려온 수만의 자원봉사자, 수십만 명이 연일 보내오는 구호물품, 애절한 기원이 담긴 노란 리본과 촛불의 물결… 대한민국은 누가 뭐래도 희망이 있는 민족이라는 자긍심을 갖기에 충분했다.

그러나 한편으로는 대한민국이 제대로 된 일류 국가로 가는 노정은 아직도 멀고 험난하다는 자탄을 금할 수 없었다. 선장과 선원들이 보여준 용납할 수 없는 무책임한 행위와 일부 몰지각한 지도층과 관료들의 행태는 양식 있는 국민들을 경악시켰다. 특히 지도계층의 경거망동한 언행은 대한민국을 이끌어가는 지도자 계층의 의식수준이 이 정도밖에 안 되는 것인지 공분을 사기에 충분했다. 그 가운데 실종자 가족들이 대통령과 총리에게 거세게 항의한 사실에 대해 "국민이 미개하니까 국가가 미개하다."는, 최상 지도층의 자녀가 페이스북에 올린 글은(당사자의 아버지가 정중하게 사과하였지만) '미개'의 의미를 다시금 곰곰이 곱씹어보게 한다.

진정한 미개는 무엇인가? 단지 생활수준이 낮고 문명이 뒤떨어졌다고 미개하다고 할 수 있는가? 앞서 언급한 아프리카 극빈국의 아이들이 보여준 행위와 상대방의 아픔은 이해하지 않고 자기만의 이기적인 안위의 시각에서 '국민이 미개하니까 국가가 미개하다'고 망발을 한 지도층 자녀의 행위를 비교할 때, 어느 쪽이 미개하다고 할 수 있는가?

'나눔'과 '배려'가 인간이 인간일 수 있는 최상의 요건이다. 미개한 인간이 바로 이 나눔과 배려를 외면하고 자기만의 안위를 취한다. 상대방의 고통은 안중에 없고 이기심만의 지배를 받는다.

고여 있는 이기심은 인간을 부패하게 만든다. 이기심이 이타심으로 방류되지 않으면 인간은 진정한 행복을 누릴 수 없다. 사해(死海)와 갈릴리 호수를 보자. 사해와 갈릴리 호수는 붙어 있다. 그런데 사해는 말 그대로 바다와 같이 넓은 호수이지만 물이 썩어서 악취가 진동하여 생명체가 살 수 없다. 하지만 갈릴리 호수는 사해보다 작은 호수인데도 온갖 새가 지저귀고 물고기가 뛰논다. 왜 그런가? 그 이유는 단지 사해는 물을 받아들이기만 하고 아래로 흘러 보내지 않아서 썩기 때문이다. 그리고 갈릴리 호수는 물이 흘러들어온 만큼 아래로 흘러 보내기 때문이다.

이 나라가 진정한 일류 국가로 가기 위해서는 지도계층의 병든 정신을 나눔과 배려의 약으로 치유해야 한다. 인간이 경계해야 할 병은 육신의 병보다도 정신의 병이다. 육신의 병은 약으로 치유가 가능하지만 정신이 썩을 대로 썩으면 치유할 수 없다. 『아큐정전』의 소설로 유명한 노신은 원래 의사가 되려고 동경 유학을 한 사람이다. 일본의 지배하에서 병마로 고통받는 동포를 구제하기 위해서였다. 그러나 노신은 중국 국민이 시급하게 치유해야 할 것은 육신의 병이 아니라 정신의 병이라는 것을 깨닫고 작가가 되었다.

날로 푸름을 더해가는 성하의 계절이다. 저토록 수목들이 푸를 수 있는 것은 햇빛과 양분의 고른 분배가 있기 때문이다. 정신의 양분을 생산하고 공급하는 문인들이여, 당신들의 공장의 생산라인에는 이상이 없는가? 아니, 당신들의 정신이 오히려 치유를 받아야 할 만큼 오염되지나 않았는지 이 푸름의 계절에 자가진단을 해보자.

흔들리는 지역 문화(문학)의 정체성

서포문학관 추진 과정을 바라보며

서포문학관 건립 추진이 몇 년째 지지부진한 상태다. 우리 지역에 서포문학공원을 조성하여 국문학 성지화, 국문학 한류화의 거점화를 도모하자는 주장에 대한 타당성을 놓고 수 년째 설왕설래하고 있다. 시로부터 연구용역을 수임한 대전발전연구원이 타당성과 추진 방향을 제시하였으나 미흡한 부분이 있다. 그 내용을 검토하면서 몇 가지 제언을 보탠다.

본 기념사업의 추진은 타당성, 형평성, 실현 가능성의 측면에서 검토해야 한다.

1. 타당성

*『구운몽』으로 대표되는 서포 김만중의 문학은 동·서를 뛰어넘는 세계적인 고전으로 주목받고 있다.

*『구운몽』은 영조와 정조도 애독자였을 정도로 조선의 상층민과 하층민에 이르기까지 폭넓은 독서층을 확보한 베스트셀러 소설이었다. 뿐만 아니라 『구운몽』은 1922년 선교사 제임스 케일이 영어판으로 번역하여 소개한

이래 전 세계 8개국의 언어로 번역 출간될 정도로 시간과 공간을 초월하여 전 세계 독자층을 형성하고 있다. 2012년 10월 스페인 마드리드에서 열린 한국문학 포럼에서는 『구운몽』은 세계적인 대작들과 견주어 손색이 없는 우수한 작품으로 평가되었다. 따라서 서포 김만중의 문학관을 건립하고 기념사업을 추진하자는 건의에는 이의가 있을 수 없다.

① 연고성에 대한 검토

*서포 김만중은 병자호란 시 24세의 젊은 나이로 강화도 남문루에서 순절한 김익겸의 유복자로, 어머니 해평 윤씨가 피난 도중 선상(船上)에서 출산하였기 때문에 이름을 선생(船生)으로 지었다. 그러므로 출생을 두고 연고지를 논하는 것은 의미가 없다. 또한 16세까지의 행적이 기록으로 남아 있는 것이 없어 그 성장 과정을 정확하게 파악할 수도 없다. 다만 묘소가 경기도 장단 대덕산 38선 너머에 있었다는 것을 알 수 있는데, 그마저도 북한에 입국하여 현지를 실사한 후손에 의하면, 장단 지역이 6.25 격전지였던 관계로 김만중의 무덤은 실전된 것으로 결론을 내릴 수밖에 없다고 한다.

*그렇다면 서포 김만중의 연고지는 현 시점에서 논의할 수밖에 없다. 현재 김만중의 행적은 유배지에서 다소 찾아볼 수 있을 뿐, 이 지역만큼 그의 혈통과 사상의 연원을 탐구할 수 있는 유적이 보전되어 있는 곳이 없다.

*몇 가지 유적만 살펴보더라도

㉮ 대전시 유성구 전민동에는 김만중의 할아버지 허주 김반과 할머니 연산 서씨. 아버지 김익겸과 어머니 해평 윤씨의 묘역이 있다. 왕으로부터 하사받은 광산 김씨 가문의 묘역이 있는 이 일대는 충 · 효 · 열 3대 유학정신의 성지로 일컬어진다.

㈏ 전민동 산소골은 김장생(曾祖)·창녕 조씨(曾祖母)로 이어지는 가계의 고택과 묘소들이 포진되어 있어서 김만중의 실질적 삶의 공간이 대전, 충남임을 알 수 있다.

㈐ 김만중은 효성으로 정려가 내려졌는데, 대전시 전민동 산소골에 위치해 있다.

☞ 따라서 출생과 연고성을 문제 삼아 서포 김만중의 문학관 건립과 유관 기념사업을 지연하거나 배척하는 것은 근시안적인 단견이다.

2. 형평성

*서포 김만중과 견주어 형평성을 논할 대전지역의 역사적 인물로는 송준길, 송시열, 신채호 등이 있고, 이들에 대한 대전시 차원의 연구나 선양 차원의 문화행사가 활발히 진행되었지만, 상대적으로 서포 김만중에 대한 관심이나 문화사업의 지원은 극히 미미한 상태이다.

3. 타 문학관과의 중첩성 문제

*서포 유배지인 경남 남해에서 이미 남해 유배문학관을 설립하여 운영중이므로 중첩성 문제가 대두될 수 있다는 견해에는 동의하기 어렵다.

㉮ 남해 유배문학관은 국내 최초 및 최대 규모의 문학관으로, 유배와 유배문학에 관한 종합적인 정보습득을 위한 전문공간을 표방하고 있으나, 많은 유배 문인들을 집대성한 공동 문학관이다.

㈏ 서포 김만중에 대한 독립적인 문학관이 아닐뿐더러, 그 내용에 있어서도 김만중의 문학세계를 깊이 알 수 있는 문학 행적이나 사상에 대한 전시물이 적고, 개인 문학관으로서의 총체적인 면모를 갖추지 못했다. 대전·충남 지역에 산재해 있는 서포 김만중의 지역 연고의 유적과 연계 시킨다

면 남해유배문학관과는 비교할 수 없는 변별력을 창출할 수 있다.

㈐ 서포의 폭넓은 사상체계를 부각하고, 고전의 현대적 재해석 기능을 수행하는 문학관으로 건립하여, 서포 김만중의 선양과 함께 작품 〈구운몽〉을 특성화하는 문화 사업을 병행한다면, 타 문학관이 추종하기 어려운 특성을 갖출 수 있다.

4. 제언

1) 서포 김만중이 차지하는 중요성을 감안할 때, 시민들의 접근성이 편리하고 외지에서 찾아오는 방문객이 쉽게 오갈 수 있는 장소를 문학관 부지로 물색해야 한다.

*그 장소로는, 현재 시립 대전문학관이 소재하고 있고, 시가 예술 공원 부지로 계획하고 있는 용전동의 19만평에 이르는 임야가 적당하다.

㉮ 시외 복합터미널이 도보로 10여 분 거리에 근접해 있고, 시내버스 노선도 바로 연결된다.

㉯ 문학관으로서의 주변 경관이 잘 조성되어 있다. 숲과 산책로가 시민들에게 웰빙의 자연공간으로 활용되고 있다.

2) 서포 김만중의 문학관은 시립 대전문학관의 큰 틀 안에서 계획· 운영해야 한다.

㉮ 유적의 소재지인 전민동의 기부채납 부지는, 기념사업회와 협력하여 어남동의 단재 신채호의 생가처럼 장기적으로 기념관을 조성한 후, 문학관과 연계하여 운영하는 것이 바람직하다.

㉯ 대전시가 향후 계획하고 있는 '시민대학에 서포 관련 강좌 운영, 대학 및 유관기관과 고증작업 추진'의 사업도 전문적인 수행 능력을 갖춘 대전문

학관이 주도하여 적정한 대책을 강구해야 한다.

3) 서포 김만중의 문학관과 기념관 건립은 단재 신채호의 문학적 위상을 정립하는 사업과 병행해야 한다.

㉮ 단재 신채호는 독립운동가, 사학자, 사상가의 측면으로만 비중을 두고 연구되어 그의 문학적 위상과 평가가 제대로 정립되지 못했다. 단재 신채호는 어린 시절부터 시적 재능을 인정받고 청년기에는 시인으로 알려져 평생 많은 시를 지었으나, 해외에 망명하여 독립운동과 아나키즘 운동에 매진하다 감옥에서 순국함으로서, 그가 쓴 주옥같은 시들이 정리되지 못한 채 역사 속에 묻혀 있었다. 그러나 최근에 박정규 교수를 비롯한 단재 문학의 연구자들에 의하여 단재의 많은 작품과 문학적 성과가 속속 드러나고 있다.

신체시의 효시로 불리는 육당의 「해에게서 소년에게」(1908.11)보다 훨씬 이전에 단재는 《황성신문》 《대한매일일보》 두 신문 논설에 적지 않은 시가를 발표하였다. 신문 논설에 한시나 새로운 형식의 시가를 소개하여 전통 시가의 맥을 계승하고 이를 변용하여 근대적인 시가를 모색하였다. 단재가 개화기에 최초로 시도한 '현토시'는 한문 해득이 가능한 당시 중상류 계층을 독자로 하고 있던 황성신문의 논설에서 시작되었다.

㉯ 단재 신채호는 충남 홍성에서 출생한 만해 한용운 이상의 사상가요, 독립운동가요, 신문학 운동의 개척자다. 그의 고매한 지조와 민족사관과 문학 정신은 대한민국의 미래를 책임져야 할 청소년들에게 계승되어야 한다. 충절의 고향인 충청도의 선비정신과 함께 효를 선양하는 교육 프로그램을 개발하는 것도 연구해 볼 필요가 있다.

㉰ 단재 신채호는 어남동 생가에서 태어난 이 고장 대전의 인물임에도, 성장지인 청주에서 기념관, 체험관 등을 짓고 교육상을 제정하는 등 그의

애국애족 정신을 기리는 선양 사업을 활발하게 전개하고 있다. 더 늦기 전에, 단재 신채호의 문학적 위상을 제대로 세우는 일 역시, 서포 김만중의 문학관 건립사업과 병행하여 서둘러야 한다.

5. 맺는 말

한 민족의 정신적 정체성과 자긍심을 정립하기 위해 만들어진 신화도 그 근간은 미화된 허구의 이야기다. 역사의 왜곡도 자기 민족의 우월이나 자존을 높이기 위해 허구를 가미한 데에서 출발한다. 한국의 역사 왜곡만 하더라도, 공자가 『춘추(春秋)』에서 고백한 것처럼, 우리 민족을 폄하시키고 자국의 역사를 화려하게 치장하기 위해서 조작한 것이고 일본의 역사 왜곡도 그러하다.

이러한 사실을 감안한다면, 현실적으로 서포 김만중의 지역적 연고나 유적이 많은 대전 지역에 서포의 문학관과 기념관을 짓고 국문학 성지화, 국문학 한류화의 거점화를 도모하자는 주장은 타당하다. 오히려 대전시는 경남도가 왜 서포가 한때 유배되었던 남해의 귀양지를 연고 삼아 150억의 재원을 지원하여 국문학의 성지로 성역화하려는 것인지 그 의도를 깊이 성찰할 필요가 있다. 따라서 서포 김만중의 사상과 콘텐츠를 어떻게 문화 사업으로 추진해야 할지, 더 늦기 전에 방안을 마련하여, 타 지역에 선점당하지 말아야 한다.

/축사/

푸른 언덕에 황혼은 내리고

벽파(碧坡)!

아호(雅號)처럼 늘 청춘에 머물 줄 알았던 자네의 생애의 푸른 언덕에도 황혼이 기웃거리고 있네 그려.

하기야 이 세상에 영원한 것이 어디 있겠는가. 모든 것은 다 지나가고 흘러갈 뿐인 것을. "나무는 가을이 되어 잎이 떨어진 뒤라야 꽃 피던 가지와 무성했던 잎이 다 헛된 영화였음을 알고, 사람은 죽어서 관 뚜껑을 덮기에 이르러서야 자손과 재화가 쓸 데 없음을 안다."고 '채근담'은 깨우쳐 주고 있지 않은가. 그렇다고 자네가 학문의 길에 들어서서 쌓아 놓은 업적과 공적까지 다 무위한 것이라고 말하는 것은 아니네. 자네의 화려한 이력이 말해 주듯이, 자네는 온갖 고초를 겪으면서도, 학자로서 종교인으로서 참으로 성실하고 부지런한 삶을 살았네. 그 자취는 후학들에게 값진 유산으로 빛을 발하리라는 것을 의심하지 않네.

나는 이 자리에 서서 먼저 자네의 변치 않는 우정에 감사하고 싶네. 돌이켜보면, '우리 만남은 우연이 아니었네'라는 유행가 가사처럼, 우리의 만남은 정말 우연이 아니었네. 기실 자네와 나는 학창 시절에 특별한 교우관계는 아니었네. 자네는 교장선생님의 자제였고 나는 무엇이 찢어지게 가난한 집안의 학생으로, 서로 생활환경이 다를 뿐 아니라, 특별히 가까이 지낼 만한 어떤 연고도 없었네. 다만 있다면, 고교 재학 시절, 전체 조회 시간 때마다 금당 선생님의 훈화 말씀에 감명을 받았고, 금당 선생님께서 각종 백일장 대회에서 상을 휩쓸어 오는 나에게 베풀어 주셨던 각별한 격려와 사랑이 있을 뿐이었네.

자네와 새로운 인연을 맺게 된 것은, 금당 선생님께서 부당한 모해에 휩싸여 심화로 건강까지 해치고 계실 때였네. 벌써 20여 년의 세월이 훌쩍 흘렀지만, 자네가 나를 찾아와서 참담한 심경을 토로하던 그때의 일이 아직도 기억에 생생하네. 그때 자네는, 금당 선생님께서 열악한 재정 형편에도 올곧은 교육관으로 보문학원의 영재 육성과 이 나라 사학의 건실한 발전을 위해 얼마나 노심초사하셨는가를 이해하지 못한 사람들이, 몰지각한 사학의 경영자들처럼 교육을 치부의 수단으로 삼아 학교발전을 저해했다고 성토를 하니, 진실을 밝힐 수 있다면 할복이라도 해서 그것을 입증하고 싶다고 울분을 토했네. 자네의 하소연이 아니더라도, 나는 누구보다 금당 선생님의 인격을 믿었기에, 모해의 진원지와 진실을 밝히기 위해 자네와 함께 모진 세월을 함께했네. 그 일은 금당 문집을 통해 일단을 피력했으니 더 이상 언급하지 않겠네. 그러면서도 간담상조(肝膽相照)의 고사가 다시금 떠오르는 것은 무슨 까닭인가. 당송 팔대가의 한 사람인 한유는 절친한 친구였던 유종원이 죽자 다음과 같은 묘비문을 썼지.

> 사람이란 곤경에 처했을 때 비로소
> 절의가 나타나는 법이다.
> 평소에는 서로를 그리워하고

술자리를 마련해 부르곤 한다.
어디 그뿐인가? 간과 쓸개를 꺼내 보이고
눈물을 흘리며 죽더라도
절대 배신하지 말자고 맹세한다.
말은 그럴 듯하지만 조금이라도
이해관계가 생기면 눈을 부릅뜨고
본 적도 없는 듯 안면을 바꾼다.
더구나 함정에 빠져도 손을 내밀어
구해주기는커녕 오히려 더 깊이 밀어 넣고
돌까지 던지는 인간이 세상 곳곳에 널려 있다.

내가 또다시 이 비문의 문구를 떠올리게 되는 것은 인지상정일세. 금당 선생님의 생전에 많은 은덕을 입고도 배은망덕한 행태를 보인 사람들의 음해로 정신질환을 앓을 지경에까지 이르렀던 자네가 그들을 용서하고 포용하는 것을 보고, 어찌 만감이 교차하지 않을 수 있겠는가. 솔직히 고백하거니와, 한때 나는 자네의 그 용서가, 어떤 목적을 이루고자 하는 이기심에서 비롯된 교활함의 소치가 아닌지 의구심이 들기도 했으니까. 그래서 화도 냈지.

그러나 그러한 오해는 금당 선생님에 대한 자네의 지극한 효심이 내린 용단이라는 것을 깨달으면서 곧 불식되었네. 나는 18년간의 각고 끝에 완성한 1차 금당문집의 원고를 수집하고 정리하는 과정에서 자네의 지극한 효심에 감동을 받았네. 나뿐만 아니라 그 과정을 알고 있는 사람들은 누구나 자네의 효심 앞에 숙연해진다고 말하네. 효는 백행의 근본이라고 했으니 자네의 훌륭한 인품에 무슨 사족을 더 붙이겠는가.

벽파! 그래도 내가 갖지 못한 자네의 덕목에 대해 한 마디는 더 해야겠네. 자네가 가진 덕목 가운데 제일 부러운 것은 침묵과 겸손이네. 자네의 침묵은 금이 아니라 금강석이네. 불필요하다고 생각하는 일에 대해서는,

수전노가 어떤 경우에도 지갑을 열지 않는 것처럼, 입에 자물쇠를 채워버리네. 자신을 내세워 먼저 나서는 일도 없지. 우유부단하다고 오해할 정도로 대세를 살피다가 때가 이르러서야 비로소 입을 열고 실행에 옮기지. 그리고 목표한 바를 느리지만 끝내 달성하고야 말지. 말을 안 해서 생긴 후회보다 말을 해버렸기 때문에 생긴 후회가 더 많은 것을 체험한 나로서는, 자네의 그 침묵과 겸손을 배우자고 자신을 질책할 때도 있지만, 사람은 다 제 그릇 만큼 채울 수밖에 없는 걸 어쩌겠는가.

이 자리가 용비어천가를 읊조리는 경연장도 아니고, 자네에 대한 덕담은 약소하나마 이 정도로 하고, 앞으로 살 궁리나 같이 해보세.

노년이 되면 지난 세월 동안 맺은 인연은 거의 다 물거품이 된다고 하네. 돈으로 맺은 인연은 돈으로 끝나고 직장에서 맺은 인연은 직장을 떠나면서 끝난다고 하네. 노년의 재산은 억만금이 아니라, 마음을 나눌 수 있는 진정한 친구의 숫자라고 하네. 이제 새로운 인연을 만들려고 하지 말고 그동안 맺은 소중한 인연들이나 잘 관리하세.

그리고 비우고, 내려놓으세. 어떤 일이 있어도 자네가 비우고 용서하기로 한 일을 다시는 미움의 주머니에 주워 담으려고 하지 말게. 이것은 편집증에 걸린 한 기독교 광신도의 오만에 맞섰다가 20여 년 동안 미움의 그물에 걸려 말할 수 없는 고통에 시달렸던 나의 처절한 신음이기도 하네. 용서는 너를 용서하는 것이 아니라, 나를 용서하고 자유로워지는 것이 아닌가 하네.

앞으로 더 잘 관리해야 할 것이 있네. 외로움이네. 사람은 근본적으로 고독한 존재라고 하지 않는가. 홀로 가자니 너무 외롭고, 셋이 가자니 길이 좁고, 둘이 가자니 갈 사람이 없네. 이것이 우리네 인생이 아닌가 하네. 그래서 나는 쓸쓸하고 외로울 때마다 자작시 한 수를 읊조리곤 하지.

쓸쓸함은
또 다른 너의 이름이다
누구나 평생을 건너도 다 건너지 못하는
외로움의 바다가 하나씩은 있지 않은가
그래도 쓸쓸한 날은
빈 가슴의 처마 끝에 풍경을 달고
기다릴 수 없는 기다림을 기다리자

벽파! 앞으로 우리가 기다릴 것이 무엇이 있겠는가. 그것은 뒤돌아보지 말고, 지금 나는 나답게 살고 있는가를 자문하며, 날마다 새롭게 거듭나면서, 아름다운 마침표를 맞이하는 일이 아니겠는가.

벽파! 사람은 누구나 홀로 제 그림자를 끌며 피안의 언덕을 넘어가야만 하는 존재네. 바라건대 아름다운 뒷모습을 보이며, 자네의 그 황혼이 내리고 있는 생의 언덕을 의연하게 넘어가기를 간절히 소망하네. 나 또한 그러하고.

횡설수설 사설이 길었네. 진심으로 자네의 명예로운 제대를 축하하네.

2

문학시평

나의 소설, 나의 문학

창작집『 보이지 않는 손 』을 중심으로

일　시 : 2012년 4월 26일 12:00
장　소 : 조선호텔 커피숍
대담자 : 복거일(소설가)
강태근(소설가, 전고려대교수, 대전문학관장)

강태근 참으로 오랜만에 뵙습니다. 대전에 계실 때는 더러 뵐 기회가 있었는데 서울로 거처를 옮기시고서는 처음 뵙게 되는군요.

복거일 그렇군요. 대전을 떠나온 지 오 년이 넘었으니까 정말 오랜만이군요. 김수남 선생, 최학 선생 다들 잘 계시지요?

강태근 예. 가끔 만나서 바둑도 두고 소주도 한잔씩 하고 그럽니다. 복 선생님 얘기도 하면서…. 사적인 얘기는 뒤로 미루고 오늘은 좀 딱딱한 얘기를 먼저 나눠야 할 것 같습니다. 대담의 요지를 말씀드려야겠네요. 선생님의 작품 세계와 작가의식을 조망해보는 기획 특집이니까, 작가 복거일이 갖는 타 작가와의 변별력을 데뷔작과 관련하여 우선 말씀을 나누도록 하겠습니다. 그 다음 선생님의 자전 소설이라고 할 수 있는 장편『보이지 않는 손』을 중심으로 구체적으로 질문을 드리는 방식으로 진행할까 합니다.

복거일 좋습니다. 메모를 좀 해왔습니다만… 자유스럽게 논의해 보도록 하지요.

강태근 그러지요. 원래 선생님은 자유주의자시니까 선생님의 취향에 간을 맞춰 보도록 하지요. 그런데 제가 워낙 삼류 요리사라서 선생님의 입맛에 맞을는지 모르겠습니다.

복거일 제 입맛이 그렇게 까다롭지 않습니다.(웃음)

데뷔작 『碑銘을 찾아서』가 한국문단에 던지는 메시지

강태근 선생님은 데뷔부터가 다른 작가들하고는 특이합니다. 보통 사람들이 선망하는 좋은 직장을, 그것도 불혹을 넘은 나이에 미련 없이 내던지고 불확실한 문학의 도정에 들어섰습니다. 가히 모험을 감행했다고나 할까요. 이병주 씨도 불혹을 넘은 나이에 소설 쓰는 일에 생의 마지막 승부를 걸었지만, 선생님하고는 그 동기가 다르다고 생각합니다. 이병주 씨는 뜻하지 않은 실직으로 자의반 타의반으로 작가의 길을 걷게 되었지만, 선생님은 온전히 자의에 의해 모험을 감행한 것이 아닙니까? 그때 선생님이 왜 그런 결단을 내릴 수밖에 없었는지 그때의 심경과 그로 인한 에피소드 같은 것이 있으면 말씀을 좀 해주시지요.

복거일 글쎄요… 당시의 사회 상황과 관련하여 지식인으로서 고뇌한 점도 있었고, 그 상황을 시로서 다루기가 벅찼다는 점도 있었고. 특별히 할 말은 없네요. 한 사 년 동안 소설에만 매달리는 사이 집식구들이 경제적인 고통을 참고 이해해 준 것이 고마웠다는 말씀밖에는 뭐 달리….

강태근 선생님은 또 데뷔 방식도 특이합니다. 추천이나 현상제도를 통하지 않고 《문학과 지성》 사의 지적대로 '신인 작가들이 투고작을 출판사의 편집위원이 열독하고 검토하여 책으로 발행하는 문화 선진국의 관행을 바람직하게 따르게 됨으로서' 우리 문단과 출판 풍토에 신선한 충격을 주기도 했습니다. 그 당시로서는 더욱 파격적일 수 밖에 없었습니다. 관행을 깨뜨리는 파격에는 언제나 그에 상응하는, 어려움이라고만 단순히 표현할 수 없는 고난이 따르기 마련인데, 특별히 데뷔작의 출간과 관련하여 들려주실 말씀이 있으면 해주십시오.

복거일 사실 저는 시로 먼저 문단에 나왔습니다. 김춘수 선생님의 추천을 받아 《현대문학》 을 통해 등단했습니다. 그때 도움을 주신 분이 김현 선생님이신데, 역시 김 선생님의 주선으로 문학과지성사에서 소설을 펴냈습니다.

강태근 이제 데뷔작 얘기를 좀 해 보지요. 데뷔작 『碑銘을 찾아서』는 1980년대에 비교적 침체해 있었던 우리 소설 문학 분야에 가장 중요한 성과의 하나로 꼽힙니다. 주지하다시피 이 소설은 우리나라가 여전히 일본의 식민지 통치를 받고 있다는 가상의 역사, 선생님은 이것을 대체역사라고 명명하고 있는데, 이러한 우리말과 역사가 송두리째 말살된 상황 속에서 조선인 기노시다 히데요라는 인물이 자신의 민족과 뿌리를 어렵게 찾아내고 그 때문에 받게 된 핍박을 벗어나기 위하여 상해 임시정부를 찾아 망명을 떠난다는 줄거리를 이야기 틀로 하고 있습니다. 평자들은 비범한 상상력과 완벽한 소설적 형상력, 그리고 현실에 대한 비판적 성찰과 풍자적 날카로움을 높이 평가하고 있습니다. 그런데 저는 이런 평가를 넘어 선생님의 소설의 강점이랄까, 변별력을 또 다른 면에서 찾고 싶습니다.

당시 1980년대는 민중문학, 혹은 민족문학이 1930년대의 카프를 연상시킬 만큼 풍미하고 있었습니다. 그런 분위기에서 소위 지식인 문학, 막말로 지적인 냄새가 풍기는 문학은 일단 불온한 문학이라는 딱지가 붙여져 폄하되고 평가 절하되는 실정이었습니다. 물론 1960년대의 지식인 위주의 소설이 가졌던 관념성과 역사적 정태성의 한계를 인정하지 않을 수 없습니다. 그렇지만 그 당시 점점 급진화 하고 있는 '민중문학' 또는 '민족문학'의 논리가 경색화 함으로써 자칫 1930년대의 카프 문학 운동이 초래하였던 '창작의 고정화' 현상을 재현시키지나 않을까 우려되는 상황이었습니다. 그러한 지식인 문학의 폄하는 교조적인 맹목성에 떨어져, 창작 방법을 '리얼리즘'과 '모더니즘'이라는 이원적 틀에 가둬 놓고, 그때까지의 감각만을 기준으로 하여 리얼리즘의 범주에 속하지 않는 작품은 모두 모더니즘의 폐해를 답습하고 있는 것으로 치부하는 현상이 나타나고 있었습니다. 신천지를 향해 끊임없이 새롭게 창작 의욕을 불태워야 할 작가들이 알게 모르게 억압당하는 상황이 조성되고 있었다고나 할까요. 사실 선생님의 데뷔작의 평을 쓴 한기 씨가 지적한 바와 같이, 당시 아직 완결되지도 않은 『태백산맥』이 유례없는 평단의 극찬을 받았던 것에 비해 『碑銘을 찾아서』가 받은 대접은 상대적인 괄시와 홀대를 면치 못했다는 느낌도 큽니다. 그러나 당시의 평이야 어떠했든, 『碑銘을 찾아서』는 최인훈에 이어 지식인 소설의 새로운 지향점을 제시하는 의미가 있고, 그것은 바로 작가 복거일이 갖는 동시대 작가와의 변별력이라고 봅니다. 이 점에 대해서 작가 자신은 어떤 생각을 가지고 있는지 말씀해 주시고, 뒤에 『보이지 않는 손』에서 더 언급하겠지만, 최인훈을 '개인적 차원이 없는 스승'이라고 고백한 선생님의 말씀과 어떤 상관성을 갖는지도 말씀해 주셨으면 좋겠습니다.

복거일 이 소설은 대체역사입니다. 대체역사는 과학소설의 영역에 속합니다. 저는 일찍부터 과학소설에 매료되었습니다. 그때만 해도, 과학소설은 문학의 변두리였습니다. 제 소설이 본질적으로 과학소설이라고 했더니, 출판사에서 그런 얘기를 하지 말라고 당부했습니다. 작품이 낮은 평가를 받는다면서요. 이제는 사정이 많이 달라졌지만, 당시엔 그랬습니다. 그리고 이 작품은 출판 과정에서 빠진 부분이 있습니다.

강태근 그래요? 어떤 내용을, 얼마나요?

복거일 당시가 5공 시절 아닙니까? 청와대를 직접 빗댄 부분이 삭제되었습니다. 그것만은 감당할 수 없다고 했습니다.

강태근 무슨 말씀인지 알겠습니다. 한수산이 당시 중앙일보에 『욕망의 거리』라는 소설을 연재할 때, 전두환 씨를 비아냥거리는 내용이 들어갔다고 트집을 잡혀, 모처에 끌려가서 고문에 못 이겨 배후 인물로 시인 박정만의 이름을 얼결에 대는 바람에, 박정만은 가정이 파탄이 나고 폐인이 되어 비참하게 생을 마감하였지요. 그런데 삭제된 분량이 얼마나 됩니까?

복거일 원고지 100여 매가량 됩니다.

주변부 지식인의 비애

강태근 이제 선생님의 자전소설이라고 볼 수 있는 『보이지 않는 손』을 중심으로 선생님의 내면세계로 자맥질해 들어가 보도록 하지요. 저는 이 소설을 읽고 소설 자체가 선생님의 자서전 그대로라는 느낌을 받았습니다. 그리고 선생님이 왜 이 소설을 중심으로 해서 말씀을 나누고 싶어 했는지 나름대로 집히는 바가 있었습니다. 제 판단이 많이 어긋났습니까?

복거일 정확하게 보셨습니다. 강 선생님의 지적대로 현학적이지 않느냐는 지적도 있습니다만, 저는 이 작품을 통해 새로운 지식을 얻으려 애쓰는 지식인의 모습을 있는 그대로 보여 주고 싶었습니다.

강태근 우선 이 소설의 제목부터 말씀해 보도록 하지요. 저는 경제학에는 문외한입니다만, 아담 스미스의 『국부론』에 나오는 '보이지 않는 손'의 시장 경제 원리를 의미하는 것인가요, 이 제목이?

복거일 (미소를 지으며) 실은 말입니다… 원래 제가 정한 제목은 이 제목이 아니었습니다. 출판사에서 자기들의 취향에 맞게 이 제목으로 바꿨습니다. '주변부 지식인의 비애'와 '보이지 않는 손' 중에서 후자를 선택한 겁니다.

강태근 그래요? 첫 번 것은 너무 직선적이고… 후자가 낫군요. 원 제목이 무엇이었는지는 선생님이 직접 나중에 밝히세요. 작품의 신비감을 위해서요.

복거일 역시 고향분이라 배려가 각별하시네요. 질문 내용을 메일로 받고 느낌이 특별했습니다. 지금까지 인터뷰 성격의 이런 대담을 40여 차례 했습니다만, 선생님처럼 이렇게 세부적인 데까지 파고드는 경우는 없었습니다.

강태근 그렇습니까? 저는 문전만 어지럽히는 것이 아닌가 했는데…(웃음) 국부론은 1776년에 나왔고, 이 해는 미국이 독립한 해인데, 당시 이 두 사건은 세계의 가장 획기적인 큰 사건으로 꼽히지요. 제가 이해하는 바로는 '자기 이익 추구에 따라서 행동하면 세계의 정의는 구현된다.', '가장 공정하고 효율적인 배분이 이루어진다.', '자본주의만이 도덕적이다.' 그런 의미를 함축하고 있는데, 맞습니까?

또 제가 알기로 선생님께서는 자본주의의 신봉자이고, 이 소설 속에서 노무현이 대통령에 당선되자 작중 주인공이 밤잠을 설치면서 걱정하는 대목이 나오는 것도 자본주의의 붕괴를 우려한 때문이라고 보는데… 어떻습니까?

복거일 그에 대한 답변으로, '자유주의를 기본원리로 삼은 사회에서 자유주의자가 망명객이 되는' 사회현상을 걱정한 것이라고 함축해서 말하고 싶습니다.

강태근 무슨 말씀인지 이해할 것 같습니다. 너무 딱딱한 질문만 드렸는데… 좀 부드러운 질문을 드리겠습니다. 이 소설은 작가의 허락 없이 원작소설을 도용하고도 영화사 측이 적반하장으로 터무니없는 주장을 해와 결국 법정소송을 벌이는 내용이 주 스토리인데, 실제 작가가 겪은 체험담이신가요?

복거일 그런 건 아닙니다. 이와 비슷한 다툼이 없었던 것은 아닙니다만….

▌'법'과 '정의'

강태근 과학·종교·예술을 지식의 관점에서 통합해온 작가의 우리 시대 '법'과 '정의'에 대한 성찰과 반성, 그리고 해법 찾기'라는 이 책에 대한 소개를 그대로 이 소설의 주제로 보아도 무난할 것 같은데, 직접 작가에게 이 소설을 통해 전언하고자 하는 메시지가 무엇인지 물어봐도 실례가 되지 않겠습니까? 작가는 자기 소설의 주제를 설명하는 것을 제일 싫어하기 때문에 드리는 말씀입니다.

복거일 선생님의 관점이 벗어나지 않았으니까 진부한 설명은 안 드리고 싶은데….

강태근 역시 그렇군요. 과부가 과부 사정을 모르다니…(웃음) 그런데 작중 화자는 신봉해온 법과 정의가 아프게 패배하는 것을 체험하며 깊은 회의에 빠집니다. 말하자면 '보이지 않는 손'의 정의의 이념이 작중 화자가 말하는 '평등주의 이념과 야만적 강제의 동거'에 의해 무참히 유린당하게 된 것이지요. 부장판사가 자기의 이익에 따라 부당한 판결을 한 것이나, 작중 화자가 사십 년 만에 복무하던 병영을 찾아가 값진 죽음이라고 믿었던 부하 병사들의 죽음이 세상의 가치관(이익의 추구)이 바뀌는 사이에 별 뜻을 지니지 못하는 헛된 것이었음을 확인하게 되는 데서 느끼는 분노나 허탈감은 모두 "포대장님, 우리 죽음을 그렇게 헛된 것으로 만든 세상이 어떻게 정의로울 수 있습니까?"라는 905지피 병사들의 항변으로 대변할 수 있지 않을까요?

복거일 그렇기도 하지만 아픈 수용이라고 표현하고도 싶군요. 법은 일단 다툼이 끝나면 그대로 승복하고 수용해야 한다고 생각합니다.

강태근 그렇습니까? 저는 선생님과 좀 생각이 다른데요. 선생님은 자유주의자이면서도 실정법은 준수하지 않는다면 국가와 사회는 무질서를 초래할 수밖에 없기 때문에 법은 어떤 경우라도 반드시 지켜야 한다는 실정법 준수론을 옹호하는 것 같은데…저는 16년 동안 유신 정권하의 악법으로 희생당한 해직교수 문제로 법정 투쟁을 해오면서 실정법이 인간의 자유나 평등을 침해할 때 국민은 최후 수단인 저항권을 행사하여서라도 악법을 폐지하여야 한다는 생각이 굳어졌습니다.

복거일 그렇더라도 일단 법으로 확정되었으면….

강태근 아, 네… 그 문제는 그냥 넘어가기로 하지요. 이 자리는 토론의 자리가 아니라 선생님의 말씀을 듣는 자리니까요… 그런데….

‘보이지 않는 손’의 정의

강태근 저는 이 소설 속의 화자, 아니 작가인 선생님에게 묻고 싶습니다. 작중 화자도 그렇고 선생님도 그러신 것으로 알기 때문에 드리는 말씀입니다. 선생님은 작가의 말 중에서 “나는 지식을 삶의 본질로 여겨 줄곧 그것을 추구했다.”라고 고백하고 있습니다. 또 현역 작가 가운데 끊임없이 새로운 지식에 허기를 느끼면서 지식을 추구해왔고, 이 시대의 뛰어난 논객으로도 세상에 알려져 있습니다. 작중 화자도 ‘지식을 얻기 위해선 사람들은 어떤 끔찍한 짓도 합니다. 그래서 모든 지식엔 피가 묻었습니다.’라고 말하거나 ‘그가 쓰고 싶어 한 소설은 지식인이 지식인을 위해 쓴 소설이었다.’고 술회합니다. 그런데… 제 판단이 틀렸는지는 모르지만, 자본주의의 근간인 ‘보이지 않는 손’의 정의로움이 지식과 만나면 ‘보이는 손’으로 변하여 부도덕이나 불의로 변질되는 아이러니와 맞닥뜨리게 된다는 사실입니다. 작중에서도 오스트리아의 원주민 얘기가 나옵니다만, ‘보이지 않는 손’의 시장경제의 정의로움은 순수한 인간 본연의 이익 추구에서만 가능하다고 할 것입니다. 그런데 지식은 순수와는 배치되는 역기능이 더 많이 행사되어 왔다고 봅니다. 법도 정의도 인간의 순심대로만 행해진다면 그 본래의 목적대로 실현될 수 있는데, 이 소설에서 보는 것처럼, 인간의 뇌의 작용의 소산인 지식의 농간에 의해서 왜곡되거나 굴절되지 않습니까? 이 점에 대해서 선생님의 견해를 듣고 싶습니다.

복거일 그게 또 그런가요? (미소를 지으며) 그러나 큰 틀에서 보면 별 문제가 없습니다. 창밖의 거리를 내다보세요. 사람들은 모두 제 이익을 좇아서 다른 사람들의 필요들을 채워주면서 살고 있고, 개인들의 그런 활동들이 조화를 이루어 거시적 질서가 나오고 있지 않습니까. 누가 치밀하게 계획한 것도 중앙의 권력이 자세한 명령을 내린 것도 아닌데, 세상은 거의 완벽하게 돌아가고 있지 않습니까. 지금 이 자리에선 정부의 '보이는 손'은 보이지 않고, 보이는 것은 '보이지 않는 손'의 부지런한 움직임뿐이지 않습니까?

▌'노예정신'은 한국인의 정신적 종양인가?

강태근 이 소설은 역사, 종교, 과학, 교육, 문화, 문학 등등 사회 여러 분야를 바라보는 작가의 시선을 발견할 수 있습니다. 정해진 지면 때문에 모두 논의할 수는 없고 몇 가지만 더 말씀을 나누려고 합니다.

첫 번째로 선생님께서 우리들의 정신적 저변에 자리 잡고 있다고 보시는 '노예정신'과 '밈'에 대해서 말씀드리겠습니다. 우리나라는 노예제도가 오래 존속하여 천년 넘게 노예정신이 사회에 퍼지다 보니 위험을 담보로 하는 창의적인 노력이 결핍되었고, 어쩌다 위험을 무릅쓰는 사람이 나와도, 그를 격려하는 것이 아니라, 시기하고 발목을 잡고, 실패하면 위로는커녕 조롱한다고 작중 화자는 말합니다. 또 작중 화자는 '아쉽게도, 지금 한국에서 밈을 낳기는 참으로 어려웠다.'라고 말합니다. 이러한 작중 화자의 '밈'에 대한 회의는 바로 작가 자신의 시각이라고 보이는데, 노예정신과 어떤 상관관계가 있습니까?

복거일 그렇습니다. 서로 상관관계가 있다고 봅니다.

강태근 선생님은 한국인의 의식 속에 노예정신이 뿌리 깊게 박혀 있다고 보시는데… 노예, 아니 노비라는 표현이 더 정확한 듯합니다만…

노비는 전체 인구의 소수에 해당하지 않습니까?

복거일 소수요? 경제사학자들은 노비의 비율이 적을 때도 20% 아래로 내려온 적이 없고 많을 때는 50%까지였다고 보고 있습니다. 그게 어디 소숩니까? 한번 노비가 되면 그 자식들은 대를 이어 노비의 신분에서 벗어날 수 없으므로 노비의 비율은 갈수록 늘어나지요. 살기가 어려운 평민들도 자청해서 노비가 되는 경우도 있었습니다. 이렇게 노비가 늘어나다 보니, 국가 재정이 위기를 맞곤 했습니다. 노비들은 세금을 내지 않았거든요. 그래서 양인들이 노비가 되는 것을 막는 정책을 유지했습니다. 따지고 보면, 우리 국민들의 대부분은 노비의 피가 섞여 있습니다. 노비 제도의 폐해가 워낙 컸으므로, 객관적으로 바라본 역사학자들 가운데는 일본이 한국에 가장 크게 기여한 것이 노비해방이라고까지 합니다.

강태근 그러니까 노비해방은 되었지만 그, 노비정신은 불식되지 않았다는 말씀이군요?

복거일 그렇습니다. 우리 스스로 창의성이 부족하다고 탄식하는데, 우리가 창의성이 부족한 것은 노예제도를 오래 유지해온 데서 원인의 일부를 찾을 수 있습니다. 노예는 항상 주인의 눈치를 보며 행동해야 하죠. 주인이 시키지 않는 일을 하다가 실수하면 화를 당하니 자발적으로 일을 하지 않습니다. 학문에서도 그런 풍토가 있습니다. 새로운 학설로 학위논문을 내면 국내에서는 그 분야에 대해서 잘 모르므로 좀처럼 학위를 주지 않습니다. 심사하는 사람들이 망신을 당할까봐서요. 그러나 외국의 저명한 학자가 칭찬을 하면 그 말 한마디로 통과가 됩니다. '모난 돌이 정 맞는다'는 속담이 그 점을 잘 보여주죠. 특히 한심한 것은 황진이에 대한 예찬입니다, 황진이….

강태근 요즘 역사소설이 많이 쏟아져 나오고 있는데, 단연 황진이에 대한 소설이 많습니다. 예전엔 소설의 소재가 고갈된 원로들이 역사소설을 많이 썼는데, 요즘은 역사소설의 기법도 새로워졌고, 젊은 작가들도 역사소설을 많이 써요.

복거일 제 얘기는… 황진이가 그렇게 예찬을 받을 만한 자유주의자이며 기생의 신분해방에 대한 의지를 가졌었느냐 하는 거지요. 시는 훌륭하지만 거의 모두가 개인적인 연모의 시 아닙니까? 기생은 성 노예인데, 그 점을 인식하고 고뇌한 자취가 황진이에게선 전혀 보이지 않습니다.

강태근 '밈(meme)'에 대한 얘기를 좀더 해야겠습니다. 선생님은 작중 화자를 통해 '밈이 지식인들의 성배(聖杯)였으므로, 그의 나날은 밈을 찾는 일에 맞도록 짜여졌다. 심지어 그의 작품들도 실제로는 밈들을 품어서 전달하는 수단이었다.'고 고백합니다. 먼저 선생님이 대상으로 하는 지식인 독자가 아닌 일반 독자들을 위해 '밈'에 대한 용어 정의부터 명확히 할 필요가 있을 것 같습니다.

제가 알기로 '밈'은 유전자처럼 개체의 기억에 저장되거나 다른 개체의 기억으로 복제될 수 있는 비유전적 문화요소 또는 문화의 전달단위로 영국의 생물학자 도킨스의 저서 『이기적인 유전자(The Selfish Gene)』에서 소개된 용어입니다. 문화의 전달에도 유전자처럼 복제역할을 하는 중간 매개물이 필요한데 이 역할을 하는 정보의 단위·양식·유형·요소가 밈입니다. 모든 문화현상들이 밈의 범위 안에 들어가며 한 사람의 선행 혹은 악행이 여러 명에게 전달되어 영향을 미치는 것도 밈의 한 예이지요. 도킨스는 '진(gene)'처럼 복제기능을 하는 이러한 문화요소를 함축하는 한 음절의 용어를 그리스어(語) '미메메(mimeme)'에서 찾아내 여기서 밈을 만들어냈고, '미메메'에는 '모방'의 뜻이 들어 있지요.

너무 장황한 설명을 한 것 같은데…선생님의 작품은 그 밈들이 핵심이라고 보아도 무방한가요?

복거일 그렇다고 보아야 할 것 같습니다.

강태근 그런데 이 소설에서는 필요 이상 그 지식이 많이 동원돼서 너무 현학적이라는 인상을 줄 수도 있을 것 같은데….

복거일 정확하게 보셨습니다. 특히 헌법에 대한 논설 부분 같은 데서 그런 느낌이 강할 것 같은데… 지식의 성립과정이 얼마나 어려운가를 얘기하고 싶은 욕심에서랄지 그런 동기에서….

▌과거사 청산에 대하여

강태근 이제 이 정부가 추진해온 과거사 청산 차원에서 친일문제를 좀 거론해 보지요. 이 문제는 식민사관과 연관성을 갖기도 하고 선생님의 데뷔작 『碑銘을 찾아서』의 주제와도 직접 연계가 된다고 생각하는데요. 저는 『碑銘을 찾아서』의 주인공 기노시다 히데요가 이광수를 의식하고 설정한 인물이 아닌가 하는 생각이 들었는데, 그렇지 않은가요?

복거일 아닙니다.

강태근 제가 알기로 선생님은 일제강점기에 친일행위를 한 사람들에 대해서 상당히 관대하신 것 같은데, 그것도 '보이지 않는 손'의 적응논리가 작용한 것인지, 직접 견해를 듣고 싶습니다.

복거일 저는 '친일'이라는 용어부터가 잘못되었다고 생각합니다. 나라가 없어졌는데 어떻게 '친일'이라는 용어가 성립합니까? 나라가 존재했던 조선조 말기라면 '친노'라던가 '친일'이라는 말이 성립할 수 있지만, 당시는 이미 국권이 일본으로 넘어갔으므로 '친일'이라는 말은 비논리적입니다. '친체제'라는 표현을 써야 하겠지요. 춘원에 대한 비난에도 저는 동의할 수 없습니다. 당시의 법을 어기지 않았다면, 소급해서 죄를 주는 일은 정당하지 않습니다. 도덕적으로도, 춘원만 골라서 비난하는 것이 정당화되기 어렵습니다.

강태근 이광수는 국가나 사회를 이끌어가야 할 특수한 지식인으로서의 사명감에서 자유로울 수 없다고 보는데… 제가 알기로 이광수는 이미 세간에 알려진 친일, 아니 선생님의 논리대로 한다면 일본 정부에 충성한 대가로 현 화폐로 환산해서 대략 월 2000만 원 이상의 생활비를 총독부로부터 받았습니다.

복거일 그게 어떻게 문제가 될 수 있습니까? 국가가 충성한 국민에게 얼마의 포상을 하던 그건 국가가 판단할 문제가 아닙니까?

강태근 그렇다면 이육사나 윤동주나 한용운의 저항운동은 별 의미가 없는 것인가요?

복거일 그것은 전혀 다른 얘기입니다. 저는 이 정부가 추진하고 있는 과거사 청산 자체가 문제가 있다고 봐요. 과거사의 한계를 어디까지 할 겁니까? 과거의 잘못을 바로잡아야 한다는 논리라면 고려 때까지 거슬러 올라가도 모자라지 않습니까? 저는 역사가에 맡겨두어야 할 과거사들은 역사가들에게 맡겨두어야 한다고 봅니다. 지금 정치적 목적에서 추진된 과거사 청산으로 국력이 크게 낭비되고 나라가 분열되었잖습니까?

강태근 아, 예. 그 문제도 선생님의 말씀을 듣는 선에서 끝내기로 하지요.

▌문학의 위기, 소설의 위기

강태근 마무리해야 할 시간이 된 것 같습니다. 마지막으로 문학 얘기를 하지요. 먼저 문학의 위기, 아니 소설의 위기에 대해서 말씀하지요. 소설의 위기에 대해서는 이미 1930년 후반부터 미국에서 논의되기 시작했지요. 소설의 위기는 영상 매체의 위협을 심각하게 느끼면서오게 되었습니다. 선배 작가들 중에는 이에 절망을 느끼고 절필을 선언한 분도 있는데, 선생님 나름으로 대책이 있으면 말씀해 주시지요.

복거일 대책요? 소설의 시대는 끝났습니다. 소설가이니까 계속 쓰는 것이고… 그러나 소설이 없어지지는 않을 것입니다.

강태근 선생님은 작중 화자를 통해, 몇 세대만 지나면 우리의 언어가 없어질 것임에도 불구하고 소설을 쓰고 있는 자신에 대해 회의합니다. 또 선생님은 『영어를 공용어로 삼자』는 책도 내셨습니다. 일견 공감도 가지만, 아이러니하게도 선생님이 자처하는 주변부 지식인이 갖는 편견이 아닌가 하는 생각도 듭니다. 언어는 민족주의나 국수주의의 사고를 떠나서 인간의 중요한 무형의 기본 재산입니다. 인간은 누구나 본능적으로 기득한 자신의 소유를 포기하려고 하지 않습니다. 그것은 '보이지 않는 손'의 양면성이기도 합니다. 선생님의 보다 확실한 견해를 직접 듣고 싶습니다.

복거일 좀 오해가 있으신 것 같네요. 영어를 공용어로 하자는 것이지 우리 국어를 없애자는 것이 아닙니다. 어떤 언어를 쓰느냐 하는 것은 궁극적으로 시민들이 선택할 일입니다. 정부가 시민들에게 강요할 일은 아니죠.

강태근 선생님은 또 이 소설에서 작중화자를 통해 "주변부의 지식인이 스스로 중심부에 흡수되는 것은 누구에게도 해를 끼치지 않는다. 자신의 이익을 좇아 정체성을 바꾼 것뿐이다. 그러나 국수주의자가 되면, 모두에게 해를 끼쳤다. 국수주의자들은 자신들의 열등감을 달래는 데 너무 많은 비용을 치른 사람들이었다."라고 말하면서 국수주의는 열등감을 다스리지 못하는 억지라는 메시지를 전합니다. 가벼운 농담을 건네는 기분으로 선생님에게 묻습니다. 이 소설에서 통상 우리가 자연스럽게 사용하는 '전화 벨'이라는 용어를 굳이 '전화 종'이라고 고집스럽게 사용하고 있는데 선생님이 생각하는 국수주의와 배치되는 것은 아닙니까?

복거일 거창하게 무슨 국수주의까지… (웃음) 단순한 언어감각의 문제고, 우리말의 정체 문제지…폰 벨이면 몰라도 전화벨이라고 하는 것은 좀 이상하잖아요? 그렇게 어원이 다른 말들을 함께 쓰는 것에 대한 거부감 때문에 지문에 그렇게 쓴 것입니다.

강태근 끝으로 선생님이 작가로서 지향하는 세계와 앞으로의 계획에 대해서 묻겠습니다. 선생님은 앞에서도 말씀드렸듯이, 김현을 직접 문단에 내세운 스승이라고 말하면서 또한 최인훈을 소설가로서 사숙한 스승이라고 고백합니다. 이 소설에서도 작중화자를 통해 "최인훈이 낸 길을 따라 먼 땅을 가면서, 그는 뵌 적이 없는 스승에게 거듭 감탄했고 거듭 감사를 드렸다. 만일 스승이 먼저 길을 내지 않았다면, 그는 그 길을 스스로 내느라 세월을 보냈을 터였다."고 술회합니다. 그러면서 "스승을 넘어서는 것이 제자의 질긴 운명이고 은밀한 욕망이었으므로, 제자의 눈길은 스승의 부족함을 찾게 마련이었다. 길을 막고 선 스승의 자세에서 허점을 엿본 순간, 그는 서슴없이 칼을 뽑았다."고 하면서 '피 묻은 살조(殺祖)의 칼을 그대로 칼집에 꽂고, 그는 '용들이 사는 땅'으로 성큼 발을 내디뎠다.'고

득의에 찹니다. 또 작가의 말에서 김현을 지칭하면서 '이제 나는 그에게 빚이 없다.'고 말합니다.

다시 정리해서 묻겠습니다. '용들의 사는 땅'에 들어가서 어떤 전리품을 획득했으며, '이제 나는 그에게 빚이 없다.'는 것은 무슨 뜻입니까?

복거일 글쎄요… 최인훈 선생님은 소설 '구운몽'에서 보는 것처럼 판타지로 진입했다가 다시 사실로 환원했다면, 저는 그 벽을 넘어서 갔다고나 할까요… 김현 선생에 대한 빚은 제가 작가로서 세상에 나와 이제 제 몫은 했다는 의미로 얘기한 것이고.

강태근 한 말씀 더 하실 말씀은 없습니까?

복거일 한 마디 더 하란다면 '민족문학'이라는 틀에서 이제 좀 벗어났으면 합니다. '민족문학작가회의'라는 용어에 대해서도 제가 좀 따가운 소리를 했습니다만, 문학이 그런 틀에 갇혀서는 안 된다고 봐요. 민족문학이라는 의미 자체도 모호한 바가 있고요.

강태근 말씀 감사합니다. 앞으로 선생님의 더욱 완숙한 작품을 기대하겠습니다.

나의 삶, 나의 문학

일 시 : 2013년 4월 17일 12:00
장 소 : 서울 종로구 인사동
대담자 : 윤후명(소설가, 시인)
황충상(소설가, 문학나무 주간)
강태근(《문학마당》 주간, 소설가)
박재홍(《문학마당》 발행인, 시인)
정리: 박지영(본지 편집장)
사진: 정형기

강태근 (사회자) 먼저 귀한 시간을 내주신 윤후명 선생님과 황충상 선생님께 감사드립니다. 오늘 계간 《문학마당》이 마련한 작가 탐방 코너는 한국 문학의 대표적인 작가인 윤후명 선생님을 모시고 선생님의 문학과 인생에 대한 진솔한 이야기를 듣는 자리입니다. 오늘 바쁘신 데도 동석해 주신 황충상 선생님은 윤후명 선생님과 함께 강석경, 김원우, 유홍종, 이문열 제 씨들과 순수문학을 표방하고 창간한 《작가》 소설 동인으로 활동하시면서, 윤후명 선생님과는 특별한 우정과 신의로 문단의 부러움을 사신 걸로 알고 있습니다. 황 선생님께서는 그동안 문학인으로서의 윤후명 선생님의 삶을 어떻게 보셨습니까?

황충상 말씀하신 대롭니다. 고맙고 대단한 친구지요.

강태근 새삼 두 분의 우정과 신의 그리고 문학의 열정에 숙연해집니다. 참, 그러고 보니 소개가 늦었습니다. 계간 《문학마당》의 재도약을 위해 새로운 발행인이 되신 박재홍 시인을 소개드립니다.

박재홍 발행인은 시인이기도 하지만 서단, 화단에서도 초대작가로 활발하게 활동하는 분이시고, 특히 한국문화예술위원회에서 운영하는 예술 공간 중, 전국 최초로 장애인과 일반인이 함께하는 문학창작 공간을 운영하는 대표이시기도 합니다. 오늘 마침, 다른 일로 상경하는 길에 윤후명 선생님을 뵙고 싶어서 동석하셨습니다.

박재홍 반갑습니다. 두 분 선생님의 작품을 통해서 많은 문학적 상상력을 키웠던 터라 너무도 뵙고 싶은 마음이 많았습니다. 특히 이번 기획특집을 통해 윤후명 선생님의 문학과 인생을 직접 육성으로 들을 수 있는 기회라 반가웠습니다.

강태근 오늘 대담은 원래 윤후명 선생님의 성장과정과 문학수업에 대한 말씀을 듣고, 선생님의 문학과 삶의 이야기를 경청할 계획이었습니다. 그런데 윤 선생님께서 자료로 보내 주신 「나의 문학과 인생」이라는 글 자체가 선생님의 문학인생의 소 자서전이어서, 선생님이 보내 주신 글을 그대로 싣겠습니다. 그 가운데 특히 더 말씀을 나누고 싶은 사항만 언급하고, 선생님의 작품 세계에 관해 말씀을 나누도록 하겠습니다.

선생님께서 소년기에 문학에 침잠하게 된 것은 아버님의 직업이 크게 영향을 미친 것 같은데, 그 이야기를 좀더 들려주시지요.

윤후명 「진실의 이름」이라는 글에 토로한 그대롭니다. 저는 1946년 강릉에서 태어나서 아버님이 군인이셨기 때문에 대전, 춘천, 대구, 양주, 부산 등등 여러 곳을 전전하다가 중3 때 서울 생활을 시작했습니다. 5·16쿠데타가 나고 아버님이 혁명 검찰관이 되어 서울에 정착한 것입니다. 서슬이 시퍼렇던 혁명 검찰의 위세에도 불구하고 원하던 학교에 전학이 안 되어 홀로 웅크려 있어야 했던 내게는, 그렇게 동경했던 서울이 황량하기 그지없는 유배지였습니다. 새로운 생활의 혼돈 속에서 저는 외로움이라는 낱말을 가까이하며 내 존재를 생각하기 시작했습니다. 그런 내 손에 들려진 게 학생잡지 《학원》이었습니다. 내 또래의 아이들이 시도 쓰고 산문도 써서 잡지에 발표하고 있다는 사실에 나는 놀랐습니다. 자연스럽게 나도 그 대열에 동참하여, 용산고등학교에 진학한 후 문학에 깊이 빠져 들어 학업과는 점점 담을 쌓아갔고, 오로지 글쓰기에만 매달려 밤을 밝히기가 일쑤였습니다.

강태근 충분히 공감이 됩니다. 청소년기에 문학의 열병에 걸려본 사람들만이 선생님의 심경을 이해할 겁니다. 황충상 선생님께서도 그런 병력이 있으신가요? 중증 환자셨을 거 같은데…(웃음).

강태근 그런데 윤 선생님께서 그 당시 겪었던 가장 큰 심적 괴로움은, 문학의 길을 반대하시는 아버님과의 갈등이었던 것 같은데, 그때의 심경이 어떠셨습니까?

윤후명 지금도 그 생각을 하면 아버님께 큰 불효를 한 거 같아서 가슴이 아픕니다. 내가 문학에 '병들어' 가는 것이 집안에는 어떤 병소처럼 여겨졌지요. 법관이 되기를 희망하는 아버지와, 굶어죽더라도 시인이 되겠다는 아들의 대립은 어둡기만 했습니다. 나는 자폐를 무기로 삼듯 내 골방으로 숨어 들어가 시 속에 웅크리곤 했습니다. 3학년이 되어 남들은 입시에 매달려 두툼한 책가방을 힘겹게 들고 다닐 때도 나는 홀쭉한 책가방을 끼고 간신히 학교를 오갔습니다.

대학에 갈 생각도 구태여 없었고 머릿속에 차 있는 건 문학, 시뿐이었습니다. 학교가 생긴 이래 첫째가는 지각생이라고 선생님으로부터 늘 야단을 맞으면서도, 이왕 늦은 바에야, 하고 포기하는 마음에 학교 앞 시장에서 막걸리 한 사발을 들이켜고 등교하는 때도 있었으니까요. 획일적인 학교 교육에 진저리를 치던, 그야말로 '지옥에서 보낸 한철'이었습니다,

강태근 그리고 보니 주류천하를 제패하셨던 술 실력도 그때부터 내공을 쌓아 오신 거군요(일동 웃음) 그 지옥의 한철을 보낸 다음, 선생님은 좀 생뚱맞다고 할지… 문학이 아닌 철학 쪽으로 길을 잡아 연세대 철학과에 들어가게 되는데, 그 말씀도 좀 해주시지요.

윤후명 아, 그거요(잠깐 생각에 잠긴 뒤)… 그건, 나의 문학과 아버지의 법학이 양보하지 않아 절충을 본 길이었습니다. 어느 어두운 날 밤, 아버지와 어머니가 나를 불러 앉혔습니다. 그날따라 전기가 나가서 대신 촛불이 방안의 어둠을 물리고 있었습니다. "자, 이제 마지막 결정을 해." 하고 아버지는 결연히 입을 열었습니다. 나는 아버지 앞에서 "법은 인간을 구속하는 거고, 문학은 인간을 해방하는 거예요."라고 감히 말했습니다. 그것은 나 자신을 향해 '진실하게 살라'고 하는 선언이기도 했습니다. 결국 엉뚱하게 연세대 철학과에 입학하게 되었습니다.

강태근 이제 선생님의 문학세계에 대해서 말씀을 드리겠습니다. 선생님은 신춘문예에 시가 당선되고 나서 2년 뒤, '칠십년대' 시 동인을 결성하여 강은교, 김형영, 석지현, 임정남, 정희성 씨와 새로운 시를 선보였습니다. 그리고 1977년 첫 시집 『명궁(名弓)』을 내고 나서 소설의 길을 선택하셨습니다. 무슨 특별한 이유라도 있으셨던가요?

윤후명 1977년 첫 시집을 내고 나서 악전고투하고 있었습니다. 모든 생활

기반을 깡그리 잃어버린 그 해 여름, 나는 소설가가 되기로 결심했습니다. 어지러운 상황, 캄캄한 상황에서 달리 돌파구는 없어 보였습니다. 낯간지러운 아포리즘으로 이겨나가기엔 현장은 너무 각박했습니다. 그해 안으로 신춘문예에 소설이 당선되지 못하면 이승에 하직을 고하리라 마음먹을 수밖에 없도록 나는 몰려 있었습니다.

강태근 아, 그런 고통스런 시절이 있었군요… 생활과 예술의 간극이 얼마나 컸던가를 짐작할 수 있을 것 같습니다.

황충상 그때 윤형의 삶이 얼마나 절박하게 벼랑에 내몰렸는가는 「빈자(貧者)의 자장가」라는 시에 잘 토로되어 있습니다. 그 시에, 보리쌀을 대끼듯 뇌를 대끼며 낟알을 헨다, 라는 구절이 있는데 당시 윤형의 생활은 그토록 극한을 치닫고 있었습니다.

윤후명 그 당시, 나락에 떨어진 나는 '산동네 사내'가 되어 매일 비상, 즉 독약을 머금은 것처럼 하루하루를 견디고 있었습니다. 내가 책임진 '주린 아이들'도 있었습니다. 그 예쁜 아이들에게 짜장면 한 그릇 제대로 사주지 못한 어느 날의 상황이 떠오르면 나는 지금도 가슴이 저려옵니다. 끼니를 간신히 때우는 생활은 '서속 한 됫박'으로 옛 빈곤의 이야기처럼 처리됩니다. 서속은 기장, 좁쌀입니다. 좁쌀은 이어서 보리쌀로 오버랩되며, 그런 가운데 나는 '녹슨 뇌를 어루만'지며, 새로이 소설을 씁니다. 소설을, 한 글자 한 문장 쓰는 행위는 곡식 낟알을 헤는 것과 같습니다. 보리밥을 짓기 위해서는 먼저 보리쌀을 물에 불려 손으로 문지릅니다. 이를 '대낀다'고 합니다. 나는 백면서생에서 '거칠고 굵은 손'의 노동자가 되지 않으면 안 됩니다. 그래야 불행을 '제 값'으로 쳐서 받아들일 수 있습니다. '다들 어디서 살고 있는가?' 나는 외돌토리로 그때 외롭고 괴로운 싸움을 벌이고 있었습니다.

강태근 그러니까 그 시는, 선생님이 소설가로 탄생하기 위해 몸부림치던 극한 상황을 읊은 것이네요. 그런데 소설가로 변신하는 데는 어려움이 없었습니까?

윤후명 나는 고등학교 때부터 시와 소설을 함께 쓰곤 했었지요. 그러나 시에 몸 바친 이래 소설에는 눈길을 주지 않았습니다. 다만, 신춘문예에 시가 당선되어 시인이 된 다음해에 소설을 응모한 적이 있긴 했지요. 하지만 최종심에서 떨어진 뒤로는 한눈팔지 않고 시의 길을 걸어왔습니다. 그리고 첫 시집을 낸 뒤, 막다른 골목에서 소설가가 되는 배수진을 친 것입니다.

강태근 신춘문예의 관문은 쉽게 통과했습니까?

윤후명 웬 걸요. 막막했습니다. 도대체 소설은 어떻게 쓰는 것인가? 소설가는 어떻게 되는 것인가? 내가 지금 쓰는 게 소설인가? 알 수 없었습니다. 내 삶에 이미 익숙해질 대로 익숙해진 시적 방법론이 문제인지도 몰랐습니다. 그렇다고 그냥 죽을 수는 없는 노릇이었습니다. 제주 해협의 밤배 갑판에 나는 서 있는 것입니다. 훨씬 뒤에 어느 철학자가 실종한 지 여러 날 만에 울릉도 근해에서 시신으로 발견되어 제주 여객선에서 뛰어내린 사실이 알려진 일이 있었는데, 내가 만약 소설가가 되지 못했더라면!

강태근 선생님 표정이 마치 제주 여객선 갑판에서 뛰어내리려는 순간 같습니다(웃음)

윤후명 첫 번째는 원고지 54매로 벽에 부딪혀 더 이상 한 줄도 나아갈 수가 없었습니다. 누구에게나 특별한 숫자가 있듯이, 그 특별한 숫자의 나열이 인생이듯이, 54매의 좌절은 너무 암담해서, 그 숫자는 아직 내 머릿속에 박혀 있습니다. 시쳇말로 나이가 숫자에 불과하다면, 결국 인생은 숫자에 불과한 것인가. 지금 소설 지망생들에게 '소설

쓰기는 쉽게 말해 매수 메꾸기'라고 가르치면서, 나는 망연히 '54'를 떠올립니다.

두 번째 몸부림도 여지없이 실패했습니다. 내가 봐도 설득력이 없었지요. 매수는 어떻게 80을 넘겼으나, 눈물이 나도록 꾀죄죄한 몰골만 눈에 보였습니다. 거의 사력을 다해 밤을 지새며 쓴 결과였습니다. 술도 삼가고 있던 나는 달동네 언덕 아래 허름한 식당으로 내려가 혼자 탄식하며 막걸리를 마셨습니다. 아무런 해답을 얻을 수가 없었습니다. 끼니를 잇기 위해 출판사 임시직의 일도 놓아서는 안 되기에 시간은 절대 부족이었습니다. 그해 신춘문예에 당선되지 못하면 모든 것은 '무(無)'라는 데드라인의 짓누름. 6월부터 매달렸는데, 9월에 들어서도 한 편 건질 수가 없었습니다. 지난 당선작들을 비롯하여 명작들을 읽고 방법론을 옮겨오려 해도 도무지 응용이 되지 않았습니다. 지금도 소설을 가르치자면 '붙는다'는 말은 내게 키워드가 되는데, 말하자면 처음부터 작품이 붙질 않는 것입니다.

강태근 '붙는다'는 표현이 맛깔스럽습니다. 좀더 구체적으로 말씀을 해주시지요.

윤후명 '붙는다'는 포괄적인 말을 한 마디로 설명하기는 여간 어렵지 않습니다. 그것은 우선 설득력이 있느냐, 형상화가 되느냐, 하는 등등으로 표현할 수 있겠지만, 그보다 더 육화된 상태를 일컫습니다. 또 다른 표현으로는 '녹는다'는 상태. 그리고 그것은 느낌으로 옵니다. 주체인 자기와 객체인 작품이 하나가 되는 상태. 그런데 나는 도대체 겉돌기만 할 뿐이었습니다. 소설 공부를 처음 하는 사람이 극복해야 하는 관문, 그것이었습니다.

강태근 그렇다면 그 관문을 통과하는 비결을 어디에서 찾으셨습니까?

윤후명 누구에게나 방법론이 있을 수 있습니다. 그러나 나는 '비결'이 아닌, 가장 평범한 열쇠를 생각해냈습니다. 그것은 이미 알려진 열쇠이기도 했습니다. '네가 잘 아는 이야기를 써라' 나는 이 금언을 뒷전에 놓고 소설을 쓰고자 했던 것입니다. 소설가는 소설을 쓰려 해서는 안 됩니다. 오직 진실을 쓰려고 해야 합니다. 나는 내가 잘 아는 이야기가 무엇인지 곰곰 뒤져보았습니다. 그것은 내가 살아온 역경 속에 있을 것이었습니다. 좁게는 내 이야기, 혹은 넓게는 내 집안 이야기, 여기에 소설가는 추억을 파먹고 산다는 말이 적용된다고 하겠습니다. 그러므로 소설가에게 경험은 금맥입니다.

네가 잘 아는 이야기를 써라! 번쩍, 하는 섬광이 눈에 어렸습니다. 나는 내 고향의 이야기를 더듬기 시작했습니다. 태어남이 있었고, 전쟁이 있었고, 만남과 헤어짐이 있었습니다. 죽음이 있었습니다. 사랑과 미움이 있었고, 오랜 상처가 있었습니다. 과거와 현재, 시간과 공간이 얽혔습니다. 고향의 큰 산과 큰 바다가 눈앞에 펼쳐졌습니다.

황충상 그래서 「높새의 집」과 「산역(山役)」이라는 두 편의 단편소설을 완성했다고 합니다.

윤후명 두 작품 모두 첫 문장을 쓰는데, 벌써 붙는 맛이 달랐습니다. 이상하게도 이건 필연적이라는 생각이 들었습니다. 1979년 한국일보 신춘문예 당선작인 「산역(山役)」은 전쟁과 함께 내 고향 큰 산과 큰 바다에 얽힌 어떤 사랑의 운명의 기록입니다. 나의 태어남을 배경으로 삶의 어느 편린에 스며 있는, 고래의 부패한 내장에서 얻을 수 있는 용연향(龍涎香) 같은 사랑 이야기, 「산역」 작품을 쓰고 나서 나는 휘청거리는 발걸음으로 눈물을 줄줄 흘리면서 막걸리집으로 걸어 내려갔습니다.

강태근 그 말씀을 듣고 보니, 송하춘 선생과 작가 대담을 할 때 나누던 말이 생각나네요. 송하춘 선생은 1972년 《조선일보》 신춘문예에 「한번 그렇게 보낸 가을」이 당선되어 소설가로 등단했지요. 그런데 71년 가을에 신춘문예에 응모하기 위해 단편 두 편을 완성했는데, 「춤추는 선생님」을 먼저 썼고, 「한번 그렇게 보낸 가을」은 일주일쯤 시간이 남아서 썼다고 합니다. 그 말을 듣고 제가, 「춤추는 선생님」이 「한번 그렇게 보낸 가을」보다 더 시간과 공을 많이 들인 작품인 것 같은데… 「춤추는 선생님」은 어쩐지 주제에 얽매어 생 다리를 어색하게 건 듯한 느낌이고, 「한번 그렇게 보낸 가을」은 새털구름처럼 가볍게 흘러가는 터치지만 섬세하고도 민감한 언어 감각을 유감없이 발휘한 작품이라고 생각한다고 했더니, 동의하더군요. 그러면서 송 선생은, 「춤추는 선생님」은 교생실습을 나가서 본 중학교 교무실의 풍경, 교사의 고뇌, 육이오와 유년체험 등을 억지로 짜 맞추어 한 편을 꾸민 것이고, 「한번 그렇게 보낸 가을」은 군대의 난입으로 학교가 문이 닫히고, 학교에 갈 수 없는 대학생이 어린 조카를 데리고 고궁에 가서 하루를 보내는 이야기인데, 내가 봐도 「한번 그렇게 보낸 가을」이 시의적절하고 분위기 있고 뭔가 감칠맛이 있어 뵌다. 물론 그 당시는 몰랐다. 나름 열심히 썼고, 앞뒤 아귀도 잘 맞추고, 그러니 그게 잘 된 것 아니겠는가, 그렇게만 생각했다. 당선작은 당선이 될 만한 이유가 있더라. 요즈음도 나는 등단을 꿈꾸는 학생들을 보면 '어깨에서 힘 빼라. 소설 앞에 긴장하지 말고, 좀 서툴러도 좋으니까 라고 한다' 고 소회를 말씀하더라구요.

황충상 당선작 「산역(山役)」에는 뒷얘기가 또 있습니다. 응모할 때 이어령 선생이 심사를 도맡았던 신문을 피해야겠다고 생각하고 한국일보

에 응모했는데, 공교롭게 그해 심사위원이 이어령 선생이었습니다.(웃음)

윤후명 가히 운명이라는 말을 해도 좋을 만남이었습니다. 내가 이어령 선생을 피하려고 한 건, 예전 출판사에서 『문장대백과』 일을 하면서 자주 만난 선생님의 눈으로는 내가 신인이 아니라 시인으로서 '구인'이 아니겠는가 하는 생각 때문이었습니다. 아닌 게 아니라 당선이 되어 인사를 하러 간 내게 선생님은, 자넨 줄 알았다면 뽑지 않았을 텐데, 시인으로서도 얼마든지 소설을 쓸 수 있으니까, 라고 말했습니다.

강태근 이어령 선생의 말씀이 맞는 거 아닌가요? 시인이, 작가가 되는데 굳이 다시 신춘문예를 고집할 이유가 있었나요? '신춘문예의 틀'이라는 도식적인 면도 아주 부정할 수 없고. 낮 뜨거운 추억입니다만, 언젠가 황순원 선생님이 하시던 말씀이 생각납니다. 저도 청소년 시절 학생 문사로 이름을 날리다가 황순원 선생님의 선으로 경희대 문예장학생에 발탁되었는데, 2학년 창작론 시간에 선생님을 처음 뵈었습니다. 입학하고 나서 한 번도 선생님을 찾아뵙지 않았거든요. 창작론 시간에 과제로 「신정읍사(新井邑詞)」라는 소설을 써서 제출했는데, 선생님께서 그 다음 주 창작론 시간에 저더러 교수 휴게실로 올라오라고 하시데요. 교수휴게실로 올라가서 선생님 앞에 앉자마자 선생님께서, 이 소설 정말 네가 썼느냐고 묻는 거예요. 순간, 섭섭한 생각이 들었습니다. 선생님께서 당연히 저를 기억하고 계실 거라고 믿었으니까요. 그래서 제가 좀 서운한 표정으로, 선생님께서 저를 문예장학생으로 뽑아 주셔서 경희대에 오게 됐잖아요, 하고 말씀드렸더니 선생님이 얼굴을 붉히면서, '아 그랬지. 이 작품 잘 썼어. 문장도 가락이 붙고 능숙해. 이건 학보에다 게재하고 현대물로 한 편만 더 가져와.' 하셨습니다. 그러시면서 '나는 한편만 가지고 추천하는 사람이 아냐' 하시더니 심사평과 함께 제 소설을 학보사로 보냈습니다.

그 당시 저도 풍문으로 들어서, 최인호 씨가 조선일보 신춘문예에 당선하고서도 다시 황순원 선생님의 추천을 받을 정도로 권위 있는 황 선생님의 추천을 받기가 어렵다는 것을 알고 있으면서도, 선뜻 선생님의 배려에 응할 수가 없었습니다. 이번에 망설이다가 낸 장편소설 『잃은 사람들의 만찬』에서 언급했지만, 그 당시 저는 문학과 삶에 깊은 회의를 느끼고 있었습니다. 작가는 작품이 곧 문단이다라는 객기와 함께, 학국문단의 관행에도 식상해 있었고… 후에 뜻을 함께 하는 문우들과 무크지 활동을 하면서, 서른이 넘어서 동아일보 신춘의 중편 모집에 응모했다가 최종 네 편에서 고배를 마셨습니다. 그때 유종호 선생과 이호철 선생이 심사위원이었는데 심사평이, '이렇다 할 결점이 없는 것이 결점이다'라는 단 한 마디 뿐이었습니다.

황순원 선생님께서 그것을 아시고, 어느 날 저에게 술을 사주시면서 말씀하셨습니다. 제가 신춘문예를 고집하는 걸로 생각하셨는지, '내가 만약 신춘문예를 문단의 관문으로 고집했다면 작가가 되지 못했을 거야, 작가는 다 따로 기질이 있는 거야. 이제 시작해 봐. 봇물처럼 터져 나올 거야. 콘래드도 사십이 넘어서 작가의 길로 들어서서 대성했고, 늦게 대성한 작가가 많아' 하고 마지막 추천 제의를 하시는 데도 사양했다가 선생님의 진노를 샀습니다. 돌이켜 보면 왜 통하지도 않는 객기로 자존을 지키려고 했는지 답답한 생각이 들기도 해요. 이거 얘기를 하다 보니 제 사설이 너무 장황했네요.(웃음)

황충상 (미소를 지으며) 한풀이를 할 만도 하네요. 그러나 지금도 늦지 않았어요. 등단이 문제가 아니라, 작가는 얼마나 진실하게 문학의 끈을 놓지 않고 내공을 쌓느냐가 마지막 성패를 가른다고 봐요. 신춘문예든 뭐든, 섬광처럼 번쩍 빛을 발하다가 유성처럼 사라지는 작가들이 얼마나 많습니까?

강태근 고맙습니다. 팔 물건은 많은데 파장 시간이 다 되어 가는 것 같아서…(웃음)

윤후명 작가는 쓰고 있는 자체가 생존이 아닌가요? 쓰지 못한다면 이미 작가로서의 생존은 끝난 것이지요. 나는 예순을 넘어 칠순을 바라보는 아직도 '늙어서도 젊어 있는 삶'을 뜻했던 젊은 날을 잊지 않고 무슨 글인가를 쓰고 있습니다. 게다가 얼마 전부터는 그림까지도 그리겠다고 애쓰고 있습니다. 2009년 화랑 '미술관 가는 길'의 '어머니 전'에 출품한 그림 「어머니와 나」는 화가로서의 데뷔작으로 기록해 두리라 합니다.

강태근 그래서 선생님의 열정과 진실성에 갈채를 보내는 거 아니겠습니까. 대단하십니다. 이제 선생님 소설 얘기로 들어가지요. 선생님 소설을 문단에서 '윤후명 소설은 한국문학사에서 처음 등장한 개성이다'라고 말합니다. 달리 말하면, 한국 소설에서 흔하게 볼 수 없는 낯설음이라고 말할 수 있겠습니다. 이러한 낯선 윤후명 소설을 읽는 것은 괴로우면서도 한편으로는 즐거운 일이기도 하지요.

황충상 괴로움이 먼저지요. 그 이유의 하나는 윤후명 문학을 이끄는 정신이 물리적 시공간의 구속에 갇히지 않는다는 것인데, 과거와 현재가 뒤섞이고 이곳과 저곳이 포개지는 그 시공간은 물리적 시공간과는 다른 차원에 속하는 시공간입니다. 그 시공간의 형식과 내용을 온전하게 담아낼 수 있는 말이 현재로서는 없으므로, 그것을 '윤후명적 시공간'이라 할 수밖에 없습니다. 물리적 시공간과는 다른 차원에 속하는 그 윤후명적 시공간은 이성을 넘어선 곳에 자리하고 있는 까닭에, 독자는 그 앞에서 괴로울 수밖에 없습니다.

또 하나의 이유는 그 윤후명적 시공간에 들어 있는 많은 이미지들의 상징 의미를 읽어내기 어렵다는 것입니다. 많은 경우, 그 이미지들은 어떤 상징 의미도 담고 있지 않은 '그냥 이미지'에 지나지 않는 것이기에 어려움은 더욱 커집니다. 독자의 괴로움은 그에 비례해서 커질 수밖에 없지요.

강태근 평론가 정호웅이 지적했듯이, 윤후명 소설에서는 통상 주제라는 것을 찾을 수 없는 경우가 많다는 점도, 독자를 괴롭게 만드는 요인이라고 봅니다. 인물들의 말, 행동, 생각, 사건 등 이른바 소설의 요소들이 인과관계로 엮이는 경우도 있지만, 갑자기 소설 속에 등장하여 다른 것들과 전혀 상관없이 존재하는 경우도 있거든요. 윤후명 소설의 서사는 구성소들을 엮어 명료하게 주제를 제시하는 통상의 서사와는 크게 다릅니다. 우리 소설사에서는 전에 없었던 낯설고 난해한 서사이니 독자는 괴롭지 않을 수 없지요.

황충상 그렇다고 해서 윤후명 소설이 주는 특별한 재미가 없는 건 아닙니다. 윤후명 소설을 읽는 즐거움도 쏠쏠합니다. 독자는 굳이 소설 구성소들이 어떤 관계로 엮여 있는가를 명백히 알고자 애쓸 필요가 없으며, 소설 구성소들을 하나로 꿰는 의미 곧 주제를 찾아내려고 안간힘을 하지 않아도 되니까요. 윤후명적 시공간을 자유롭게 유영하는 윤후명적 인물들을 따라 또는 그 인물과 따로, 자유롭게 저마다의 상상 행로를 가면 됩니다.

강태근 그것은 윤후명 소설이 갖는 강점이면서 좋은 소설의 기본 요건이라고 봅니다. 소설은 작가의 일차적인 창조도 중요하지만, 독자가 읽고 받아들이는 재창조의 과정도 중요합니다. 인간은 어차피 제 마음의 시력 만큼밖에 보지 못합니다. 소설도 시처럼 표면적인 의미 뒤에, 독자가 나름대로의 시력으로 상상력을 발휘하여 음미할 수 있는 상징의 장치가 필요합니다. 소설은 정확하게 읽기, 깊이 있게 읽기와는 상관없이 일차적으로 독자의 상상력이 마음껏 유영할 수 있는 영역이 확보되어야 합니다. 윤후명 소설의 그러한 강점은 시인으로서 내공을 다진 것에서 기인하는 거 아닐까요? 어떻습니까, 윤 선생님?

윤후명 그럴는지도 모릅니다. 예전에 이어령 선생님의 심사평에 '시적 감성'이 거론된 것을 보면, 나는 여전히 시인으로서 소설을 썼음에 틀림없습니다. 그것이 내 소설에 어떤 영향을 끼쳤는지는 단언하기 어렵지만.

강태근 그럼, 대표 단편으로 게재하는 「원숭이는 없다」를 가지고 말씀을 나누도록 하지요. 이 소설은 『모든 별들은 음악 소리를 낸다』 등 선생님의 여러 작품집에 매번 수록되는 대표 소설입니다. 그만큼 작가가 공을 들이고 자부심을 갖는 작품이라는 얘기가 되겠지요. 사실 이 소설은 「사랑의 방법」처럼 단편이면서도 윤후명 소설의 특성을 잘 드러내고 있습니다. 독자에게 매번 읽을 때마다 새로운 낯설음으로 다가오는 소설이지요. 앞서 말씀한 '독자의 상상력이 마음껏 유영할 수 있는 상징의 영역'이 폭 넓게 터를 잡고 있는 소설이라고 할까요. 이 소설은 마음의 시력이 약한 독자들에게는 단순하게, 무능한 세 가장들이 모여서 원숭이 타령을 하는 정도의 내용으로 읽힐 수 있습니다.

황충상 그렇습니다. 이름 있는 소설가로 알려진 구효서도, 서른둘의 나이에 이 소설을 읽었을 때는 알쏭달쏭해서 선뜻 좋아하지 못하다가,

스물 두 해가 지나 다시 읽어도 여전히 알쏭달쏭했다고 하면서, 그러나 이번에는 그래서 좋았다고, 역시 알쏭달쏭한 독후감을 술회하더군요. (웃음)

강태근 이목연 씨가 간파한 대로, 소설 속에 등장하는 원숭이들을 구도(求道)의 길목에 배치해 보면, 소외된 가장들의 이야기인 양 소소한 이야기로 끌어가고 있지만, 결국 그들이 찾아가는 것은 '나'의 실체지요. 이 소설의 강음부는, 모든 사람이 떠나버린 염전을 홀로 부치던 염부의 일갈에 내재해 있는 것 같아요. '원숭이 따위는 옛날부터 없었다. 여긴 출입금지 구역이니 공연히 어정거리다 총 맞지 말고 어서 돌아가라.'는 그 말에. 사실 인간의 근본적인 비극의 극복은 '있음'과 '없음'의 구별에서 놓여나는 것이 그 출발점이 되지 않나 싶습니다. 금강경의 사구게(四句偈)의 가르침처럼, 모든 형상이 실상이 아닌 줄을 알면, 여래를 보리라(諸相非相 卽見如來)는 말씀대로. 선생님의 문학 한가운데에 자리잡고 있는 화두, '진실이란 무엇인가', '진실=사랑'이라는 등식 역시, 없으면서도 또한 있는, '공(空)'의 가르침에서 해답을 얻을 수 있지 않을까 싶습니다만….

윤후명 (미소를 지으며) 글쎄요… 작품에 대한 해석은 독자의 몫이니까, 언급하지 않겠습니다. 다만 저는 항상 초심을 잃지 않고, '보리쌀을 대끼'며, '뇌를 되끼'면서도 한 순간도 '진실=사랑'이라는 화두를 저버리지 않겠습니다. 세상이 아무리 변한다 해도 내가 켜든 등불 하나가 있습니다. 빛이 있으매, 있음이 있습니다.

강태근 오늘 말씀 고맙습니다. 선생님께서 켜든 등불이 한국 문학의 앞길에 이정표가 되기를 기대하겠습니다. 마지막으로, 발행인께서 하실 말씀이 있으면 몇 말씀 여쭙지요. 편집장도 할 말이 있으면 하시고.

박재홍 『문학마당』의 창간 이념이 '상생과 조화입니다. 제가 이번에 발행인이라는 중임을 맡게 되어 어깨가 무겁습니다. 지금 중앙과 지방의 구분이 모호해진 시점에서 출판시장이나 작가 분들의 활동 영역이 소셜네트워크 사회를 무시할 수 없게 되었습니다. 그래서 저희 계간 《문학마당》에서는 강태근 주간님을 모시고 소셜네트워크에 강점이 있는 편집장 박지영 씨를 영입하였습니다. 또한, 홍보와 마케팅 강화를 위해서이기도 하지만, 발행인이 장애인이기 때문에 장애인기업으로 등록을 마쳤고, 직접생산인증도 마쳤습니다. 특히 예비 사회적 기업을 준비하면서, 문단에 다양한 문화 복지사회를 지향하는 정부의 정책 동선에 맞추어 구조적으로 열악한 인력에 대한 자금과 판매 등 출판 현실을 극복하고자 합니다. 장애인 문학을 선도하는 입장에서 계간 《문학마당》의 역할과 장애문인들의 세계화를 위해 어떤 방향성을 가지고 사회적 소통을 이루어야 하는지에 대해서 말씀해 주십시오.

윤후명 계간 《문학마당》의 변화가 기대됩니다. 문학의 위치는 없는 자, 잃은 자에게 있습니다. 그 정신으로 세상을 보는 것입니다. 그러므로 특별히 장애인 문학을 강조하면서, 그 쪽에 서 있다고 강조할 필요는 없습니다. 오늘의 우리 사회는 과거 어느 때보다도 다양하고 복잡하게 구성됩니다. 문학은 이 특성을 예리한 촉수로 포착해야 합니다.

박재홍 황충상 선생님께도 조언을 부탁드립니다.

황충상 소셜네트워크에 대한 전문성을 바탕으로 마케팅과 홍보를 중시하고 문화예술 전반에 관한 기업마인드를 장착하여 새롭게 재도약을 시도한다면, 앞으로 《문학마당》에 큰 기대를 걸어도 좋을 것 같습니다. 저도 해야 할 일이 있다면 지원을 아끼지 않겠습니다.

박지영 두 분의 격려의 말씀 고맙습니다. 요즘 융복합이 대세인데 시, 서, 화를 섭렵하신 윤후명 선생님의 향후 작품 계획이나 우리 시대 문학인들에게 주시고 싶은 말씀이 있으면 해주세요.

윤후명 어렸을 적부터 오래오래 문학을 하는 것을 목표로 살아왔습니다. 일찍 글을 쓰지 않는 풍토가 안타까웠고 그 원인이 무엇일까 알고 싶었습니다. 나는 그렇게 되지 않기를 바랐습니다. 70이 가까운 지금도 나는 씀으로써 내 인생의 약속을 지키려 노력하고 있습니다. 구체적으로는 시와 소설이 각각 나누어져 전혀 다른 영역으로 굳어지는 풍토를 우려하여 내 작품으로써 '통섭'을 실험하는 작품을 시도하고 있습니다.

박지영 《문학마당》이 10년이 지나, 종합예술지의 성격을 띠면서 재창간하는 시점인데, 저희 《문학마당》을 위해 조언을 해주세요.

윤후명 우리 사회의 모든 부면에서처럼 문학도 상업성에 병들어 있습니다. 이 병폐를 해결하지 않고서는 문학이고 가치고 따질 것 없이 삶은 황폐하게 되고 말 것입니다. 참다운 삶을 위한 문학을 위해서는 상업적 출판에 주력하여 기획하는 출판보다 문학의 치열한 전위에 있는, 순수한 작품을 독려하는 문예지의 역할이 무엇보다 중요합니다. 《문학마당》 이 그 견인차가 되기를 기대합니다.

강태근 귀한 말씀 명심하겠습니다. 다시 한 번 두 분 선생님께 감사드립니다.

나의 삶, 나의 문학

일　시 : 2014년 4월 20일 12:00
장　소 : 서울 종로구 인사동
대담자 : 송하춘(소설가, 고려대 교수)
조동길(소설가, 공주대 교수)
강태근(《문학마당》 주간, 소설가, 전 고려대 교수)

사회자(강태근) 안녕하십니까? 바쁜 시간을 내주신 두 분 선생님께 감사드립니다.

오늘 계간 《문학마당》이 마련한 작가대담은 고려대학교에서 영예롭게 학문의 짐을 내려놓으시고, 창작에만 전념하고 계신 작가 송하춘 선생님을 모시고, 선생님의 문학과 삶에 대해서 말씀을 나누고자 마련하였습니다. 원래 계획은 제가 송하춘 선생님을 뵙고 말씀을 여쭙고자 하였으나, 저보다는 여러 면에서 송 선생님을 더 잘 알고 계신 조동길 선생님의 응원이 필요해서, 모시고 같이 왔습니다. 제가 알기로, 조 선생님은 학문적으로도 송하춘 선생님과 특별한 관계시지요?

조동길　제가 좀 늦게 대학원에 진학하여 공부를 시작할 때 선생님께서는 전북대에서 모교로 막 옮겨오신 즈음이었는데, 대학 때 소설 전공하신 선생님이 안 계셔서 소설 공부에 목마른 저에게, 정한숙 선생님과 선생님 두 분은 정말 하늘같은 분이셨죠. 두 분 선생님을 모시고 소설에 관한 공부를 한 것도 저의 오랜 갈증을 풀어주는 일이었지만, 두 분 모두 소설을 창작하시는 분이었기에 저의 소설 쓰는 일에도 알게 모르게 많은 가르침을 받았습니다. 어떻게 보면 두 분 선생님은 단순한 사제관계를 넘어 저의 소설 창작과 소설 공부의 길을 제대로 열어 주신 영원한 스승인 셈이죠.

송하춘 고려대학교 대학원에서 만났으니까요. 각자 대학에 가서 소설을 쓰고, 연구하며 가르쳐온 세월이 벌써 30년이나 흘렀답니다. 술도 30년짜리 코냑이면 제일 비싼 걸로 알고 있는데, 조 선생과 나의 우정도 아마 값으로 치면 꽤 비쌀 겁니다.

강태근 두 분의 교분이 그렇게 깊으신지 몰랐습니다… 30년 이상 묵은 사람의 정 맛을 어떻게 값으로 칠 수 있겠습니까? 그것도 가짜가 아닌 진품을! (웃음)

조동길 제가 바쁘다는 핑계로 한동안 선생님을 찾아뵙지 못했는데, 요즘 어떻게 지내고 계신가요?

송하춘 재작년 봄에 겨우 정년퇴직을 했습니다. 노인 치고는 아직 풋노인이지요. 요새는 풋노인보다 더 젊은 햇노인도 있답디다. 그러고 보면 나는 아직 햇노인인가요? 다행히 원고청탁이 끊이지 않고 들어옵니다. 그래서 그런지, 창작은 정년이 없다는 말을 요즘 들어 실감합니다. 글쓰기에 임하는 자세도 한결 여유로워서 좋고, 그런 가운데 알맞게 긴장된 시간을 보내고 있답니다.

강태근 이번에 출간하시는 창작집은 어떤 작품들인가요? 송 선생님의 말씀을 듣고 나서 조 선생님께서도 일독을 하셨으니까, 수록 작품에 대해서 말씀을 해주세요.

송하춘 전부 2000년대에 들어서 쓴 것들이고, 창작집에 엮이지 않은 신작들인데, 이 점에 대해서는 시간을 되짚어 가면서 차근차근 좀 설명을 할 필요가 있습니다. 작년 재작년 정년퇴직을 할 때 제자들이 뜻을 모아 제 '작품선집'을 엮어낸 바가 있습니다. 그 동안 써온 작품들을 자기들끼리 윤독하여 엄선하고, 그것들을 『송하춘소설선 1‥2』 두 권으로 묶은 것이지요. 그때 그 '그 동안 써온 작품들'이란 모두 기왕의 창작집 속에 들어있는 작품을 의미하고, 또 그것들은 공교롭게도 2000년 이전에 발표한 것들이었습니다. 그래서 '선집'을 엮을 때 아주 의도적으로 1900년대까지만 제한하여 2천 년대 이후의 것들은 제외한 것입니다. 그러니까 이번 창작집에 실린 작품은 일단 2000년 이후에 쓴 것들이라고 보면 되겠지요.

강태근 또 달리 특기할 만한 의미는 없습니까?

송하춘 그리고 보니 또 이런 의미도 붙일 수 있겠네요. 1900년대와 2000년대를 가름하는 그 밀레니엄의 경계에 나는 해군 군함을 타고 태평양을 횡단하는 위대한 경험을 하였습니다. 그리고 그 체험을 바탕으로 몇 편의 해양소설을 썼고, 다시 그것들을 모아 2004년에는 장편 『태평양을 오르다』를 펴냈습니다. 그러다 보니 2000년부터 써온 난편들 중에서도 바다와 관련된 것들은 그나마 『태평양을 오르다』에 편입되었고, 거기 포함되지 않은 몇 편의 단편들만 이번에 수록하게 된 것입니다. 이 말은 결국 이번 창작집이 대부분 2004년 이후에 발표한 소설들로 구성되었음을 말하는 것이고, 더 엄청난 말로 표현하자면 나의 21세기 창작품이란 말이 되는 것입니다. 지금까지 나의 작품활동은 20세기에만 이루어졌는데, 이번 창작집은 21세기 활동의 시작이다, 감히 이렇게 말씀드리는 것입니다. 웃자고 하는 말이지요.

조동길 제가 감히 선생님의 소설에 대해 뭐라 말할 주제가 못 됩니다만, 선생님의 소설은 담담하면서도 꽉 채워져 빈틈이 전혀 보이지 않는 문체에 소설적 재미를 형성하는 잔잔한 상상력, 그리고 삶에 관한 깊이 있는 관조와 통찰이 매력적으로 통합된 가장 모범적인 소설의 전형을 보여 주는 것 같습니다. 이번 소설집에 수록된 작품들은 그런 선생님의 소설 세계를 더욱 원숙하게 농축하고 발효한 것 같은 느낌을 받았습니다. 특히 세기가 바뀌면서 발표하셨던 이번 소설집의 작품들에서는 전에 쓰셨던 작품들의 약간 무거워 보였던 색채가 더 옅어진 대신 깊고 진중한 문제의식을 경쾌한 느낌으로 풀어서 쓴 것 같은 웅숭깊음을 실감할 수 있었습니다. 흔히 젊고 실력이 모자란 사람들은 쉬운 얘기를 어렵게 쓴다는 말이 있는데, 선생님의 소설은 그 반대로 어려운 이야기를 쉽게 쓰는 진정한 소설가의 실력과 능력을 여실히 보여주시는 것 같아요.

강태근 조 선생님 말씀이 마치, 어깨에 잔뜩 힘을 주고, 한 방에 세상이 경끼를 일으킬 만한 대작을 써보겠다고 폼만 잡다가, 추수가 끝난 들판을 배회하는 저 같은 사람에게 일침을 가하시는 것처럼 들립니다.

조동길 그건 저도 마찬가진 걸요, 뭘… (웃음)

강태근 차제에 어깨에 힘을 빼고 송 선생님께 노하우를 전수받기로 하지요(웃음)… 이번 기획 특집은 작가 송하춘의 작가로서의 삶의 궤적과 작품 세계를 조망해 보는 것이니까, 먼저 작가 연보를 중심으로 송 선생님의 성장과정부터 살펴보지요.

선생님은 1944년에 전라북도 김제군 백산면 상정리에서 강암 송성룡 서예가님의 삼남으로 출생하셨고, 부친께서는 한국 현대 서예계를 대표하는 인물로 평가 받으시는데, 선생님의 성품이나 문장에서 드러나는 군더더기 없는 정갈함은 부친의 영향을 받으신 것 아닌가요?

송하춘 제 선친의 예술에다가 감히 어떻게 제 문학을 갖다 댈 수가 있겠습니까마는, 물으니까 대답하자면 이렇습니다. 저희 집안은 원래가 시골 태생입니다. 저부터도 우선 김제 만경 외애미들이라고 하는 그 김제, 하고도 백산면 상정리 역구다리라고 하는 농촌마을에서 태어났고, 또 자랐으니까요. 제 선친의 서예는 말하자면 그렇게 호남평야의 농경문화를 배경으로 하여 생성된 자연주의적 예술이라고나 할까요? 이런 집안에서 나고 자란 탓인지, 보고 배운 것이 그 거밖에 없어요. 학교 갔다 오면 아버지는 언제나 집안에 들앉아 붓글씨를 쓰시고, 어머니는 들에 나가 일을 하시니까 보이지도 않고, 우리 집은 늘 그랬답니다. 그런 아버지이시고 보니, 우리 형제들도 문무(文武) 중에 문(文)이 승(勝)할 것은 뻔한 이치이고, 더구나 수리(數理) 쪽보다는 인문(人文) 쪽인 셈인데, 그것이 다 그래서 그런 게 아닌가, 그렇게 생각해보는 것입니다.

강태근 선생님의 어느 산문에선가 읽은 한 구절이 생각납니다. …햇살 가득한 초록의 여름날 오후, 절집처럼 대문은 열린 채였고, 저 왔어요, 인사하며 안으로 들어서자, 화선지 앞에 아버지의 그 하얗게 붓대 잡고 앉아 계신 꼿꼿한 모습이 늘 푸른 태산목 잎사귀들 새로 풍경처럼 내다보인다, 라는 구절이었는데… 선생님 댁의 가풍과 함께 선친의 천품이 그대로 느껴졌습니다. 선친께서 다른 형제들보다 특히 선생님을 더 애틋해 하지 않으셨나요?

송하춘 중학교 때 어느 백일장 대회에 나가서 장원을 한 적이 있는데, 그때처럼 기뻐하시던 우리 아버지 모습을 뵌 적이 없습니다. 글을 잘 쓴다는 건 공부를 잘한다는 뜻이고, 공부를 잘한다는 건 곧 과거시험에 장원급제를 한다는 뜻일 테니까, 그보다 더 장한 일이 어디 있겠습니까? 물론 그것이 잘못된 생각이었다는 건 아버님께서도 곧 아셨겠지만, 어쨌든 제 아버님의 DNA는 문과 쪽이었고, 예술 쪽이었고, 그래서 나는 국문과를 지망하지 않았나, 그렇게 생각합니다.

조동길 선생님의 그런 선비적인 기질은 소설뿐 아니라 다른 글에서도 잘 나타나는 것 같아요. 몇 년 전에 출간하신 수필집 『판전의 글씨』를 제게 보내 주셔서 처음부터 끝까지 거의 단숨에 읽은 적이 있는데요, 죄송한 이야기지만 제가 다른 사람의 수필집은 거의 안 읽는 편인데 선생님의 수필집을 그렇게 읽게 만든 힘은 아마도 그 넘치지도 않고 모자라지도 않는 문체에 있었지 않았을까 생각해요. 물론 내용에도 세상을 바라보고 인식하는 선비적 성품이 평소 몸에 배신 그대로 드러나 있는 것은 더 말할 필요가 없고요. 글은 그 사람이다, 라는 말이 선생님의 글에서 실증되고 있다고 할까요?

강태근 저도 그 수필집을 감명 깊게 읽었습니다. 촌철살인이라는 말이 그대로 실감이 되었습니다. 짧은 글 속에 선생님의 천품과 삶을 바라보는 깊이와 온정이, 그대로 배어 있었습니다.

송하춘 들깨 꽃만 피우던 자리에 한번쯤 참깨 모종을 내보는 것도 딴은 농사꾼 할 일이 아니겠는가 싶어, 담백하고 조촐한 글들만 모아 책을 냈는데, 많은 독자들이 찬사를 보내오데요. 픽션 아닌 글로 처음 독자들 앞에 서는 마음이 흡사 무반주로 솔로를 부르는 기분이었다고 할지… 그래도 육성으로 지르는 소리지만, 내 목소리를 내 귀로 들을 수 있어서 기분이 좋았습니다.

강태근 유년 시절에 겪은 6·25 전쟁 체험은 나중에 선생님의 소설의 주요 소재가 되었는데, 그에 대해서 특별한 기억이 있으면 말씀을 해주시지요?

송하춘 나의 6·25를 말씀드리기 전에, 내가 문단에 처음 등단하고 소설을 쓰기 시작하던 1970년대가 바로 유년의 6·25체험을 파먹고 살던 시대였다는 점을 먼저 말씀드리고 싶습니다. 20세기를 살아낸 우리 한국과 한국인과 6·25, 그거야말로 감히 한 마디로 표현할 수 없는 우리 모두의 운명 그 자체 아니겠습니까? 그 6·25를, 우리 선배들은 이른바 전쟁체험 혹은 피난민체험이라는 이름으로 예컨대 전후문학의 제1세대를 낳았는데, 제가 문단에 나와서보니 그 몇 년 전부터 이른바 유년의 전쟁체험을 들춰내는 작업이 한창이더군요. 예를 들자면 김승옥의 「건」이라든지, 그 조금 전에 나온 최인훈의 『광장』이라든지, 얼마나 멋있었습니까. 그 시기 우리 모두는 바로 이런 작품을 읽는 데 열중했고, 또 그런 유년체험을 쓰지 않은 작가가 거의 없었을 겁니다. 전쟁의 잔혹함에만 비추어 말한다면, 이 시기 나의 유년체험은 상대적으로 덜 절박하지 않았나, 생각됩니다. 내가 너무 어려서 그랬던지, 세상일에 너무 둔감해서 그랬던지, 그때 내 나이 일곱 살이었는데, 어쨌든 그다지 절박했던 기억이 없어요. 어느 날 자고났더니 우리 집 대문 밖이고 어디고 할 것 없이 동네 고샅에 낯선 사람들이 옹기종기 몰려와 풍로에 불을 지피고 아침밥을 짓고 있었습니다. 그게 다 밤새 이북에서 내려온 피난민들이었던가 봐요. 마을에 서당집이라고, 지금으로 치면 마을회관 같은 것이 있었는데, 마을사람들이 거기 모여 인민군노래를 부르던 것도 기억납니다. 8살까지만 그 안에 들여보냈는데, 나는 7살이라서 들어가지 못하고, 그 때문에 나 혼자서만 마당가를 어정거리며 귓등으로만 노래를 배워야 했던 기억도 납니다.

(송 선생님은 당시의 기억을 더듬는 듯 잠시 말을 멈춘다.)

그러던 어느 날, 우리 집안에도 아주 큰 사건이 벌어졌습니다. 그

날이 팔월 열 나흗날이었다고 하는데, 그날 밤 인민군들이 퇴각하면서 마을사람들을 몽땅 쏘아죽인 겁니다. 우리 집에서는 당숙어른이 해당되었습니다. 그러니까 그날이 바로 추석날 아침이던 모양입니다. 우리 당숙집이 마을에서는 제일 부잣집이었는데, 당숙모 서껀 여자들이 그날 아침 그 집 마당에 엎드려 대성통곡하던 기억이 지금도 눈에 선합니다. 나의 「추석」은 바로 그 사건을 소설화한 것이고, 나로서는 가장 심각한 유년의 6·25체험으로 남아있습니다.

강태근 선생님의 문학적 재능은 중학교 때부터 각종 백일장 대회에 나가 수상하는 등 발휘되었는데, 특히 이리 남성고등학교에 재학할 때는 선배 중에 시인 이광웅의 문학적인 열정에 큰 영향을 입은 걸로 알고 있습니다. 그 시절의 얘기를 좀 들려주세요.

송하춘 좋지요. 윤동주의 「하늘과 바람과 별과 시」를 들려준 사람. 난생 처음으로 나에게 '시집'이라는 걸 준 사람. 그것도 잠깐 빌려준 것이 아니라, 아주 영영 가지라고 준 사람이 이광웅 형입니다. 「서시」며, 「자화상」이며, 「별 헤는 밤」이며, 윤동주 시가 좀 좋습니까? 김제 시골 촌놈이 이리 대도시로 중학교를 들어간 것만 해도 대견스러운 일인데, 거기 가서 이광웅 형과 같은 선배를 만났지, 날마다 꿈같은 시 이야기를 들려주지, 나는 그만 윤동주 시에 푹 빠져 지냈습니다. 지금 생각하면 시를 쓴답시고 공부는 하지 않고 요리조리 놀러만 다니는 순 건달이었던가 본데, 그때는 왜 그렇게 부러웠던지. 뭐든지 좋아보였지요. 가난해서 그 부모님이 요리조리 전셋집을 살던 모양인데, 그때 그 집이 다 허물어져가는 적산가옥이었는데, 그 집이 세상에서 가장 좋은 집인 줄만 알고 그 집을 '토스토에프스키의 집' 이라고 이름 붙이고, 맨날 가서 노는 겁니다. 문학공부는 그렇게 하는 것인 줄 알았지요. 그토록 멋있는 선배도 결국은 신군부시절 아주 엉뚱한 사건에 휘말려 희생을 당하고 말았는데, 그 이야기는 이따가 다시 하기로 하지요.

강태근 박범신 씨도 이리 남성고등학교 출신이지요? 그 분하고는 특별한 에피소드가 없으신가요?

송하춘 없기는요? 평생 같이 살아 왔는걸요. 그 친구는 워낙 바쁘게 살아 왔으니까. 나는 대학에서 학생들하고만 살았지만 그 친구는 현장에서 몸소 뛰었지 않습니까. 바쁜 만큼 고달팠겠지만 고달팠던 만큼 보람도 있었겠지요.

강태근 선생님이 소설가로서, 학문의 스승으로서 그 영향 관계를 반드시 언급해야 할 분이 정한숙 선생님인 것으로 알고 있습니다. 정한숙 선생님은 송 선생님의 삶이나 문학에 있어서, 어떻게 자리매김을 할 수 있습니까?

송하춘 학문과 창작을 겸할 수 있도록 도와주시고 이끌어주신 분이니까, 다른 표현이 필요 없지요. 요즈음 유행하는 말로 표현하자면 내 유일한 멘토라고 해야 되나요? 학교 다닐 때부터 교실에서 나 소설 잘 쓴다고 칭찬해주시고, 선생님이 잘 쓴다니까 진짜 잘 쓰는 줄 알고 꼬박꼬박 숙제하듯 소설을 쓰게 만들고, 안 쓰면 술 사주며 데리고 다니면서 늬들이 나보다 술을 더 많이 마셨냐, 소설을 더 많이 썼냐 죽도록 야단치고, 달래고, 그렇게 산 거죠.

강태근 선생님의 신변에 관한 얘기는 한 가지만 더 여쭙겠습니다. 선생님은 32세 되는 해에 고려대학교 박사과정에 입학하셨고, 대광고등학교에서 재직하면서 박사과정을 밟으시다가, 대광중학교에서 용인하지 않아서 사직한 것으로 알고 있습니다. 그 후 한영고등학교 야간부와 고려대학교 강사 생활을 하며 생활비와 학비를 버셨습니다. 우리가 흔히 말하기를, 생활에 가까워지면 예술이 멀어지고,

예술에 가까워지면 생활이 멀어진다고 합니다. 그런데 선생님의 경우는 오히려 그 2년 동안 12편의 작품을 발표하셨습니다. 특히 완벽주의자인 선생님의 경우는 과작인 편인데, 무슨 특별한 이유라도 있었던 것이 아닌가요? 더욱이 그 무렵 결혼도 하시고, 장남도 출산했는데….

송하춘 한 마디로 대학원에 다니면서 중고등학교 교사생활을 하고, 그러면서 또 소설도 많이 썼더라는 지적을 그런 식으로 말씀하시는데, 그건 내 개인적인 형편이 그래서가 아니라, 그때 사회적 여건이 다 그랬습니다. 요즘은 아마 취직을 하고 싶어도 일자리가 없어서 못할 걸요? 취직을 하고 나서 대학원에 가겠다고 하면 아마 당장 쫓겨나고 말겠지요. 그때는 그렇지 않았답니다. 공부를 더 하기 위해서 야간고등학교 교사가 되는 건 정해진 순서였고, 학교 측에서도 그 점을 높이 샀으니까요. 다만 내 경우 남들과 다른 점은 대학교 졸업하던 그해 신춘문예에 당선이 된 것이라고나 할까? 어쨌든 원고청탁이라는 걸 받게 된 거죠. 운이 좋았던지, 심심찮게 원고청탁이 들어왔습니다. 청탁된 원고는 절대로 펑크내지 않는다는 게 제 소신입니다. 반드시 써냈습니다. 그러다보니 많이 썼다는 말을 듣게 된 거지, 나조차 그렇다고 생각하지는 않습니다.

강태근 이제 본론으로 들어가서, 선생님의 소설 얘기를 하지요. 먼저 데뷔작부터 말씀을 나누지요. 선생님은 1972년 〈조선일보〉 신춘문예에 「한번 그렇게 보낸 가을」이 당선되어 소설가로 등단하셨습니다. 그런데 71년 가을에 신춘문예에 응모하기 위해 단편 두 편을 완성했는데, 「춤추는 선생님」을 먼저 썼고, 「한번 그렇게 보낸 가을」은 일주일쯤 시간이 남아서 썼다고, 작가의 말에서 술회하셨습니다. 그 말씀대로라면, 「춤추는 선생님」이 「한번 그렇게 보낸 가을」보다 더 시간과 공을 많이 들인 작품인 것 같은데… 제 안목으로는, 「춤추는 선생님」의 작품 속에 나오는 표현을 빌리자면, 「춤추는 선생님」은 어쩐지 주제에 얽매어 생 다리를 어색하게 건 듯한 느낌이고, 「한번 그렇게 보낸 가을」은 새털구름처럼 가볍게 흘러가는 터치지만 선생님의 섬세하고도 민감한 언어 감각을 유감없이 발휘한 작품이라고 생각합니다. 두 작품에 대한 얘기를 좀 해주시지요.

송하춘 그 부분에 대해서는 그 동안 몇 차례 말할 기회가 있었는데… 어쨌든 두 편을 만들었지요. 「춤추는 선생님」은 교생실습을 나가서 본 중학교 교무실의 풍경, 교사의 고뇌, 육이오와 유년체험 등을 억지로 짜맞추어 한 편을 꾸민 것이고, 「한번 그렇게 보낸 가을」은 군대의 난입으로 학교가 문이 닫히고, 학교에 갈 수 없는 대학생이 어린 조카를 데리고 고궁에 가서 하루를 보내는 이야기인데, 내가 봐도 「한번 그렇게 보낸 가을」이 시의적절하고 분위기 있고 뭔가 감칠맛이 있어 뵙니다. 물론 그 당시는 몰랐지요. 나름 열심히 썼고, 앞뒤 아귀도 잘 맞추고, 그러니 그게 잘 된 것 아니겠는가, 나는 그렇게만 생각했지요. 당선작은 당선이 될 만한 이유가 있었더라니까요. 그렇지만 낙선작도 2등은 했습니다. 꼴찌로 떨어진 게 아니었어요. 심사평에서 '「춤추는 선생님」은 아까워' 하고 얼마나 애석해했는지 모른답니다. 요즈음도 나는 등단을 꿈꾸는 학생들을 보면 말합니다. '어깨에서 힘 빼라. 소설 앞에 긴장하지 말고, 좀 서툴러도 좋으니까….'

조동길 문단에 떠도는 말 가운데 데뷔작이 대표작이라는 말을 하는 분들이 있는데요, 그만큼 공들여 쓴 작품이라는 뜻도 있을 게고, 또 후속 작품들이 그 연장선이나 확장인 경우가 많아서 생긴 말 같아요. 물론 그렇지 않은 분들도 많이 계시겠지요. 저는 데뷔작의 중요성이 그 작가의 문학적 지향이나 문학에 관한 태도를 가장 잘 간직하고 있다는 점에서 보아야 한다고 생각하는데요, 그런 면에서 선생님의 등단 작품은 특별한 의미가 있다고 생각합니다. 결국 모든 작가들은 먼 길을 돌고 돌아서 궁극적으로는 문학을 처음 시작할 때의 초심으로 돌아가는 것 아닌가요?

강태근 조 선생님 말씀이 맞는 것 같습니다. 제가 보기에, 송 선생님의 데뷔작에서 보여 주신 언어 감각은 후속 작품에도 그대로 이어지고 있으니까요… 선생님은 두 번째 창작집 『은장도와 트럼펫』의 서문에서 "나는 늘 나의 언어가 음질 좋은 악기의 떨림판처럼 섬세하고도 민감하기를 희망한다."라고 밝힌 바 있습니다. 이로 미루어, 선생님이 한 편의 소설을 창작하는 과정에서 얼마나 세심한 부분까지 주의를 기울이고 공을 들이는지를 짐작할 수 있습니다. 말하자면, 선생님은 언어 위주이고 미학주의자로 명품 소량 생산을 지향하는 작가라고 하겠는데, 선생님의 창작 자세라고 할지… 창작 과정을 공개하시지요.

송하춘 나도 강 선생 말씀하신 것처럼, 단 한 번에 척 일필휘지(一筆揮之)할 수 있는 능력을 타고났다면 얼마나 좋겠습니까? 섬세하고, 민감하고, 그런 것 다 핑계입니다. 능력이 없어서 그런 거예요. 방금 당선작 「한번 그렇게 보낸 가을」을 일주일 만에 쉽게 썼다는 말 하지 않았습니까? 그리고도 당선이 되지 않았습니까? 나도 긴 소설 쓸려면 어서 그 버릇 고쳐야지요. 농담입니다만, 장편소설 잘 쓰는 작가가 단편소설만 쓰는 작가보다 더 오래 살 걸요, 안 그렇습니까?

조동길 그런가요? 그럼 저도 장편을 써야겠는데요….

강태근 얼마나 오래 사시고 싶으신데요? 조 선생님은 성품이 느긋하셔서 구구팔팔 삼사는 문제없을 거 같은데…(웃음)

송하춘 맞아요. 저도 관상을 쬐끔 볼 줄 알거든요,

강태근 언제 제 관상도 한번 봐 주세요. 복채는 인사동 술이 바닥이 날 때까지 내겠습니다(웃음)… 일상에서 벌어지는 사건이나 고향 마을에서의 체험은 선생님이 즐겨 다루는 소재들입니다. 소설은 일상성이란 양분을 먹고 자라기도 했으나 한편으로는 모험이라는 보약을 복용하며 그 몸을 튼튼히 해왔습니다. 그런데 선생님의 소설에서는 '모험'의 요소를 거의 찾아볼 수 없는 것 같습니다.

송하춘 모험을 한다고 한 것이 그 모양입니다. 모험이란 일종의 '일탈'을 의미하는 것일 텐데, 작가에게 있어 일탈이란 글쓰기 그 자체가 아닐까요. 일상으로부터의 일탈, 상식으로부터의 일탈, 도덕으로부터의 일탈, 이런 식으로 일탈이란 작가에게 있어 일종의 필요악일 텐데, 이쯤에서부터 그것은 선택의 문제가 되는 셈이죠. 문학을 위해서 일상을 일탈한다? 상식을 탈피한다? 도덕을 탈피한다? 얼마나 위험천만한 일입니까? 그것이 위험천만한 일인 줄을 알면서도 문학을 위해서 일탈은 어쩔 수 없었다? 엄청난 용기가 필요하겠지요. 그렇지 못한 상태에서 일탈을 흉내낸다면 그거야말로 더 큰 불행이지요. 위선일 테니까. 이토록 위험천만한 모험의 세계를 뻔히 아는 저에게 모험을 종용하거나 일탈을 강요한다면 저는 금방 물러날 자신이 있습니다. 그것이 일탈인 줄도 모르고 일탈하는 만큼의 모험에서 그치도록, 제 문학을 이해하여 주시기 바랍니다.

강태근 일침을 주시는 말씀이네요. 제가 드리고 싶은 말씀은, 오늘날의 소설들은 이제 과거에 가치 있다고 생각했던 말들, 예컨대 자유나 인간평등사상과 인권이나 사회정의와 같은 말들에 대해서는 아무런 관심을 보이지 않는 것 같습니다. 거의 일상적인 소재에만 관심을 기울입니다.

이것은 우리 사회가 격동기를 거쳐 안정화 단계에 들어섰다는 것을 의미합니다. 이념이나 사회적인 불안이 어느 정도 사라지고 침체국면을 맞이한 즈음에는 거대담론적인 소재가 고갈하여 그런 것을 쓰고 싶어도 쓸 수가 없게 됩니다. 그러나 선생님의 작품을 보면, 시종일관 그런 거대 담론에는 관심이 없어 보였는데… 말씀을 듣고 보니, 무모한 일탈을 의도적으로 피하신 것 같네요. 그리고 『은장도와 트럼펫』이 특별한 의미로 다가서네요. 『은장도와 트럼펫』은 일탈과 지킴의 아름다운 조화에서 탄생한 작품이라고 보는데….

송하춘 아, 그 작품요… 실화입니다. 제 사촌 누이의 이야기를 픽션으로 옷을 입힌 겁니다. 얼굴도 예쁘고 조신한 양가집의 유부녀가 소매치기와 바람이 나서 비극적으로 생을 마감했지요. 약을 먹고 자살했어요. 소설에서는 끝을 그렇게 마무리하지 않았지만….

조동길 그렇습니다. 『은장도와 트럼펫』은 선생님 특유의 일탈에서나 가능한 수작입니다. 그리고 거대 담론에 대한 말씀인데… 현실사회주의 몰락과 함께 소위 사회 변혁이나 개량을 위한 문학은 점점 위축되고 소멸되어 가는 것 같습니다. 신변잡기나 엽기적인 연애 행각을 다룬 작품들이 우리 문단을 장악한 것 같기도 하고요. 그러나 자본주의의 폐해의 본질적 속성으로 볼 때 거대담론은 사라질 수도 없고 사라져서도 안 된다고 생각합니다. 다만 그 형태와 내용은 과거와 달라져야 하겠지요. 선생님의 일관된 작품의 성격 상 그런 투쟁적 거대담론은 전혀 어울리지도 않고, 또 그것은 선생님의 철학과 사회 인식의 선택 문제이기 때문에, 그에 관한 시비를 따지는 것은 무의미하다고 봅니다. 거대담론만 옳다고 한다면, 그 또한 획일주의이고 전체주의적 사고이겠지요. 선생님은 선생님 나름의 작품 세계를 구축하셨고, 지금까지 그 길을 쭉 걸어 오셨고, 지금도 그 원칙을 지키고 계시니 그것만도 다른 사람이 감히 따라오기 어려운 훌륭한 작가의 전범이라고 볼 수 있지 않을까요?

강태근 무슨 말씀인지 알겠습니다. 예컨대 황석영이나 조정래 같은 작가의 거대 담론도 의미가 있지만, 선생님의 작품 세계는 알퐁스 도데의 작품 세계와 같은 확고한 위치를 점하고 있지 않느냐는 말씀인거 같습니다.

조동길 그렇습니다. 아까 장편 얘기가 나왔습니다만, 선생님은 촌철살인의 단편 체질이신 거 같습니다. 제가 잘못 판단한 건지 모르지만….

송하춘 (미소를 지으며)… 그건 아닌 것 같은데요. 그동안 대학선생을 하면서 시간에 쫓겨, 퍼질러 앉아 장편을 쓸 여건이 안 됐고, 어디 장편을 연재할 지면이 있었으면 그나마 의무감에서라도 매달렸을 것 같은데 그렇지도 못 했고… 그리고 저는 장편을 쓴대도 박경리의 『토지』나 조정래의 『태백산맥』 같은 장편은 안 쓸 것 같아요.

강태근 못 쓰시는 것이 아니라, 안 쓰신다는 말씀이신가요? (웃음)

송하춘 그런 정력도 부족하지만… 글은 주제별로 쓰는 것이지, 시대별로 쓰는 게 아니라고 생각해요. 일단 소설이 시작되었다 하면, 한 시대를 다 쓰고 말겠다는 작정들인 것 같아서 도무지….

조동길 글이란 갈고 닦을수록 짧아지는 법이다, 짧되 촌철살인하는 예지가 담겨 있어야 한다,는 선생님 말씀이 새롭게 떠오르네요.

강태근 이제 선생님 작품세계를 얘기하지요. 선생님의 소설의 맥은, 외로움과 인정주의라고 할 수 있을 것 같습니다. 강헌국 선생도 간파하고 있듯이, 선생님은 인간들 사이에 흐르는 따스한 정이 개인의 외로움을 희석시킬 수 있다고 믿고 계신 것 같습니다. 선생님의 소설에 악한이 등장하지 않는 것도 그런 인정주의와 무관하지 않을 터이고, 인간의 악행은 본성이 아닌 어리석음이나 실수, 피치 못할 사정에서 비롯된다고 이해하시는 것 같습니다. 따라서 선생님의 소설에서는 악행마저 동정 어린 필치로 그려집니다. 인간의 선의에 대한 기대로 인해 작중 인물들은 대부분 선량합니다. 그들은 싸우기보다는 서로를 배려하고 배반하기보다는 화합합니다. 이것은 선생님의 삶을 바라보는 시각과 깊은 연관이 있겠는데, 그에 대한 말씀을 듣고 싶습니다.

송하춘 앞에서 말씀드린 부분과 계속해서 이어지는 부분입니다만, 솔직히 말해서 이런 대화는 저로서는 참 감당하기 어렵습니다. 이 시대를 살아가는 소설가라면 적어도 호랑이거나 사자거나 그래야 할 텐데, 넌 왜 하필이면 토끼냐? 염생이냐? 내 듣기엔 그렇게만 들리거든요. 아니면 애시당초 소설가가 되지 말았어야지 왜 소설가는 되어 놓고 하는 짓은 토끼나 염생이냐? 그렇게만 들린다니까요. 그렇지만 강 선생님도 이건 아셔야 됩니다. 지금 당장 토끼한테 가서 물어보십시오. 염생이한테 가서 물어보십시오. 그들도 자기 안에 호랑이나 사자가 들어있다고 생각하지 결코 토끼나 염생이라고만 생각하지는 않는단 말입니다. 그러다가 화내면 무서워요. 심술부리면 성가셔요. 왜냐하면 아무리 순한 토끼도 네 안에 호랑이가 들었구나 해야지, 너 토끼 그것뿐이지? 하면 화를 낸다니까요. 그래서 그런지 나는 위악적인 캐릭터를 그다지 두려워하지 않습니다. 위선적인 캐릭터는 무서워도 위악적인 캐릭터는 무섭지 않아요.

강태근 그렇게 말씀하시니까 갑자기 선생님이 무서워지네요. 선생님의 내면에서 금방 호랑이가 포효를 할 것 같아서(웃음)… 그러고 보니, 2000년 새해에 대한민국 해군 함정에 편승하여 태평양을 횡단하신 경험이 특별한 의미로 다가오네요. 그 경험을 토대로 장편 『태평양을 오르다』를 쓰셨지요? 그 얘기를 좀 들려주십시오.

송하춘 나는 내 생애에 두 가지쯤 큰 자랑거리를 갖고 있는 사람입니다. 그 하나가 태평양을 횡단한 경험이고, 또 하나는 사하라사막에서의 일박입니다. 어디든지 사람들이 모인 자리에만 가면 나는 누가 묻지도 않는데 괜히 '…말이지? 지난번 나 태평양을 건널 때 있잖아….' 그런 식으로 태평양 자랑을 하고 싶어 하는 게 내 버릇이랍니다. 왜 갔는지는 묻지 마십시오. 정말이지, 소설 쓰려고 갔습니다. 소설가니까, 꼭 한번 같이 가게 해달라고 내가 내 손으로 해군당국에 부탁을 했고, 그렇게 내가 소설가인 척 살아보기는 그때가 처음입니다. 가서 뭘 봤느냐구요? 아무것도 보지 못했습니다. 바다 한 가운데로 나가보십시오. 아무것도 없는 텅빈 바다, 그야말로 하늘과 바람과 별과 시뿐이더군요. 나는 윤동주의 하늘과 바람과 별과 시가 그냥 붙여진 이름이 아니라고 생각합니다. 그야말로 이 세상은 하늘과 바람과 별과 시뿐이었습니다. 그걸 보고 왔습니다.

강태근 선생님은 사십여 년을 대학에서 가르치는 일과 쓰는 일을 병행하며 살아오셨습니다. 흔히 창작과 연구를 병행하는 일이 쉽지 않다고 합니다. 창작과 연구를 별개로 생각하는 세간의 통념은 그 양자를 서로 대립하는 관계로 봅니다. 그러나 선생님에게는 창작과 연구는 절묘하게 조화를 이룬다고 평합니다. 선생님은 학자로서 『1920년대 한국 소설 연구』『탐구로서의 소설 독법』『발견으로서의 소설 기법》 등의 저서를 출간하셨습니다. 『1920년대 한국 소설 연구』는 1920년대의 작가들의 작품 세계에 대한 상세한 보고서이며, 『탐구로서의 소설 읽기』는 정치하고 참신한 작품 분석이 돋보이는 비평서로, 창작 이론서인 『발견으로서의 소설 기법』은 소설 창작의 실제 사례들을 체계적으로 정리한 성과라고 평가되고 있습니다.

선생님의 소설에서는 기존의 관습을 파괴하는 실험성을 만나기가 어려운데, 전통적인 관례와 기율에 충실한 소설 기법은, 선생님께서 학자로서 갖춘 이론적 지식에서 기인하는 것이 아닌가요?

송하춘 사실대로 평가해주신 점 고맙게 받아들이겠습니다. 가르치는 일과 쓰는 일, 학문과 창작, 이론과 실제, 흔히들 그렇게 말합니다만 사실은 그 두 가지가 서로 상반되다 할 만큼 성격이 아주 다른 길입니다. 그 상반된 두 길을 내가 내 발로 걸어 들어간 것입니다. 왜냐하면 대학을 졸업하던 그해 신춘문예에 당선되고, 그 상금으로 대학원엘 들어갔으니까요. 그때부터 지금까지, 논문 쓰고 소설 쓰고, 소설 쓰고 논문 쓰고를 반복해왔으니, 알만 하겠죠? 결코 자랑할 일은 못 되지만 희귀종은 된답니다. 길이 들어서 그런지 지금은 오히려 이 길이 편하기도 합니다.

강태근 조 선생님의 경우는 어떻습니까?

조동길 저는 재주도 없고 능력도 모자라서 교수로서 학생들 가르치는 일과 작가로서 소설 쓰는 일을 병행하는 것이 참 어렵습니다. 학생들에게 좋은 소설은 이래야 한다고 말하면서, 막상 저는 그런 소설을 써 내지 못하니, 그 괴리가 고통스럽기도 하지요. 소설가로서 성공하려면 교수직을 버려야 하고, 교수로서 충실하려면 소설 쓰기를 그만두어야 하는 것 아닌가 하는 고민을 젊었을 때는 많이 했었지요. 그런 점에서 송 선생님을 비롯한 작가교수회의 여러 선생님들이 소설 창작과 교수 일 두 가지를 다 잘 해 내시는 것을 보면, 부럽기도 하고 능력이 모자란 자신이 부끄럽기도 합니다. 소설 이론을 잘 아는 것과 소설을 잘 쓰는 것은 서로 보완적일 수도 있고, 또 별

관계가 없기도 할 것입니다. 문제는 개인적인 능력과 실력의 차이에 있겠지요.

강태근 머지않아 지금과 같은 소설은 사라지고 말 것이다, 영상시대, 인터넷 시대에 있어서 소설이 그 매체와 손잡지 않고서는 존재 자체가 가능치 않다는 극단적인 위기론도 있는 것 같습니다. 이에 대해 두 분 선생님의 말씀을 듣고 싶습니다.

송하춘 문자매체가 약간 위축된 시대이기는 하지요. 그러나 새로운 영상에 대한 호기심이 강해진 만큼 상대적으로 위축되었다는 말이지, 그렇다고 문자의 실종을 예감하는 사람은 아무도 없지 않습니까? 오히려 영상에 대한 의문이나 회의를 가지는 바람이 한쪽에서는 일기 시작하기도 하니까요. 여기에 곁들여서 소설의 운명을 생각해 볼 때 사라지다니, 그건 말이 안 됩니다. 서사(敍事)는 영원한 것이니까요. 노래와 이야기는 인간의 본능입니다. 매체의 영향에 따라 서사의 형태가 달라지기는 할망정 실종될 것이라는 예측은 할 필요가 없지요. 오히려 더 좋은 방향으로 개선될 것입니다.

조동길 역사를 보면 소설의 조상이랄 수 있는 서사 양식들이 시대의 변화에 따라 계속 그 내용은 물론, 구조와 형식을 바꾸어 온 것을 볼 수 있습니다. 근대의 서사 양식인 소설이 시대의 변화에 따라 변모하는 것은 필연적인 일로 보입니다. 그러나 아무리 시대가 변한다 해도 서사 양식 자체는 사라지거나 소멸될 수 없다는 게 제 생각입니다. 서사라는 건 개인은 물론 사회의 안정적 유지와 진보를 위해 인류가 개발한 최고의 발명품이기 때문입니다. 큰 틀에서 보면 작금의 소설이 보이는 변모는 새로운 시대에 적응해 가는 진통 과정이라고 생각할 수 있지 않을까요? 서사(소설) 없는 사회는 상상할 수도 없다는 게 제 믿음입니다. 너무 아전인수 식의 생각인가요?

소설 쓰는 사람들만 모여서 얘기하는 자리이니 너그럽게 이해해 주시지요(웃음).

강태근 마지막으로 선생님의 앞으로의 문학 여정을 여쭙겠습니다.

송하춘 이제 무슨 또 다른 여정을 설계하겠습니까. 지금 걸어온 대로 위선적인 일탈을 하지 않고, 묵묵히 태평양과 사하라 사막을 횡단하겠습니다. 다만 거대 담론이 될지도 모르는, 저의 문학에 많은 영향을 끼친 이광웅 형의 비극적인 삶을 장편으로 꼭 쓰고 싶습니다.

강태근 참, 아까 선생님께서 이광웅 시인에 대해서는 이따가 더 말씀하겠다고 하셨는데, 그 말씀을 좀더 해주시지요. 이광웅 시인은 선생님께서 앞에서 밝히신 대로, 선생님의 문학의 시원(始原)인 것 같은데….

송하춘 그렇습니다. 그 말씀을 여기서 다 할 수는 없고… 언젠가 문학사상사에서 '나를 매혹시킨 한 편의 시'라는 제목으로 이 시대 각계각층의 인사들로부터 자기가 좋아하는 시편을 해석하여 소개하는 글을 쓰도록 하였는데, 그때 저는 광웅이 형의 「연못」을 써 보냈습니다. 나는 중학교 때 광웅이 형의 시를 읽고 처음 문학에 눈을 떴습니다. 중학교 때 이제하 시인의 「청송 그늘에 앉아 서울 친구의 편지를 읽는다」를 읽었던 것처럼 이광웅 시인의 「연못」을 저는 그 시절에 읽었습니다.

이력서에 드러난 대로라면 광웅이 형은 이런 사람입니다. 간첩사건에 연루되어 감옥이나 살고, 전교조 활동을 하던 운동권 교사, 그러다가 위암에 걸려 천수를 누리지 못한 채 홀연 가버린 불행한 시인, 그렇습니다. 광웅이 형의 불행한 소식이 세간을 횡행하기 시작한 것은 1982년부터였습니다. 형은 오송회 사건에 연루되어 수감되었습니다. 내가 아는 형이 간첩이라니, 나는 너무 무서웠습니다.

사태의 진위여부야 어찌 되었던지 간에 형은 4년 8개월의 감옥살이를 해야 했고, 감옥에서 나온 뒤에도 복직과 전교조 가입과 다시 해직과 다시 그로 인한 민주화 투쟁으로 80년대의 격랑의 시대를 힘겹게 헤쳐 나가야 했습니다. 광웅이 형의 비보가 전해진 것은 1992년 12월 22일 밤이었습니다. 그 밤으로 백병원 영안실을 찾아가던 내 발걸음이 유난히 후들거리던 것밖에 아무것도 기억하고 싶지 않습니다. 생각하면 생각할수록, 어두웠던 시대가 원망스럽기만 합니다. 내가 형을 떠올리고 내 문학의 근원을 찾아 헤맬 때 먼저 '연못'을 찾아 읽습니다. 「연못」은 아무래도 내 문학의 원형질 같은 것이기 때문입니다. 「연못」을 읽을 때 나는 '고풍한 사원에 / 촛불 켜지듯이' 그렇게 살고 싶다던 형의 욕망과, 그 욕망을 꺾어버린 시대의 엄청난 간극을 실감합니다. 그러나 나는 다시 연못을 읽으면서 나는 내 안에서 불태워야 할 문학의 원형질 같은 것을 확인합니다.

강태근 말씀을 듣고 보니, 또 한 사람, 불행한 시대의 제물로 사라진 박정만 시인의 삶이 가슴을 저며 오네요. 아무쪼록 그 이야기가 선생님 특유의 기대 담론으로 승화되기를 바랍니다. 오늘 귀한 시간을 내주시고 좋은 말씀 주셨습니다. 재삼 감사드립니다. 앞으로 강건하셔서 더욱 큰 문학의 족적을 남기시기를 기원합니다.

지역 문학의 정체성 찾기와 문예지의 역할

〈대담자〉
강태근(《문학마당》 주간) 반경환(《애지》 주간)
벅명용(《시와 상상》 주간) 박헌오(대전시 문화체육관광국장)
이형권(사회, 문학평론가) 윤은경(정리, 시인)
일시 : 2006년 1월 31일 오후 6시
장소 : 심심재(尋心齋)

1. 새해를 맞이하여

이형권 안녕하십니까. 문예종합지 《문학마당》에서는 2006년 새해는 맞이하여 '지역 문학의 정체성 찾기와 문예지의 역할'에 관한 대담을 기획하였습니다. 《시와 상상》의 주간이신 박명용 선생님, 《문학마당》의 주간이신 강태근 선생님, 《애지》의 주간이신 반경환 선생님, 그리고 대전광역시 문화체육국장이신 박헌오 선생님을 모셨습니다. 여러모로 바쁘실 텐데도 대전 · 충남 문학을 사랑하는 마음으로 본 대담에 응해주신 선생님들께 감사합니다. 가볍게 이야기를 시작해보는 것이 좋을 것 같은데요, 2006년 새해를 맞이하는 소회를 여쭈어보겠습니다. 한국문학 전반과 관련한 말씀이거나 개인적인 소망이 있다면 말씀해 주시기 바랍니다. 먼저 박명용 선생님께서 말문을 좀 열어주시고, 다른 선생들께서도 차례차례 말씀해 주십시오.

박명용 제게 2006년은 중요한 의미가 있습니다. 스물여섯에 동아일보 기자로 사회에 첫발을 디딘 이후 15년의 기자생활, 10년간 학위과정과 대학강사, 그리고 14년간의 교수생활을 끝내고, 정년을 맞기 때문에 감회가 깊습니다. 돌이켜보면 언론계 생활에서 폭넓은 사회를 배웠던 것이 시를 쓰거나 대학생활을 하는 데도 큰 힘이 된 것 같습니다. 조용히 생각해 보면 미진했던 부분이 너무 많습니다. 그래서 정년 이후에는 살아온 날들을 성찰하면서 보완하고자 합니다. 가령, 문학지를 좀 더 알차게 만든다거나 후배들을 배려하는 일, 그리고 다시 자신을 추슬러 하나하나 새로운 삶의 영역을 개척해 보고자 생각합니다마는 잘 될지 모르겠습니다.

반경환 저는 2006년 새해를 맞이하여, 제 개인적으로는『행복의 깊이』1,2,3권의 원고를 출간하고, 지금 《애지》에 연재 중인「사색인의 십계명」은 제가 그 계율들을 하나하나 명명하고, 그것을 구체적으로 이행할 수 있는 실천철학이 될 것입니다. 우리 《애지》가 창간된 지도 어느덧 6년이나 되었고, 대전 · 충청지역에서 가장 먼저 창간된 시 전문지라는 점에서 저는 무한한 자부심을 갖고 있습니다. 올해는 《애지》가 대한민국의 최정상급의 잡지로 거듭날 수 있도록 최선의 노력을 다하고자 합니다.

강태근 한국의 근대문학이 출발한 지 벌써 100여 년이 지나고 있고, 특히 올해는 해방이 된 지 갑년이 되는 해입니다. 한국문학은 이러한 역사적 흐름 속에서 성장하여 왔는데, 저는 해방 60년을 한국문학의 현주소와 관련하여 의미를 생각해보고 싶습니다. 아시다시피 해방

된 지 60년이 흘렀지만 분단의 장벽이 허물어지지 않은 현 상황에서 우리는 진정한 의미의 해방에 동의할 수 없는 것이 사실입니다. 무엇보다도 남북 간에 자유롭고 진실한 정신적 교류가 많이 부족하고, 아직도 이념의 장벽에 갇혀 표현이 자유롭지 못한 것이 문제점이며 아쉬움입니다. 60을 이순이라고 합니다. 무슨 말을 들어도 곡해 없이 다 알아듣고 이해할 수 있는 경지에 이른 나이라는 의미지요. 그런 의미에서 문학이 먼저 남북한의 마음의 문을 여는 열쇠의 역할을 하여, 진정한 민족의 통일과 정신적 해방을 이룩하는 과업에 앞장섰으면 합니다. 그 중요한 일 하나가, 남북한 문학을 정당하게 평가하여 정리하는 일이 아닌가 싶습니다. 저희 《문학마당》이 봄호 기획특집으로 민촌 이기영의 문학을 심도 있게 조명하는 것도 이 작업의 일환입니다. 그동안 월북 문인에 대해 조명이 없었던 것은 아니지만, 공정하고 심도있는 평가가 제대로 안 되어서 참 안타까웠습니다. 사실 민촌 선생이야말로 춘원 이광수와 같은 선상에 놓고 논의해야 할 분명한 업적이 있음에도, 소위 레드콤플렉스라는 게 엄존하는 상황에서 아직까지 많은 사람에게 낯설기만 한 것이 사실 아닙니까?

이형권 많은 계획과 포부를 간직하고 계시는군요. 중요한 문제는 실천이 아니겠습니까? 계획하고 있는 일들이 차근차근 실현되기를 바랄 뿐입니다.

이제 우리 대전·충청도가 불모지라거나 문화의 변방, 지역이라는 생각에서 자유로워질 수 있는 시기가 도래하지 않았나 싶습니다. 저는 우리 지역의 문인들이 지방의식과 지역의식을 구분해서 생각해 주었으면 좋겠습니다. 대전·충청은 서울이라는 중앙의 변방, 혹은 지방이 아니라 서울이라는 특수한 지역과 공존하는 또 하나의 특수한 지역이라는 인식이 필요하다고 봅니다. 2006년은 우리 지역뿐 아니라 서울을 포함한 모든 지역의 문인들이 이러한 지역의 가치를 공유하는 한 해가 되었으면 합니다. 아직 말씀을 하지 않으신 박헌오 국장님께 여쭙겠습니다. 박 국장님께서는 시인이시면서 대전광역시 문화예술행정의 총책임을 맡고 계시는데요, 2006년에는 시(市)차원에서 어떤 계획을 세워놓고 계신지요?

박헌오 예, 다른 분들께서 문학과 관련하여 말씀하셨으니 저는 제 직업을 살려서(일동 웃음) 대전시의 문화예술 시책과 관련하여 이야기하겠습니다. 새해는 언제나 새로운 희망과 비전을 가지고 시작하지만 대전광역시가 '한국의 新중신도시 대전'이라는 명제를 내놓고 금년도 시정의 틀을 짜게 된 것은 남다른 의미가 있습니다. 2006년은 지난해 '행정중심 복합도시' 건설이 위헌이 아니라는 판결이 난 뒤 맞이하는 첫해로서 행정중심 복합도시 건설이 본격적으로 시작되는 원년입니다. 따라서 대전은 이제 한국의 지역적 균형발전을 성취시키기 위한 중심 구실을 담당하는 도시로 발전해 나가야 하는 사명을 안고 있습니다. 저는 금년 1월 2일자로 문화체육관광국장으로 보임을 받으면서 몇 가지 시책들을 구상해놓았습니다. 그 기본 지침 가운데 하나는 "문화예술 분야의 시책을 세울 때 10년의 틀, 3년의 기획, 3년의 사후관리라는 기간 개념을 도입하자"는 것입니다. 10년의 틀은 대전이 최소한 새로운 중심도시 구실을 완성하는 시점으로 삼자는 것이고, 3년의 기획은 구체적인 시책들을 보다 완벽하게 진행하자는 것이며, 3년의 사후관리는 시책을 성취시킨 후에도 지속력을 갖도록 해야 한다는 것입니다. 이러한 의미에서 새해를 맞으며 문화체육국장직을 다시 맡게 된 저는 '무겁지만 큰 박동으로 달아오르는 마음'을 감출 수가 없습니다.

2. 지역문학의 정체성에 관하여

이형권 예, 말씀 잘 들었습니다. 21세기는 지역의 가치가 중시되는 시대라고 합니다. 참여 정부에서도 지방 분권을 외치고 있습니다만, 진정한 지방 분권은 수도권에 있던 공기업 몇 개 지방으로 내려보내고 혁신도시 몇 개 만든다고 이루어지는 것은 아니라고 봅니다. 전국의 권역별 단위에서 그 지역의 주민들이 문화적, 문학적 정체성을 확고히 하는 일이 더 시급하다고 봅니다. 이런 관점에서 대전·충청 지역의 문화, 혹은 문학의 정체성은 어디에서 찾을 수 있을 것인지 논의해 보고 싶습니다.

박명용 그렇습니다. 21세기는 모든 분야에서 지역이나 지방의 가치가 중시되는 시대입니다. 문학만 해도 그렇습니다. 그러나 지역문학을 말할 때 먼저 떠오르는 것이 지역문학의 정체성입니다. 그것이 결국 지역이나 지방의 특수성 또는 주체성이라고도 할 수 있습니다. 이런 관점에서 우리 지역 문학의 정체성을 말한다면 한마디로 두드러지게 드러나는 것이 없다는 생각입니다. 이 지역 문학의 뿌리를 이야기한다면 정훈 시인이 1935년 《가톨릭청년》에 「六月하늘」을 발표한 것이 최초인데, 그 이후 50년대는 이재복, 한성기, 박용래 등이 지역문학을 이끌어 왔습니다. 그리고 충남에서도 신석초, 윤곤강 등이 30년대부터 시를 써 왔고 그 뒤는 정한모 등이었습니다. 그런데 이들 시의 성향이 2,30년대 한국시문학을 그대로 답습했다는 사실입니다. 다시 말해 우리 지역의 근대 초창기 문인들은 지역의 가치를 발굴하고 그것을 문학에 수용하는 데는 매우 인색했다고 볼 수 있습니다.

이형권 우리 지역의 대표 시인으로 위에서 말씀하신 박용래나 한성기 시인을 꼽을 수 있겠는데요. 이 분들이 추구했던 전통서정의 세계는 나름대로 훌륭한 성과를 거두었지만, 한편으로는 우리 지역의 문학이 보수적 경향으로 고착되는 데에 많은 영향을 끼쳤다고 볼 수 있을 것 같습니다. 다만, 저는 대전·충청의 문학이 보수 일색이라는 데에는 동의하지 않습니다. 우리 지역에서 활동해온 문인들의 면면을 살펴볼 때, 진보 성향의 현실 참여적 문학이나 모더니즘 계열의 문학을 추구한 분들도 없지 않습니다. '금강'의 신동엽 시인도 있구요. 또 《삶의 문학》이라든지 '민족문학작가회의'에서 활동하고 있는 비교적 젊은 문인들의 활동양상을 보면 진보성향의 문인들이 많지 않습니까?

박명용 진보 컬러에 대한 이 교수의 말씀은 해방 후의 전개과정에서 유효한 질문입니다. 제가 우리 지역문학의 정체성을 '두드러지는 것이 없다, 혹은 있다면 전통의 계승'이라고 했는데요, 이들 시의 성향이 20~30년대 한국시문학을 그대로 답습했다는 사실 외에도 자연 친화, 복고성, 전근대적 삶에 대한 향수, 불교 친화 등이 그 좋은 예입니다. 그래서 엘리어트의 전통론에 나오는 이야기와 비슷합니다마는, 앞으로는 지역의 역사의식에 문하을 접맥하여 정체성을 구현해 보는 것도 어떨까 생각합니다. 지역문학의 가치를 드높이기 위해서는 정체성을 확연히 드러내야 합니다. 오늘 이 대담을 계기로 대전·충청 지역문학의 정체성이 무엇인가를 원점부터 다시 고민해 보아야 된다는 생각입니다. 요즘 젊은 층에서 다양하게 모색하고 있으나 치열한 현실비판이 미약하다는 것도 이러한 영향 때문인 듯합니다.

강태근 대전·충청지역의 문확, 혹은 문학의 정체성은 청풍명월을 즐길 줄 아는 여유와 올곧은 선비정신이라고들 합니다. 널리 알려진 것처럼, 이 고장에서 충신과 열사가 많이 나온 것도 그러한 문화 내지는 정신사적 배경과 무관하지 않습니다. 문학에서도 만해 한용운 선생이 그 표본이 될 수 있는 인물입니다. 《문학마당》이 순수 문예종합지로서 지고한 문학정신을 지향하고자 하는 것도, 충청인의 그러한 보수성에서 기인하는 것이라는 평가를 굳이 부인하고 싶지 않습니다.

박헌오 대전 · 충청이 '선비의 고장'이라는 정의를 부인할 수 없을 것입니다. 충청도 선비는 단지 "권력을 좌우하는 벼슬길에서 얼마나 높은 관직을 차지했느냐?"를 가지고 얘기하기보다는 학문과 경륜이 얼마나 심오하고 고매하며, 얼마나 훌륭한 예와 덕을 겸비했는지, 청빈함과 정의와 의리를 실천해 나가는 자세가 얼마나 고양되었는지를 중시해 왔습니다. 대전에서 가장 역사가 깊은 쌍청당은 맑은 바람과 달빛을 말함인데, 취금헌 박팽년 선생의 시를 비롯해서 많은 시인들의 편액에 충청도 선비의 정신을 잘 새긴 채 걸려 있습니다. 이런 정신은 조선 후기에는 4대 문장가로 손꼽히는 상촌 신흠 선생, 동춘당 송준길 선생과 우암 송시열 선생을 비롯해서 단재 신채호 선생에 이르기까지 전통으로 계승되어 왔습니다. 대전은 오랫동안 충청남도 도청 소재지로서 충청도 문화의 중심구실을 해왔고, 지금도 충청 문화의 중심이지 않습니까? 그 밑바탕을 이루는 것은 역시 면면히 이어온 신비정신이라고 하겠습니다.

이형권 네, 선생님들의 말씀을 듣다 보니 대전 · 충청 지역의 정체성이 또렷이 존재하는 듯합니다. 물론 앞서 말씀하신 역사의식, 불교사상, 선비정신 등이 과연 다른 지역과 뚜렷이 변별되는 특성인가에 관해서는 재론의 여지가 있긴 하지만, 분명한 것은 그러한 것들이 우리 지역의 정체성 형성에 크게 기여한 것만은 사실일 듯합니다. 따라서 구체적인 각론의 차원에서 다른 지역과 비교할 수 있는 변별성이나 다른 지역을 능가하는 우수성을 발굴하는 일이 필요할 듯합니다. 이를테면 금강 유역은 지리적 기반으로 한 역사, 언어, 정신의 특수성을 작품에 녹여내는 역량 있는 문인이 등장할 필요가 있을 것입니다.

그건 그렇고, 한동안 서울에서 문학 활동을 하다가 내려오신, 그래서 지역 문학을 좀더 객관적으로 바라볼 수 있는, 반경환 선생님은 지역 문학의 정체성과 관련하여 좀 색다른 의견을 내놓을 법한데, 어떻습니까?

반경환 제가 서울에서 낙향한 이유는 향토에서, 지역에서 충청도문학의 문학성을 제고해야 한다는 사명감 같은 것 때문이었습니다. 이제 대전 · 충청지역은 대한민국의 중심지가 되어가고 있다는 사실을 새삼 깨닫지 않을 수가 없군요. 국토의 중심지로서 행정도시가 건설되면, 대전과 청주가 하나로 통합되는 것은 물론, 인구가 3,4백만 명이나 되는 거대한 도시가 탄생할 수도 있을 겁니다. 따라서 그 도시의 규모에 따른 명문대학교와 문화 사실들이 들어서게 될 것이고, 또한 다양한 문화와 예술의 이벤트가 연출될 것입니다. 저는 『애지』를 창간했을 때도 그랬지만, 어느 특정의 잡지가 지역의 정체성이나 지방색을 띠지 않을 때, 그 잡지는 대한민국 최고의 잡지가 되고 세계적인 수준의 잡지가 될 것이라고 굳게 믿고 있습니다. 제네바 학파나 프랑크프루트 학파는 모두가 중소도시에 그 근거를 두고 탄생한 학파들이기도 하지요. 자아의 발전사가 세계의 형성사가 되고, 세계의 형성사가 자아의 발전사가 되지 않으면 안 됩니다. 우리 《애지》나, 아니 《문학마당》과 《시와 상상》이 이곳 대전 · 충청지역을 기반으로 해서 세계적인 잡지가 되면, 그것이 바로 지역 문학의 정체성을 확립하는 일이고 문예지의 본분을 다하는 것이 아닐까요?

이형권 또한 주관하는 문예지가 그런 가치를 구현하기 위해 어떤 노력을 해 왔는지, 지금까지 대전에서 문예지를 발간해 오신 경험을 비추어 이 지역의 문학 현상에 대해 어떤 생각을 갖고 계신지 말씀해 주십시오.

반경환 우리 《애지》는 지방색을 거의 전면에 내세우지 않으면서도, 이면우, 김백겸, 박진성, 함순례, 박수연, 이형권, 도종환, 송찬호, 김명원, 함기석, 윤은경, 송계헌, 양애경, 이은채, 이진수, 이강산, 박정석, 나태주, 강신용, 주용일, 양문규 등, 이 지역의 시인들과 비평가들에게 엄청나게 많은 지면을 마련해 주었습니다. 모든 문화와 예술은 그것이 소속된 지역성과 환경의 산물이기는 하지만, 그 지방색을 가장 독특하게 개성적으로 표출하되, 보편적이고도 개관적인 현상으로 승화시켜나가지 않으면 안 되다고 생각합니다. 대한민국의 문화는 세계 속의 변방의 문화에 지나지 않지만, 바로 그러한 취약점 때문에, 우리 《애지》와 《문학마당》, 《시와 상상》, 그리고 《시와 정신》 등, 이곳의 문예지의 역할이 더욱 더 기대가 되고 있는 것이기도 하지요.

3. 지역 문예지의 구실

이형권 반 선생님의 얘기를 듣다 보면 참 뜨겁다는 생각이 듭니다. 열기 때문에 자칫 화상이나 입지 않을까 걱정되기도 합니다.(일동 웃음) 반 선생님은 지역 기반은 있을 수 있지만, 협소한 의미의 지역 색이나 정체성을 띠지 않는 것이 오히려 바람직하다고 보는 듯합니다. 우리처럼 좁은 나라에서 지역 색이라는 것이 얼마나 개성적으로 존재할 수 있는 것인지 의문이 드는 것은 사실입니다. 반 선생님이 얘기하신 초지역적 문학성의 추구는 지역을 내세우지 않으면서 지역문학을 고양하는 것이라는 주장으로 이해할 수 있을 듯합니다. 각각 특수성에 지리적 토대를 둘 수는 있으나 결국 문학적 수월성(秀越性)의 제고는 오히려 지역을 뛰어 넘는다! 흥미로운 주장입니다. 문학은 근본적으로 보편적 수월성과 지역적 특수성이 변증법으로 지양되어 나가는 것이 바람직할 터, 문제는 우리 지역의 문인들이 이 둘을 아우르려는 적극적인 노력이 부족한 것이 아닐까 합니다. 우리 지역 출신의 문인들 가운데 이른바 중앙 문단에서 잘 나간다 싶으면 게을러지는 경우를 많이 보아오지 않았습니까? 그럼에도 자명한 것은 우리 지역에 문학에 대한 열정으로 충만한 많은 분들이 글닻을 내리고 있다는 사실입니다. 그 분들의 활동과 여기 계신 선생님들이 주관하고 계신 문예지들의 역할이 막중하다고 하지 않을 수 없습니다. 이제 선생님들께서 주관하고 있는 문예지의 창간 이념, 창간 과정, 지금까지의 성과에 대해 말씀해 주셨으면 합니다.

박명용 제가 먼저 얘기할까요? 반연간지로 나오는 《시와 상상》은 2001년부터 발행되고 있는데 이 문학지는 《백지》 동인지로부터 출발하였습니다. 1978년에 이덕영(작고), 조완호, 김용재, 한병호, 이장희, 본인 등 6명이 모여 동인지를 대전에서 창간했어요. 그때 내건 창간사 아닌 창간의 변을 소개하자면, "《백지》 동인은 주장도 기치도 없다. 시는 있되 독자는 없다는 유리된 현실을 어떻게 하면 조금이라도 좁혀 시와 가까워질 수 있는가를 생각해보고 공부하자는 데 뜻을 두었을 뿐이다."라는 것이었지요. 그러다가 2001년 37

호부터 서울 '푸른사상' 출판사에서 반연간지로 등록하여 발행하기 시작하였습니다. 물론 이때부터 필진은 전국을 대상으로 했고, 그리고 지난해 연말에서 출판사와 협의 끝에 올해부터는 계간으로 전환하기로 하고 올 여름호부터 계간지로 발행하기로 했어요. 특히 좋은 시를 쓰지만 소외된 시인들, 작품성에 비해 평가 절하된 시인들의 작품을 많이 취급하려고 합니다. 사실 우리 문학지들은 대부분 어느 한 특정인을 먼저 조명하면 다른 잡지사가 우루루 따라가는 양태를 보이고 있습니다. 문학 발전을 위해서는 바람직스러운 일은 아니죠. 그래서 《시와 상상》은 문학적 선언 따위는 내세우지 않고 시대 조류에 따라 다양한 문학정신을 수용하는 활력의 공간이 되고자 합니다. 다시 말해 문학 본연의 자세를 잃지 않겠다는 말이지요.

반경환 우리 《애지》는 제가 서울 생활을 정리하고 내려와서 2000년 봄에 그 창간호를 내게 되었습니다. 《애지》를 창간하고자 했을 때, 발행인이자 편집인인 이태화 변호사를 비롯하여 여러 선생님들의 물심양면의 후원이 있었습니다. 그 선생님들의 도움이 없었다면 『애지』의 창간은 가능하지도 않았을 것이고, 따라서 늘 그 선생님들에 대한 고마움과 감사함을 잊지 않고, 그 후원에 보답하고자 하는 차원에서 최선의 노력을 다하고 있습니다. 그때는 전국적인 영업망을 갖춘 출판사도 거의 없었고, 조잡한 인쇄기술을 비롯하여 자기 자신의 직업에 사명감을 갖고 있는 출판문화인을 단 한 사람도 찾아보기가 힘들었습니다. 특히 《애지》는 출판사를 설립하지 않았던 만큼, 세 번씩이나, 이 출판사에서 저 출판사로 떠돌아 다녀야만 하는 뜨내기 신세를 면할 수가 없었지요. 이제 윤영진 사장과 도서출판 '애지'를 설립하고 대한민국에서 제일급의 수준의 책들을 제작,

출간할 수 있게 되었습니다. 윤영진 사장은 이곳 '대전 · 충청지역의 출판문화'를 몇 단계나 끌어올릴 만한 편집수준과 장인 정신을 지닌 출판문화인이라고 하지 않을 수가 없군요. 얘기가 좀 길어지고 있습니다만 《애지》의 창간 이념과 목표는 첫째, 한국교육개혁을 통하여 우리 한국인들의 백만 두뇌를 양성하는 것이고, 둘째, '논쟁의 문화'를 통하여 우리 한국인들을 '사상가와 예술가의 민족'으로 육성하는 것이고, 셋째는 '중앙문화/지방문화'의 이분법을 반드시 극복하고 우리 충청도를 대한민국의 문화예술의 중심지로 육성해내는 것입니다. 저는 철학예술가라고 자처하고 있는 만큼, 세계적인 수준에서의 가장 확실한 천재생산의 교수법을 지니고 있다고 자부하고 있습니다. 소크라테스, 플라톤, 데카르트, 칸트, 헤겔, 니체, 쇼펜하우어, 마르크스 등은 모두가 천재생간의 교수법에 능통한 세계적인 대스승들이며, 그들이 가장 찬란하고 화려하게 펼쳐나간 인식의 대제전, 즉 '논쟁의 문화'는 우리 인간들의 삶과 질에 엄청나게 커다란 영향을 끼쳤다고 하지 않을 수가 없습니다. 우리 대한민국은 그러나 지극히 애석하게도 세계적인 수준에서 어떠한 논쟁의 문화도 연출해내지 못했습니다. 교육제도는 고대 그리스 사회만도 못한 낡디 낡은 수준에 불과하며, 우리 한국인들의 지적 수준은 무조건 충성만을 맹세하는 전근대적인 수준을 벗어나지 못하고 있는 실정이기도 합니다. 아직도 제 주위의 대한민국의 제일급의 인사들은 "자기 글이나 열심히 쓰면 되지, 왜 그처럼 경거망동하게 비판의 칼날을 휘두르느냐"고 저를 향하여 비난의 말을 퍼부어 대고 있습니다. 모든 문화와 예술은 그 지식인들이 펼쳐 보이는 '논쟁의 문화'를 연출 해내기 위해서는 세계적인 수준의 천재들이 필요하며, 그리고 스승과 아버지마저도 상징적으로 살해할 수 있는 대범하고 웅대한 정신을 지닌 천재들의 경연장(무대와 잡지)이 필요합니다.

이형권 《애지》의 지금까지의 성과는 그런 신념을 가지고 노력한 결과라는 이야기로군요?

반경환 그렇습니다. 박헌오 국장님도 잘 알고 계시지만, 저는 대전시티즌의 열성팬이고, 이번에는 시민주도 몇 주나 샀습니다. 타인의 말과 사유를 비판하지 말라는 사람은 축구 선수에게 열심히 뛰지 말라는 사람과도 똑같은 사람에 지나지 않습니다. 축구 선수에게 열심히 뛰지 말라는 사람은 대한민국에서 단 한 사람도 없겠지만, 비평가에게 비판하지 말라고 하는 사람은 무지무지하게 많이 있습니다. 비판은 모든 학문의 예비학이며, 우리가 그 비판(논쟁)을 통해서 일진일퇴를 거듭하는 명승부를 연출해냈을 때만이 수많은 독자(관중)들이 몰려오고, 대한민국의 문화와 예술의 수준은 세계적인 수준으로 올라설 수가 있는 것입니다. 우리 《애지》는 대한민국 역사상, 최초로 세계적인 수준의 논쟁의 문화를 연출해내기 위하여 단 한 번도 그 '논쟁의 문화의 장'을 중단한 적도 없고, 또, 그것으로 가장 독창적이고 개성적인 이미지를 구축하게 되었습니다. 또한 《애지》의 정기구독부수가 1,300권이나 되고, 대한민국의 어떤 문인들도 우리 《애지》를 지방의 잡지라고 깔보거나 폄하할 수는 없게 되어 있습니다. 매호마다 유명 시인들과 무명 시인들의 작품, 그리고 신인문학상의 응모작품들이 넘쳐나고 있습니다. 감히 말씀드린다면, 우리 《애지》가 있다는 것만으로도 우리 대전 · 충청도민들, 아니, 한 걸음 더 나아가 우리 한국인들은 미래의 희망이 있는 것입니다.

이형권 《애지》 자랑을 너무 많이 하시는 거 아닌가요?(웃음) 여하튼 서울이 아닌 곳에서 발간하는 문예지 치고는 대단한 성과를 이루었군요. 그런데, 반 선생님의 얘기를 듣다보면 논리와 상상, 혹은 현실과 이상의 묘한 불협화음이 느껴지는데요, 이상한 것은 그 불협화음이 시끄러운 소음(騷音)으로만 들리지는 않는 특이한 매력이 있습니다. 많은 문인들이 망원경적 전망보다는 현미경적 관찰에만 매달리는 오늘의 문단 풍토를 생각하면 반 선생님의 열정과 대담성은 주목할 만합니다. 특히 반 선생님을 중심으로 지속적이고 꾸준하게 추구해 온 비판 담론은 많은 문인들이 관심이 갖는 듯한데, 아쉬운 것은 좀더 많은 문인들이 문단 권력에 휘둘리지 않으면서 좀더 다양한 목소리로 동참했으면 하는 점입니다. 《애지》 얘기는 이 정도에서 마치겠습니다. 그럼 《문학마당》은 어떻습니까?

강태근 저희 문학마당은 신인문학회가 모체가 됐습니다. 벌써 3년 가까운 세월이 흘렀습니다만, 저하고 손종호, 김백겸 동인이 창립 멤버가 되어 신인문학회를 결성했습니다. 그 후 다수의 문인들이 참여하여 동인 활동을 활발하게 해오면서 일 년에 한 번씩 동인지를 내오다가 계간지로 탈바꿈한 겁니다. 이제 30년 가까운 연륜이 흘러 동인들 다수가 한국 문학의 중심에 서 있으므로, 신인 문학회라는 명칭이 어색해 보일지 모르겠으나, 항상 신인의 자세로 작품의 질에 문학적 생명을 건다는 창립정신에는 변함이 없습니다.

문학마당의 창간 이념은 상생과 조화입니다. 자연과 상생과 조화를 이루며 살아가지 않으면 21세기의 인간의 삶은 불행해질 수밖에 없다고 예단한 아인슈타인의 말을 빌리지 않더라도, 상생과 조화는 이 시대에 절박한 정신의 화두라고 생각합니다. 지금까지의 성과를 말씀드린다면, 창간 3년여 만에 주목받는 문예지로 성장하게 됐다는 자부심입니다.

이형권 《문학마당》이 지향하는 상생과 조화는 아마도 21세기 문명사의 화두에 해당될 듯합니다. 주체와 타자, 인간과 자연, 서울과 지방, 남성과 여성, 서양과 동양 등이 상극적 대립의 관계로 설정되어 온 것이 20세기 근현대의 문명사였다면, 세상에 존재하는 다양한 존재들과 가치들의 공존 속에서 그들의 시너지 효과에 의해 더 큰 진보를 이루어야 하는 것이 21세기의 문명사가 지향해야 할 방향이 아닐 수 없습니다. 이런 점에서 《문학마당》의 창간 이념은 주목할 만합니다. 다음으로 문예지를 발간하면서 가장 보람 있었던 일, 가장 어려웠던 문제, 개선해야 할 점이 있다면 무엇인지 말씀해주십시오.

강태근 가장 보람 있었던 일이라고 한다면 창간정신을 견지하면서 수준 높은 문예지로 위상을 높여온 것이라고 하겠습니다. 가장 어려웠던 문제는 발간비도 문제이지만, 좋은 원고를 확보하는 것과 그에 따른 원고료 지급이 크나큰 부담입니다. 아마도 많은 문예지들이 안고 있는 가장 큰 부담이 바로 이런 문제들이 아닌가 싶습니다.

또 문예지들이 개선 내지는 각성해야 할 큰 문제는 무분별한 신인의 등용이 아닌가 싶습니다. 한마디로 문인이 너무 많아서 진정한 문인이 그리운 세상이 되었지요. 문학인구의 저변확대도 좋지만 양질의 작품을 향유하기 위해서는 보다 엄격한 정제가 필요하다고 생각합니다. 재론할 필요도 없지만, 문학은 허장성세를 위한 방편이 될 수 없습니다. 함량미달의 문예지가 난립하여 많은 문인들을 양산하고 그 부수적인 이득으로 영리를 꾀한다든지, 자기 세력을 만들기 위해 안간힘을 다하고 있는 모습이란 참으로 가슴 아픈 일이 아닐 수 없습니다. 세력의 확대를 위한 문단은 시정잡배들의 패거리문학에 불과하며, 문학을 천박하게 만드는 요인입니다. 이런 혼탁이 한국문의 전체 공기를 흐리게 하여 참된 문인들의 의욕마저 상실하게 하는 원인이 되기도 합니다. 통탄할 일입니다.

반경환 동감입니다. 문예지를 발간하면서 가장 어려웠던 문제와 개선되어야 될 문제점들은 역시 재정 문제와 너무나도 빈약한 지역문인들과 그 빈약한 독자층에 있다고 생각합니다. 요즈음은 인구의 자연감소 현상과 함께, 문학 지망생들의 숫자가 급격하게 줄어들고 있으며, 이러한 현상들은 인문과학의 경시 풍조와 함께, 출세 위주의 교육제도에서 기인한 것이라고 할 수가 있습니다. 하지만 인문과학의 발전 없는 자연과학은 공허한 망상에 불과하며, 사상의 누각에 지나지 않습니다. 이제 문화사업은 더 이상 B급 사업이 아닙니다. 모든 문화의 예술은, 그리고 모든 문명과 자연과학의 성과마저도 인문과학에 바탕을 두어야만 합니다. '독서중심의 교육'과 학문의 꽃인 '철학 교육'이 없는 대한민국 사회가 참으로 원망스럽고 안타깝기 짝이 없기도 합니다.

《애지》를 발간하면서 그만큼 어려웠던 일도 많았지만, 가장 보람 있었던 일들도 참으로 많았습니다. 가장 보람 있는 일이라면 우리 《애지》의 정기구독부수가 1,300권이나 되었고, 《문학마당》과 함께 문예진흥원으로부터 '우수문예지'로 선정되기도 했습니다. 저희 《애지》는 대전 · 충청지역을 넘어서 서울을 비롯한, 대한민국 전체에서 더욱 더 폭넓은 사랑을 받고 있습니다. 《애지》의 정기구독 분포를 말씀드리자면, 서울과, 경기도와, 대구 경북, 순으로 되어 있고, 그 다음이 우리 충청도일 것입니다. 또 하나, 우리 《애지》를 계기로 하여 장석주, 하종오, 김수우, 신현정 등, 대한민국 유명 시인들의 시집을 발간하여 대전 충청지역의 출판문화수준을 서울의 수준으로 끌어올린 것, 그리고 '애지문학상'을 제정하여 시, 문학비평 부분에서 제1회 이대흠, 장석주, 제2회 함민복, 유성호, 제3회 손택수, 권혁웅 등에게 그 상을 수여하게 된 것입니다. 지금까지 10여 명의 재능 있는 신인들을 등단시켰고, 초야에 묻혀 지냈던 무수한 시인들을 발굴하였으며 어느 누구도 해보지 못한 논쟁의 문화를 연출해냈던 것입니다. 우리 《애지》에 작품을 발표하게 되면 각종 월평과 계간평, 그리고 문화예술위원회의 우수작품으로 선정될 확률이 아주 높습니다. 실제로 문화예술위원회의 우수작품선정은 우리 《애지》에 발표된 작품들이 가장 많았습니다.

박명용 예. 사실 문학지를 발행하기란 참 어려움이 많습니다. 반연간지로 《시와 상상》을 발행하면서 가장 어려운 것이 원고료 문제였습니다. 《시와 상상》에서는 동인을 제외하고는 원고료 명목으로 다소 얼마라도 꼭 지급하려니 어려움이 많았습니다. 이렇게 원고료를 다소라도 지급하니까 원고도 충실하고 거절하는 경우도 거의 없어요. 이런 걸 보면서 원고료는 적더라도 꼭꼭 지불해야 되겠다는 생각이 들어요. 사실 중앙이나 지방에서 발행되는 대부분의 잡지가 어디 원고료를 제대로 지급합니까. 《문학마당》을 비롯한 몇몇 잡지사에서는 어려운 가운데에서도 꼭꼭 지급하고 있는데 여기에서 많은 것을 느끼고 있습니다. 《시와 상상》은 앞으로 원고 청탁을 크게 확대할 생각입니다. 가령, 현재 대부분의 문학지들이 외면하고 있는 원로라든가, 지연, 학연, 등단지 등 파벌에 끼지 못한 문인들의 좋은 글을 대거 청탁하려고 합니다. 가만히 잡지를 들여다보면 금방 알아차릴 수가 있어요. '파벌문학'이 성행하니 자연히 '문단권력'이라는 섬뜩한 용어도 생겨나고, 문학이 뭐 권력인가요. 문학지 발행인이나 주간 앞에서 굽실거리는 문인(?)들의 행태를 보면 얼마나 한심한지. 누구나 다 아는 이야기입니다마는 진정한 문인이라면 '좋은 글'로 말해야지요.

4. 지역문학의 발전을 위한 방향

이형권 진정한 문인이 '좋은 글'로 말해야 한다는 박명용 선생님의 말씀은 평범하지만 아주 중요한 이야깁니다. 이것을 부정할 사람은 없겠지요. 박헌오 국장님께서는 침묵을 지키고 계신데, 시정이 너무 바빠서 그런지 많이 피곤해 보입니다. 그래도 한 말씀 여쭙겠습니다. 우리 지역 문인들이 중심이 되어 발간하는, 전국적인 호응을 얻고 있는 문예지들에 대한 대전시 차원의 지원 계획은 없는가요? 문예진흥기금 같은 걸 보면 대부분 동인지 중심으로 지원이 되는 듯한데요, 정기간행물에 대한 지원도 필요하다고 봅니다. 가령 광주에서 발간되는 《시와 사람》의 경우 광주시에서 많은 지원을 받고 있다고 들었는데요, 수준 높은 문예지를 육성하는 것도 대전시의 문화 발전에 굉장한 도움이 되지 않겠습니까?

박헌오 맞는 말씀입니다. 문화예술 발전을 위한 시의 역할은 역시 지원에 있는 것이 사실입니다. 지원은 공급자인 문화예술인들의 창작활동을 왕성하게 하여 우수한 작품을 생산하도록 하는 측면과, 수요자인 시민들이 문화예술 향수기회를 풍부하게 갖도록 하는 측면이 함께 고려되어야 할 것입니다. 이미 수립된 일반 문화예술단체와 개인을 대상으로 한 금년의 문화예술 지원 시책들을 보면서 고심을 벗어날 수 없었습니다. 실제 문화예술 창작활동을 지원하는 예산운영은 문예진흥기금과, 무대예술작품 지원, 사회단체 보조금, 찾아가는 문화 활동 지원, 국악강사 풀제, 그리고 문화축제와 일반 예산사업으로 확정되어 있는 문화예술 행사 등을 들 수 있습니다.

그중에서 문학 분야의 직접적인 지원은 대부분 문예진흥기금에서 할애되고 있습니다. 우리 대전시가 가지고 있는 기금규모는 약 80억 원 정도의 원금으로 운영하고 있어서 신청하는 금액 가운데 일부만을 지원하고 있습니다. 따라서 문화예술발전 저변을 확대해 나가는 밑거름 역할을 하도록 소액 다전주의로 나누어 주는 형식을 띠고 있습니다. 물론 기금심사위원회에서 매년 엄중히 심사하여 지원 단체와 금액을 책정하는데, 어려움이 참 많습니다. 지금은 이미 올해의 지원 신청이 끝난 시점입니다만, 동인지 출판비와, 일부 문학보급을 위한 백일장이나 세미나, 소수의 문인 창작집 발간 지원, 시화전 등을 지원하게 될 것입니다.

박명용 아무래도 박 국장님처럼 문인이거나 문학을 잘 이해하시는 분이 정책 입안이나 정책의 기틀을 잡아나가야 하는 것 아닙니까? 우리는 큰 기대를 하고 있습니다.

박헌오 예, 기존의 제도가 유명무실하다면 새롭게 변혁시켜야 하겠지요. 좀 더 발전시켜야 할 분야라면, 중요한 역할을 하는 문예지의 육성을 위한 지원과, 빼어난 작품을 창작하여 역사를 빛내고, 지역 문화를 발전시키는데 크게 기여하신 분들에 대한 지원인데 시(市)가 의도하는데 미치지 못하는 운영에 그치고 있습니다. 중앙의 문예진흥기금에서 우수 문예지나 작품집 발간비를 지원하고 있습니다만 우리 시에서는 일부 문인들의 작품집 발간비 지원사업만 병행하고 있습니다. 외형상으로 문예지는 발간하여 판매하는 것이어서 수익사업의 형태를 띠고 있다는 점도 순위를 뒤로 미루는 이유가 됩니다. 실제로는 문예지 발간이 문학지의 맥을 이어가고자 하는 사람들의 주머니 털기에 의존하고 있다는 것을 알 만한 사람들은 다 아는 사항인데도 말입니다. 그렇게 어려운 가운데 문예지 정기간행이 계속 이루어지고 있다는 것은 대단한 일이고 특히 근자에 대전에서 발간되는 두세 종의 문예지가 전국적으로 대단히 호평을 받는 문예지로 평가받고 있는 점은 참으로 바람직한 일이 아닐 수 없습니다. 그래서 시에서도 전국적으로 호응을 받는 문예지들의 문학발전을 위해서 직접 전개하는 단위사업별로 지원해 주는 방안을 모색 중에 있습니다. 예를 들면 문학상이나 작품상 제도 운영이나, 정기적으로 간행되는 우수 문예지를 도서관이나 시민들이 많이 이용하는 시설공간에 공급하는 사업 등에 관하여 전문인들이나 의회 의원님들의 뜻을 종합하여 대책을 강구해 나가고자 합니다. 몇 해 전에 문인협회의 사이버 문학 활동을 위한 홈페이지 구축에 일부 지원이 있었습니다만 이 분야도 체계적인 기준을 마련해서 육성방안을 강구할 필요가 있다고 생각합니다.

이형권 국장님 말씀을 들으니, 지금보다는 희망을 가져도 좋을 듯합니다. 요즈음 집중과 선택적 지원이라는 말들을 많이 합니다. 가능성 있는, 능력 있는 사람을 화끈하게 밀어주자는 것이지요. 대전시의 문예관련 예산도 그런 쪽으로 나가면 좋을 듯합니다. 여담 한 마디 하자면, 문인들도 대전시의회에 진출하여 대전시의 문화 예술 발전에 발전적인 목소리를 내야 할 듯합니다. 이제 마지막 질문이 될 듯합니다. 각 문예지들이 시너지 효과를 발휘하기 위한 상호 협조 방안 및 연대 방안이 있다면 이에 관하여 말씀해 주십시오.

강태근 우선 우수 신인 작품을 상호 추천하여 게재하는 방법을 생각해 볼 수 있겠네요, 세미나나 문학기행 등을 같이 주관하는 일도 앞으로 서로의 발전을 위해 거시적으로 지혜를 모을 필요가 있다고 생각합니다.

반경환 시너지 효과를 발위하기 위한 상호 협조와 연대는 여러 가지 방법이 있을 수도 있을 것입니다. 편집기획과 필자 교류, 그리고 각종 세미나와 문화행사 등을 공동으로 주관하고 연출해낼 수도 있을 것입니다. 문제는 상호 잡지의 수준과 편집자의 수준, 그리고 필자와 독자의 수준을 대한민국 최고의 수준으로 이끌어 올리는 차원에서 상호 협조와 연대를 모색해야 하지, 이제까지의 지방의 수준에 안주해서는 별다른 생산성을 기대할 수가 없을 것입니다. 올해는 '애지문학회'를 본격적으로 가동시켰고, 앞으로 대한민국을 대표할 수 있는 문학회로 이끌어 나갈 생각합니다. 박헌오 국장님, 우리가 대한민국 최고 수준의 문화예술의 축제를 연출해낼 터이니, 대전시 차원에서 많은 도움을 주시기 바랍니다.

박명용 잡지사 간 상호 협조라는 것이 그리 쉬운 문제는 아닙니다. 그것은 무엇보다도 경쟁 심리의 작용 때문입니다. 5,60년대의 일입니다마는 잡지를 하기 전에는 매우 가깝게 지내던 사람들이 각자가 잡지를 떠맡게 되자 경쟁심리가 발동하여 서로 경계하고 그러다가 자연히 멀어진 경우가 많이 있었어요. 가령 기획특집이나 필진, 심지어 광고수주 등으로 인하여 '상호협력'은 거의 안 되고 있어요. 그러나 편집이나 광고 등을 제외하고 대 사회적 · 행정적 문제 등에 있어서는 시너지 효과를 위해 적극 협력해야 한다고 생각합니다. 이 자리에 대전광역시 박헌오 국장께서 참석하셨으니 대전시 문화행정에 대하여 몇 마디 드리겠습니다. 현재 문예진흥기금을 각 문학단체나 동인지 등에 일률적으로 배분하고 있는데 사실 이들 수혜지가 문학적으로 그 몫을 다하고 있는지 의문스럽습니다. 솔직히 진흥기금을 받아 활동(?)하는 단체나 동인지들을 보면 '문학'을 '잡문'이나 체면 유지용 쯤으로 알고 있습니다. 이는 결국 진정한 문학을 해치고 예산만 낭비하는 꼴밖에 되지 않습니다. 이럴 바에야 오히려 중앙처럼 엄격한 심사를 통해 문학지에 원고료라도 지급하여 지방 문학지를 육성시키는 것이 더욱 타당성이 있다고 생각하는데….

박헌오 대전 문학의 발전을 촉진해 나가도록 문예지들이 상호 협력해 나가기 위한 연대를 위해서는 대전 문학의 수준을 높이도록 공동 책임을 가지고 노력해갈 필요가 있다고 생각합니다. 그리고 경쟁적이라기보다는 역할 분담이 적절히 이루어지도록 합의하는 것도 바람직한 일일 것입니다. 문인들이 시민의 존경을 받고, 시민들이 긍지를 느낄 수 있을 만큼 소중한 대전의 문인들로 인식되는 것은 문인 모두의 공동노력에 의해서 성취될 수 있을 것입니다.

오늘 좋은 말씀들을 많이 해주셨는데 고려하고 개선해야 할 점은 진지하게 협의를 거쳐 시정에 반영하도록 하겠습니다. 그리고 장기적인 대전의 문학 발전을 위해서 좋은 시책을 개발하도록 지혜를 모아주시기를 당부하고 싶습니다. 대전시가 문학 발전을 위해서 할 수 있는 역할은 일부이겠지만, 문학단체나 문인들과 한가지로 대전문학의 중흥을 열망하고 있는 만큼 동반자적 연대 협력이 절실한 것도 사실입니다. 시의 한정된 재원을 가지고 배분하는 과정에서 분야별로는 미흡한 것이 사실이지만, 서로를 탓하기보다는 현실을 이해하는 바탕위에서 효율을 높이도록 함께 협력하는 것이 무엇보다 현명한 일이라고 생각합니다. 시민과, 문인들과, 시(市)가 문학 발전을 실현시켜야 할 한 운명체로서 연대의식을 가지고 더욱 긴밀히 협력하기를 소망합니다.

이형권 선생님들과 말씀을 나누다 보니 시간 가는 줄 모르겠습니다. 이런 공식적인 자리 외에도 자주 만나 뵙고 허심탄화하게 자주 이야기를 나누었으면 합니다. 기타 하시고 싶은 말씀 해 주시고, 새해 덕담도 한 마디씩 부탁드립니다.

박명용 연초부터 이렇게 유익한 자리가 마련되어 올해는 지역문학을 떠맡고 있는 모든 문학지들이 크게 육성되리라 생각합니다. 더구나 오늘 이 자리에는 박헌오 국장께서 참석하셨기 때문에 앞으로 지역문학지에 대한 좋은 방안이 강구되리라 믿습니다. 올여름 계간지로 전화되는 《시와 상상》에 많은 관심을 가져 주시기 바랍니다.

반경환 행정중심도시는 우리 충청도민들의 대단한 행운이자 절호의 기회이기도 합니다. 따라서 대전 충청도가 우리 대한민국의 문화예술의 중심지가 될 수 있도록 만반의 준비를 하고 있지 않으면 안됩니다. 만일, 그렇게 하지 못한다면, 우리 충청도가 대한민국 문화예술의 중심지가 되고, 또, 세계적인 문화 예술의 중심지가 되더라도, 우리 충청도민들은 제 3세계의 토착민들의 신세를 면치 못하게 될 것입니다. 《문학마당》, 《시와 상상》, 《시와 정신》, 《애지》, 그리고 또 대전 · 충청도의 관계자 여러분들과 모든 시민들이 거듭 거듭 자기 자신을 갱신해나가지 않으면 안 됩니다. 우리 대전 · 충청도민들은 과연 마르크스, 프로이트, 아인슈타인, 모차르트, 반 고흐와도 같은 세계적인 대사상가(대예술가)들을 배출해낸 적이 있는가라고 저는 묻고 싶습니다. 하루바삐 그와 같은 세계적인 대사상가들(대예술가)들을 배출해내지 않으면 안 됩니다. 모든 문화예술은 자리, 위치(지역)의 문제가 아니라, 그 구성원들의 능력의 문제라는 점을 명심하지 않으면 안 됩니다. 2006년 새해 초에, 바로 이처럼 세계적인 대사상가(대예술가)들을 배출해내느냐 못하느냐에 따라서 우리 충청도는 세계적인 문화예술의 중심지가 될 수도 있고, 안 될 수도 있을 겁니다. 아무튼 더욱 더 열심히 노력해서 우리 충청도를 대한민국의 문화 예술의 중심지로 만들어보기로 합시다.

강태근 현대를 문학 위기의 시대라고들 합니다. 우리나라도 문예진흥원에서 문학회생 프로그램을 수행하고 있을 정돕니다. 그러나 물질문명이 가져온 심각한 폐해를 막고 치유할 수 있는 방편의 하나가 인간의 가치를 제고하는 문학임이 분명하고 보면, 악천후라고 해서 우리들의 양질의 삶을 위한 문학의 행보를 멈출 수는 없습니다. '나를 구원한 것은 종교가 아니라 시였다'라고 고백한 어느 시인의 말을 되새기면서 우선 우리 세 문예지라도 이 막중한 사명에 뜻을 함께 했으면 합니다. 그리고 중앙이니 지역이니 하는 용어를 안 썼으면 하는 바람이고요. 중앙과 지역이 따로 있나요. 자기가 서 있는 곳이 바로 우주의 중심이지요. 내가 문 닫으면 바로 우주가 문 닫는 거 아닐까요. 칸트는 평생 자기가 사는 '코닉스벅'을 몇십 리도 벗어나지 않았지만 우주의 실체를 보았지 않습니까. 그러고 보면 우리의 진정한 문단은 자기 자신의 내부에 존재하는 것이기도 하고요. 아무튼 병술년을 맞이하여 우리들의 잘못된 사고는 시쳇말로 '개나 물어갔으면' 합니다.

이형권 예, 오랜 시간 동안 소중한 말씀들을 해 주셨습니다. 오늘밤을 새워도 모자랄 것 같습니다만, 지면 관계상 이만 마무리해야 할 것 같습니다. 오늘의 이 대담이 대전 · 충청 지역의 문학, 나아가 대한민국의 문학 발전에 밑거름이 되었으면 하는 소망을 가져봅니다. 다시 한 번 초청에 응해주신 여러 선생님들께, 깊은 감사의 말씀을 드립니다.

삶의 무늬로 직조하는 상상력의 다양화

· 참석자 : 강태근, 김기흥, 구수경(사회)
· 일 시 : 2002년 10월 17일(목) 오후 3시
· 장 소 : 대전문화예술연구원

구수경 오랜만에 자리를 했습니다. 먼저 새로운 계간지 《문학마당》이 창간된 것을 축하해야겠군요. 다양한 문화적 경향을 수렴하고, 개성과 독창성을 존중하며, 조화와 화해의 정신을 지향하겠다는 취지가 인상적입니다. 21세기를 맞아 새로운 윤리와 정신적 질서를 구축해야 하는 현 상황에서 문학의 나아갈 방향을 새롭게 제시하고 있는 것 같아 반갑군요. 앞으로 《문학마당》이 작가와 독자의 욕구를 충족시켜 주는 좋은 문학의 잔치 마당이 되었으면 좋겠습니다.

자, 그럼 좌담을 시작해 볼까요. 오늘 우리가 모인 것은 최근 3개월 동안 발표된 소설들을 살펴보고, 그중 작품성이나 문학적 완성도가 뛰어난 작품들에 대해 집중적으로 토론해 보기 위해서입니다. 이를 위해 그 동안 발표된 소설들을 대부분 읽고 나오신 걸로 알고 있는데요. 그럼 먼저 읽으신 소설 가운에 특별히 눈에 띄었거나 관심이 갔던 작품이 있었으면 말씀해주시지요.

강태근 제가 이번에 읽은 소설 가운데 가장 관심을 끌었던 작품은 《세계의

문학》 여름호에 실린 김영래의 중편소설 「여신(女神)」이었습니다. 「여신」은 사회적 성공과 자아실현 욕구가 강한 현대 여성을 아내로 둔 남편의 복합적인 상실감을 그리고 있는 작품입니다. 무엇보다 이 작가에게 신뢰감이 가는 것은 이야기를 경쾌하게 끌고 가면서도 독자를 생각하게 만드는 진지함을 담아내고 있다는 점입니다.

요즘 젊은 작가들의 소설은 대부분 수사적인 표현 기교에 치중하거나 덜 익은 에로티즘으로 독자의 구미를 맞추려는 함량 미달의 소설이 많잖아요. 그래서 좀처럼 좋은 소설을 만나기가 쉽지 않은데, 모처럼 괜찮은 소설을 만났다는 느낌을 받았습니다.

김기홍 저는 《작가세계》 여름호에 실린 이현수의 「파꽃」을 재미있게 읽었습니다. 전파상을 하며 가전제품을 수리해 온 작은 총각의 삼십 년 동안 이어진 기와집 딸에 대한 숨은 연정과 삼십 년이 지나 뒤늦게 그 총각의 마음을 알아채고 인간적인 미안함에 젖는 기와집 딸의 심리를 그리고 있는 작품인데요, 다른 계층간의 사랑이라는 진부한 소재를 다루고 있음에도 신선하고 새롭다는 느낌이 드는 것은 이 작가의 이야기를 다루는 솜씨가 그만큼 뛰어나기 때문입니다. 한 마디로 이 직품은 완벽한 조건을 구비한 여인을 바라볼 때와 같은 기쁨을 주는 소설이었습니다.

구수경 저는 《문학사상》 4월호에 실린 최윤의 「밀랍 호수가로의 여행」과 《문학동네》 가을호에 실린 성석제의 「저녁의 눈이신」이란 작품을 인상 깊게 읽었습니다. 「밀랍 호수가로의 여행」은 죽음을 앞둔 한 여성이 용서와 이해로써 남편을 다른 여자에게 떠나보내고, 홀로 죽음의 시간을 기다린다는 내용인데요. 삶 그리고 죽음과 화해하는 방식이 이처럼 한 차원 성숙하게 그려지고 있는 소설도 많지 않은 것 같습니다. 그리고 성석제의 「저녁의 눈이신」은 전형적인 농촌의 소도시 낙양읍에서 벌어진 지역대항 선발 초등학교 축구대회를 작가 특유의 입심과 재치로 코믹하게 그리고 있는 작품입니다. 하지만 유쾌한 소설의 톤과는 달리 그 안에는 허위의식으로 가득한 세상에 대한 날카로운 통찰과 서늘함 슬픔을 담아내고 있어서 만만치 않은 작가의 역량을 엿보게 하더군요.

그럼, 이 자리에서는 김영래의 「여신」과 이현수의 「파꽃」, 최윤의 「밀랍 호수가로의 여행」, 성석제의 「저녁의 눈이신」을 중점으로 얘기를 나눠 볼까요? 네 작품은 전혀 다른 소재, 다른 색깔을 지니고 있어 요즘의 소설 경향을 살피는 데도 좋을 것 같군요. 먼저 김영래의 「여신」에 대해서 얘기해 보죠. 두 분은 이 작품이 가지고 있는 장점이 무엇이라고 생각하시나요?

강태근 제 나름대로 이 시대가 요구하는 소설을 말한다면, 쉽고 재미있게 읽히면서도 많은 생각을 하게 만드는 소설이 아닐까 싶습니다. 말하자면 「여신」은 그런 독자의 욕구를 충족시키는 작품입니다. 이 소설의…아니, 이 작가의 장점이라고 한다면 풍부한 신화적 지식을 소설의 주제로 육화시키는 데 탁월한 능력을 지니고 있다는 점이에요. 그만큼 작가로서의 지적 기반이 탄탄하다는 얘기도 되겠지요. 물론 그리스 신화를 필요 이상 작품 속에 끌어들여 현학적인 냄새를 풍기는 것이 좀 거슬리기는 합니다만….

김기흥 김영래의 〈여신〉은 우선 작가의 신화에 대한 폭넓은 지식에 압도당합니다. 현학적인 표현이 다소 거부감을 주는 것도 사실이지만 다방면에 걸친 작가의 인문학적 소양은 독자들에게 새로운 지식을 축적하는 즐거움을 주고 있어요. 그러나 지식이 많다고 해서 좋은 소설을 쓰는 것은 아니지요. 그 지식을 소설적으로 풀어서 쓸 수 있을 때 좋은 소설이 나오는 것입니다. 그런 면에서 그 많은 신화

속의 신들을 등장시키면서 그 신들이 이 작품의 주제 및 소설적 형상화에 마땅한 기여를 했는가는 생각해 볼 필요가 있습니다.

구수경 저도 작가의 분신처럼 느껴지는 주인공 '나'의 과도한 자료의 나열이나 관념적 서술이 적절히 절제되었더라면 소설적 완성도가 보다 탄탄해지지 않았을까 하는 아쉬움이 들더군요. 하지만 남녀 혹은 부부간의 역할과 관계 방식이 변화하고 있는 현대의 양상, 다시 말해서 여성의 남성화 경향과 남성의 왜소한 경향을 인류학적 관점에서 해석하고 있는 시각은 신선하고 흥미 있게 다가오더군요.

그럼 〈여신〉의 내용을 본격적으로 살펴보지요. 이 작품에서 쟁점이 되고 있는 것은 '현대 사회에서의 남녀간의 성과 역할의 변화 양상'이라고 할 수 있겠는데요.

그런 면에서 '나'의 아내는 이 시대 여성의 성의식이 얼마나 변화하고 있는가를 단적으로 보여주는 인물이라는 생각이 듭니다.

강태근 그렇습니다. 그녀는 종래의 여성관으로는 도저히 납득하기 어려운 성과 사랑에 대한 인식을 보여 주고 있어요. 특히 여성의 순결에 대해서는 가히 혁명적이라 할 만큼 변화된 의식을 드러내지요. 예를 들면 그녀가 자신의 순결이 싫어서 자신을 죽도록 탐하는 중늙은이에게 처녀성을 바쳤다고 남편에게 당당하게 말하는 부분은 충격적이에요. 또 그 중늙은이가 심장병이 있어 그녀와 첫 관계를 가진 뒤 심장발작으로 죽었다는 사실을 죄의식도 없이 털어놓고 있잖아요. 그뿐이 아닙니다.

그녀는 남편과 첫날밤을 가질 때에도 "맹수로 돌변하여 콘돔을 벗겨 내동댕이치고" 저돌적으로 덤벼듦으로써 부부간의 성 관계를 주도하고 있습니다. 제목이 시사하는 바와 같이 그녀는 가히 '여신'으로 군림하고 있는 셈이지요.

"문명의 발전에 대한 회의는 상대주의에 대한 관심을,
물질세계에 대한 환멸은 철학이나 종교 등 정신세계에 대한 관심을 낳지 않을까 하는
조심스런 전망을 해 봅니다."

구수경 '여신'이라는 말이 나왔으니 짚고 넘어 가죠. 이 작품의 제목이 '여신'이고 또 작품 속에서도 여신에 관한 신화가 많이 등장하잖아요. 강태근 선생님은 그 소설에서 여신이 지니는 의미가 뭐라고 생각하시나요?

강태근 주인공 '나'의 아내가 첫 번째 광고 모델로 출연한 잡지의 제호가 '칼리'라는 여신의 이름입니다. 인도의 여신 '칼리'는 결코 채워지지 않는 텅 빈 위장을 가지고 있다고 하지요. 그래서 그녀의 신전에는 물소, 양, 돼지 등이 바쳐지고, 제물에서 용솟음치는 피는 수천 년 동안 멈춘 적 없이 강을 이루며 흘렀다지요.

또 예전에는 여신을 위한 축제 기간 동안 사람이 제물로 바쳐졌다고 합니다. 칼로 목을 내리쳐 희생된 사람의 머리통은 황금 제단에 올려 졌고, 길게 혀를 빼문 여신은 그 신성한 인신 공양의 피를 마음껏 흠향했다고 작가는 묘사하고 있어요. 말하자면 여신 '칼리'는 과거와 현재와 미래를 뛰어 넘는 탈남성주의의 '영원한 여성'으로 상징되고 있는 것이지요.

또 이 작품에서 모든 여신의 애인들이 제 명에 죽지 못하고 졸지에 숨을 거둔다는 사실을 서술하고 있는 부분에 주목할 필요가 있어요. 바로 작가는 여성의 의한 남성 위기의 시대가 도래하고 있음을 여신의 신화를 통해 이렇게 말하고 있습니다.

"…또다시 이 우주적인 괴물의 시대가 도래한다는 것을. 여신들이 사람과 소와 돼지를 산 제물로 요구하며 피와 생식의 밤으로부터

용과 뱀들을 산 채로 토해 내는 광경을. 전쟁과 권력 투쟁과 물신주의의 아수라장 속에서 몰락하는 남성들의 사체 위로, 남신(男神)들의 황혼 위로, 그 떼죽음의 바다 위로 솟아오르는 여신들, 여신들의 부활을."이라고요.

구수경 작가는 출산과 양육을 거부하고 스스로 여신이라고 자부하며 앞다투어 경쟁의 바다에 뛰어 드는 현대 여성들에게 올림포스의 여신들의 비극을 통해 경고하고 있기도 하잖아요. 헤라와 아테네, 아프로디테가 서로 최고의 미인임을 자처하다가 끊임없이 전쟁과 불행을 초래했듯이 현대의 여성들은 서로 불화의 사과를 움켜쥐려 하는 어리석음을 범하고 있다고요. 그런 면에서 이 작품은 반페미니즘적이라는 비판은 받을 수도 있는데요. 오 년 동안 아름다운 아내의 사랑을 갈구하며서, 그녀에 대한 집착과 체념, 살의에 가까운 욕망 사이에서 갈등하는 남편의 내면세계를 소설의 한 축으로 배치함으로써 작가의 메시지가 나름대로 설득력과 호소력을 얻고 있습니다. 김영래의 「여신」은 이야기 전재 방식도 좀 독특하다는 생각이 들던데요.

김기흥 그래요. 이 작품은 세 개의 이야기가 톱니바퀴처럼 맞물리면서 이야기가 전개됩니다. '나'와 아내의 이야기, 신들의 이야기, '나'가 구상하고 있는 소설의 내용인 오원춘에 관한 이야기가 그것입니다. 이 세 개의 이야기가 하나의 통일된 주제를 향하여 나아갈 때 사건의 긴밀성과 소설적 긴장감을 주 수 있는 것이지요. 그런데 「여신」은 세 개의 이야기가 하나로 녹아 흐른다는 느낌을 주지 못하고 있습니다. 다 읽고 나서 이야기의 핵심을 요약하기가 어려웠거든요. 이야기의 흐름이 아내와의 갈등에 초점이 맞추어지는 듯하면서도 농민운동가 오원춘 시건, 혹은 신화의 내용으로 수시로 옮겨가고 있기 때문이지요. 너무 이질적인 이야기들을 한 편의 소설로 묶는 과욕을 부린 것이 아닌가 싶어요. 하지만 이 작가가 중후한 문장, 때로는 시적인 문장을 자유롭게 구사하는 능력을 갖춘 작가란 점은 높이 살 만하더군요.

구수경 그래요. 신화 외 소설 속 작가인 '나'가 박정희 정권 시절의 오원춘 사건을 소설화하는 과정을 삽입하고 있는 구조가 특이한데요. 그렇다면 작가 김영래가 오원춘에 관한 이야기를 통해 말하려고 하는 메시지는 무엇일까요?

강태근 이 소설 속에 등장하는 오원춘 사건의 결말을 보면, 농민운동가 오원춘이 다중의 힘을 등에 업고 독재 정권의 파쇼를 역으로 이용하지요. 소설 속의 작가인 '나'는 '오원춘의 양심선언 사건'을 약자는 언제나 파쇼의 희생양이라는 민중의 고정관념을 등에 업은 오원춘의 파쇼 해프닝으로 결말을 짓고 있습니다. 말하자면 그 동안 여성들이 남성들의 파쇼에 억압되었다는 사실은, 오원춘이 몇몇 사람들의 묵인 아래 반독재 투쟁의 순교자가 될 수 있었던 것처럼, 일종의 가면의 상황일 수 있다는 의미가 내재되어 있는 게 아닐까요? 그래서 작가는 주인공 '나'를 통해 여성들에게 이렇게 항변하고 있지요. "…오, 여성들이여, 잊지 말라. 그대들 속에 있는 남성을 경계하라. 그대들이 오래도록 증오하며 싸워온 남성은 실은 수컷 괴물에 지나지 않거늘. 남성우월주의와 남성 파시즘으로 무장한 한낱 병졸에 지나지 않거늘."이라고요. 바로 전쟁과 권력 투쟁의 과정 속에서 힘을 잃고 몰락해 가는 남성을 향해 도전의 칼날을 휘두르면 휘두를수록 여성들 역시 남성과 같은 몰락의 길을 걸을 수밖에 없다는 메시지가 아닐까요?

구수경 파쇼는 또 다른 파쇼를 낳고, 그 파쇼는 자신의 목을 조르는 올가미가 될 수도 있다는 말인가요? 현대 여성들이 아버지들의 전근대적인 횡포와 그 아들들의 고질적인 악습을 성토하며 남성들에게 당당한 도전장을 냈지만, 결국 현대 여성들의 힘의 논리는 남성의 경우처럼 여성의 몰락과 탄식을 가져올 것이라는 문호사적 진단을 내리고 있는 셈이네요.

강태근 맞아요. 현대 사회의 한 징후인 여성의 남성화 경향은 궁극적으로 인간의 본래적인 삶의 방식을 위협하는 결과를 초래하게 된다는 것이지요. 그런 점에서 이 소설의 마지막은 진정으로 강한 여성은 어떤 여성인가에 대한 답변으로 읽힙니다. 아내의 임신을 통해 부부간의 갈등이 해소되고, 만삭인 아내에게서 아름다움을 발견하고 있는 '나'의 고백은 여성이 여성이기를 포기하는 것이 아니라 오히려 여성임을 주장할 때 진정으로 강하고 아름다운 존재가 될 수 있다는 것이지요. 다시 강조하지만 「여신」은 재미있고 쉽게 읽히면서도 많은 사유를 불러일으키는 소설이란 점에서 젊은 작가들의 새로운 글쓰기의 한 전범이 될 수 있을 것 같습니다.

구수경 이제 이현수의 「파꽃」으로 화제를 돌려 보지요. 두 분은 이 작품을 어떻게 보셨나요?

김기흥 저는 이 소설을 읽는 동안 신선한 정서적 충만감을 경험했습니다. 우선 「파꽃」의 장점은 소설의 완결성입니다. 작가는 완벽한 구조 속에서 이야기를 풀어가고 있어요. 어머니 생신 때문에 친정집에 왔다가 작은 총각이 형님을 속으로 사랑했었던 게 아닐까라는 올캐의 지나가는 말 한 마디에 '나'는 비로소 깨닫게 되지요. 여고시절부터 지금까지 삼십 년 동안 보여준 작은 총각의 '나'의 집에 대한 한결같은 헌신과 봉사가 사실은 '나'에 대한 사랑에서 비롯되고 있음을. 그래서 자신 때문에 삼십 년 동안 가슴 저리고 애 태운 작은 총각에 대한 마음의 빚을 덜기 위해 그날 밤 '나'는 작은 총각의 집을 찾아가지요. 작은 총각의 사랑을 받아들일 수는 없지만 그의 감정에 최소한의 예의를 표하는 '나'의 배려가 아주 감동적이에요.

강태근 단편으로서 잘 짜여진 소설입니다. 소재 자체는 주인공이 어른으로 바뀐 황순원의 「소나기」를 다시 읽는 느낌을 주더군요. 「노틀담의 꼽추」나 「벙어리 삼룡이」의 냄새도 좀 나는 것 같고. 그만큼 애틋하고 긴 여운을 남긴다는 것이지요. 사실, 늘 새로운 소재를 찾는 것은 쉽지 않아요. 어쩌면 어느 작가고 이미 지난 시대의 작가들이 수없이 써먹은 소재들을 재탕하고 있는지도 모르잖아요. 그렇지만 알베르 까뮈가 한 말, '사랑, 그것은 이미 수많은 사람들이 써먹은 닳고닳은 낡은 말이다. 그러나 사람들은 그 낡은 말을 저마다 새롭게 자신에게 적용한다.'는 얘기에 귀를 기울일 필요가 있어요. 이 작품의 장점을 말한다면 바로 사랑을 소재로 또 다른 감동을 창출하고 있는 작가의 역량을 들고 싶네요.

구수경 그래요. 삼십 년을 한결같이 내 인생의 배경으로만 존재했던 한 사람, 마음을 전하는 것조차 포기한 채 안타까움과 쓸쓸함 속에 간직해 온 그 사람의 슬픈 연정을 뒤늦게 알아챘을 때 우리는 어떤 반응을 보일 수 있을까요? 여주인공 '나'가 "기미도 흔적도 없이 당신 혼자 꽃피우고 열매를 맺었던 삼십 년의 시간을 난 정말도 몰랐던 것이지 모른 체한 게 아니었다고" 속으로 항변하는 말에는 한 인간에 대한 진정한 미안함이 묻어나더군요. 저는 이 작품을 읽으면서 벅찬 사랑의 감동이란 이런 것이 아닐까 하는 생각을 했어요. 변하지 않는 마음과 긴 침묵, 오랜 기다림이 마침내 무지에 가까운 무관심의 벽을 한순간에 허물어버리는 그 의도하지 않음 진실의 힘 같은 거요. 바로 그 순가에 독자는 작은 총각과 동일시되면서 억압된 감정이 표출되는 놀라운 카타르시스를 경험하게 되지 않을까요.

김기홍 거기에 이 작품은 작가의 시적이고 비유적인 문제가 작중인물들의 내면세계를 적절하게 드러내는 데 중요한 역할을 하고 있어요. 비유적인 묘사 문장들이 한 문장 한 문장 조립되어 말로 다 드러낼 수 없는 마음의 풍경을 그려내는 능력이 아주 탁월해요. 서술 방식도 아주 특이하고요.

"저는 작가는 어떤 형태로든 현실적인 삶의 문제에 관심을 가져야 하고 또 그것을 작품 속에 담아내야 한다고 생각합니다. 아울러 단순히 문제의 제기에 그치는 것이 아니라 성숙한 안목과 통찰력으로 나름대로의 대안을 제시할 수 있는 작가의 역량이 요청되는 시기이기도 하지요."

구수경 맞아요. 이 작품은 복수 일인칭 시점을 사용하고 있어요. 작은 총각의 연모의 대상임에도 그 사실을 모른 채 살아온 기와집 딸 '나'의 서술과, 그녀가 자라나고 늙어가는 모습을 멀리서 지켜보면서 자신의 사랑을 홀로 키워온 작은 총각 '나'의 서술이 이중 시점으로 제시되지요. 그리고 마지막 부분에서 이 두 사람은 비로소 삼십 년 만에 처음으로 대화를 나누며 서로의 삶을 들여다보게 되지요. 상대방의 진실을 알아채지 못한 미안함과 어둠 속에서 홀로 애를 태우며 견뎌온 열망이 독한 회한 속에서 대면하고 있는 것이지요.

그러고 보니 이 작품의 제목인 '파꽃'이 무엇을 의미하는가에 대해 말하지 않았군요.

김기홍 「파꽃」은 이 작품의 제목이면서 대전 전파사 작은 총각을 상징하는 꽃이에요. 가전제품을 수리하면서 드나든 기와집의 딸을 연모하면서도 자신의 마음을 전하기는 고사하고 그 여자로부터 따뜻한 말 한번 들어보거나 관심을 받아 본 적이 없는 존재가 작은 총각이지요. 파꽃이 그런 꽃이잖아요. 꽃만 화려하게 피우는 꽃나무보다 쓰임새가 많고, 그냥 스칠 때는 볼 품 없지만 자세히 뜯어보면 그 나름대로의 아름다움을 간직하고 있는 꽃. 한 번도 주위의 관심이나 주목을 받지 못했지만 늘 그 자리에서 자신의 일과 사랑을 키워 온 작은 총각은 바로 파꽃과 같은 존재라 할 수 있지요. 그런 점에서 작은 총각을 '파꽃'에 비유한 것은 소설 전체에 분위기를 조성하는 데 적절한 문학적 장치가 되고 있어요.

강태근 이 작품을 읽고 나선 쉽게 사랑하고 쉽게 포기하는 현대인의 사랑이 어쩐지 싱겁고 매력이 없어지더군요. 요즘 유행어를 모방하면 이 정도는 되어야 한 사람을 사랑했다고 말할 수 있는 것이 아닌가 싶더군요.

구수경 그럼, 이제 최윤의 「밀랍 호수가로의 여행」으로 넘어갈까요? 먼저 이 작품에 대한 전반적인 소감부터 말씀해 주시지요.

강태근 수채화처럼 담담하면서도 깊이 있는 삶의 통찰이 전달되는 작품입니다. 중견 작가로서의 최윤의 역량을 다시 확인시켜 주는 작품이기도 하고요. 우선 감칠맛 있게 읽히는 문장과 삶을 성찰하는 성숙한 시선이 행간의 의미를 곱씹어보게 하는 재미가 있었습니다. 죽음 앞으로 한 걸음 한 걸음 다가가면서 관조의 자세로 삶을 정리하는 주인공의 내밀한 정서를 읽고 나서도 깊은 여운을 남기더군요.

김기홍 저도 이 작품을 관심 있게 읽었습니다. 최윤의 문체는 좀 드라이한 게 특징이지요. 그런데도 그의 소설에 빨려 들어가는 이유는 주제의 깊이와 삶을 바라보는 진지함에 있는 것 같습니다. 「밀랍 호수가로의 여행」은 친구의 별장을 빌려 함께 휴식을 취하러 온 남편이 '나'를 짐짝 부리듯이 내려놓고 어디론가 휑하니 떠난 후 아무 연락도 없는 상황의 제시에서 시작되지요. 그리고 사흘 만에 아내 곁으로 돌아온 남편은 불안한 목소리로 관리 약사로 있는 선자가 자신의 아이를 낳았음을 고백합니다. 그때 아내인 '나'는 관대한 미소를 지으며 함께 축하해 준 뒤, 자기 걱정은 말고 산모에게로 가라고 오히려 쫓아 보냅니다. 정말 놀라운 반응이지요. 죽음의 그림자를 느끼고 있는 '나'에게 상처를 주는 삶의 모습들조차도 연민과 이해의 대상으로 다가온 것이 아닐까요? 그 관대함이 독자에게 부끄러움과 감탄을 자아내게 만들더군요.

구수경 이 작품은 다복했던 한 가정의 딸의 불의의 죽음을 계기로 와해되는 과정으로 읽히기도 해요. 평범한 약사에서 증권 투자와 실패, 젊은 약사와의 외도로 이어지고 있는 남편의 삶, 행복하지 않은 결혼 생활로 자주 위기를 맞곤 하는 아들 내외, 3년 전부터 죽음을 담보한 병마에 시달리고 있는 주인물 '나'. 이들은 서로 기대고 위로하기에는 가자의 상실감과 아픔이 너무 커 보입니다. 결국 '나'가 죽음을 앞두고 남편의 방황과 외도를 관대함과 연민으로 감싸 안을 수 있었던 것은 오랜 기간 삶보다는 죽음에 밀착된 세계에 있었기에 가능한 것이겠지요.

김기홍 하지만 독한 외로움과 고통 속에서 홀로 죽음을 기다리는 마지막 부분은 너무 쓸쓸하고 가슴이 아프더군요.

구수경 그래요. 이 작품에서 주인물 '나'는 "눈물 없는 건조한 고통"이란 표현을 쓰고 있지요. "나의 삶이 끝나기 전에 내 존재의 망각이 확인되는 순간에 새순처럼 적나라하게 돋아나는 고통"이라고 말이죠. 그런 고통을 통해 "나는 남편을 사랑하고 있는 것이다"라는 진실과 대면하는 장면은 정말 가슴이 찡하더군요. 살아 있는 자의 이기적인 욕망과 죽음을 앞둔 자의 참혹한 고통이 묘하게 대비되면서요.

실제로 이 작품은 대비되는 삶을 병치함으로써 삶의 아이러니를 드러내고 있기도 해요. 딸을 잃은 '나'와 딸을 낳은 젊은 약사, '나'의 무덤덤한 부부생활과 약혼자를 두고 유부남과 도망간 사촌 언니의 열정적인 사랑, 열 네 살에 죽은 딸과 촉망받는 화가가 된 친구의 딸 등이 대비되면서 삶과 죽음, 기쁨과 고통, 열정과 무관심, 행복과 불행으로 직조된 복잡한 삶의 무늬를 보여주고 있지요.

강태근 저는 이 작품의 제목 '밀랍 호수가로의 여행'이 아주 맘에 들어요. 초가 다 타고나면 촛농이 밀랍의 호수를 이루며 굳어진다는 상징성에서 보듯, 우리 삶도 주어진 시간이 다 녹아내리면 어느덧 굳어져 저마다 하나의 호수로 남게 되는 것이 아닐까요? 어떤 모양의 호수로 남게 되는가는 저마다 시간을 어떻게 태워 농밀한 삶의 밀랍으로 녹아 내렸는가에 달린 것이겠고.

구수경 죽음으로의 마지막 여행을 떠나며 네 대의 양초를 켜놓고 '나'는 이렇게 독백하지요. "고통과 진통의 배합은 길고 날카로우리라. 그때쯤 되면 네 대의 양초는 다 타버려 불빛은 어느새 스러지고, 그 자리에는 작은 밀랍의 호수가 물결무늬를 새겨 놓고 굳어져 있으리라"고. 결국 이 작품에서 '나'의 밀랍의 호수는 고통과 진통의 무늬가 만들어낸 아름다움, 성숙하게 생을 마감하는 한 영혼의 아름다움을 드러내고 있다고 생각돼요.

김기홍 이 소설에서 '나'가 끝까지 타인에 대한 배려와 평상심을 유지하고 있는 부분도 인상적이더군요. '나'가 죽음에 임박해서 집주인의 방명록에 써넣은 다음의 글귀는 담담하면서도 따듯함이 전해집니다. "외람되게 당신의 집을 나의 마지막 여행을 위해 잠시 빌립니다. 마련해 두신 네 대의 양초가 배웅해주어 나의 여행길이 따사합니다…."라고. 독자가 이 소설을 읽으면서 숙연해지는 이유가 다가온 죽음을 거부하기보다는 한 차원 성숙하게 끌어안고 인정하는 '나'

의 사람의 자세 때문이 아닐까 하는 생각이 듭니다.

구수경 「밀랍 호수가로의 여행」에 관한 대화는 이 정도에서 접고, 성석제의 「저녁의 눈이신」으로 넘어갈까요? 김기홍 선생님은 어떻게 읽으셨나요?

김기홍 이 소설은 사건 자체가 주는 재미보다는 사건을 이야기하는 화자의 입심과 재치 있는 전개가 아주 매력적이에요. 사실 스토리는 낙양군 지역대표 선발 초등학교 축구경기를 그리고 있는 것으로 단순해요. 조직력과 실력, 재정적 지원 등 모든 면에서 열악한 조건에 있는 낙상국민학교의 선수들이 기적처럼 선취점을 올렸으나, 심판의 불공정한 판정과 운영 때문에 결국 중앙국민학교의 선수들에게 패한다는 내용이지요. 하지만 작가는 이 축구 경기가 실현되기까지의 사회적, 지역적 역학관계를 추적함으로써 사건 외적 상황을 함께 드러내고자 하죠. 예를 들면 냉대와 무관심 속에 살아온 낙상국교의 남학생들이 축구를 하게 된 계기, 낙양 읍내에 있는 초등학교들 사이의 미묘한 자존심 싸움, 또 심판을 포함한 어른들의 부당한 횡포와 왜곡된 승부욕 등을 정교하게 배치하고 있어요.

구수경 저는 우선 1970년대 초 작은 소도시의 삶의 방식과 계층적 특성을 네 개의 초등학교를 대비시킴으로써 실감나게 복원하고 있는 작가의 솜씨에 감탄했습니다. 많은 장비와 시설, 전문성을 요구하는 야구부가 있고 가장 역사가 오래 된 낙양초등학교, 읍내에서 유일하게 제대로 운영되는 브라스밴드를 가지고 있는 낙산초등학교, 낙양 읍내의 중심부에 있으면서 정식 축구부를 둔 사립학교인 중앙초등학교, 반면 농촌과 산촌의 아이들이 주로 다니는 공립학교이자 여자 배구부를 둔 낙상국민학교에 대한 묘사가 그것이지요. 이러한 학교의 대비는 경제적 부로써 키워낸 스포츠 혹은 예술을 자신의 명예나 권력과 동일시하는 계층과 그 어느 것도 소유하지 못한 초라한 서민 계층을 그대로 대변하고 있지요. 결국 작가의 관심은 서민 계층의 삶이 세상의 통념과 질서 안에서는 초라해 보이지만 실상은 소박한 행복과 정직한 기쁨을 추구하는 건강한 삶임을 드러내는데 있지요.

강태근 그런 면에서 낙상국민학교의 남학생들은 이중으로 소외된 존재들입니다. 읍내에서 배구로 이름을 날리는 여학생들 때문에 학교 내에서도 기가 꺾이고 위축되어 있으니까요. 그런 가운데 그들이 놀이 삼아 자발적으로 만든 것이 축부반이지요. 여기서 주목할 점은 그들이 이기기 위해 혹은 이름을 떨치기 위해 축구를 하는 것이 아니라는 사실입니다. 봄바람과 본성이 시키는 대로 공을 차다가 자연스럽게 만들어진 것이지요. 바로 장비도 코치도 없는 낙상국교의 축구 선수들이 중앙국교의 정식 축구부와의 시합에서 먼저 한 골을 넣었다는 사실이 이 소설의 문제 상황이지요. 작가는 그것이 도저히 일어날 수 없는, 얼마나 실현 불가능한 사건인가를 설명하는 데 거의 대부분의 지면을 할애하고 있습니다. 중앙국교가 이길 것을 아무도 믿어 의심치 않는 분위기와 그것을 뒷받침하는 무수한 근거들을 집요하게 제시하지요. 자칫하면 지루할 수 있었을 내용들이 호기심을 유발하는 구성과 화자의 걸쭉한 입담을 통해 무리 없이 전개되고 있습니다.

"앞으로 문학은 과학만능주의와 불신숭배주의가 낳은 현대의 비극적 요소들을 다각도로 짚어내고 새로운 가치 추구의 필요성을 강조하는 방향으로 나아가지 않을까 싶어요."

구수경 바로 이 소설의 매력은 희극적인 이야기 서술과 비극적인 사건이 직조해내는 복합적인 정서에 있어요. 언뜻 보면 경제사정도 열악했고 축구에 대한 지식도 거의 없었던 시절, 시골 아이들의 축구시합을 통해 70년대 초에 대한 향수와 소박한 웃음을 끌어내고 있는 작품 같지만 사실상 그것은 작가의 트릭이지요. 소설이 후반으로 넘어갈수록 아이들의 축구시합이 어른들에 의해 어떻게 권력의 황포와 승부욕의 아수라장으로 변모하는가를 보여주고 있으니까요.

김기홍 낙상국교의 축구선수 세비가 서럽고 분한 마음에 샛별을 보며 울고 있는 마지막 부분에선 정말 마음이 답답해오더군요. 허위의식으로 가득 찬 세상의 논리를 어린 나이에 알아챈 모습이 안타깝고, 그런 세상을 향해 감히 저항할 엄두도 못 낸 채 혼자서 울분을 삭이는 모습도 애처로웠고요. 바로 여기서 제목으로선 왠지 어색한 「저녁의 눈이신」의 의미가 나오지요?

강태근 그래요. '저녁의 눈이신'은 집으로 돌아가는 세비가 저녁 하늘에서 발견한 샛별을 의미해요. 세비는 샛별이 하늘의 눈 같다고 느끼지요. 유난히 맑고 고운 눈빛으로 반짝이는 눈. 세비가 눈물을 흘렸던 것은 하늘의 눈인 그 샛별이 자신의 마음을 헤아리고 있다는 느낌 때문이죠. "세상 속에 있는 게 억울하고 서러운" 사람들에게 자비의 눈빛으로 위로하는 초월적 존재 혹은 진실에 대한 믿음이라고 할까요? 그런 점에서 샛별은 세속적인 이기심과 탐욕으로 가득 찬 무명(無明)의 현실 너머에 존재하는 진실의 빛이라 할 수 있지요.

구수경 문득 작가는 이 시대의 문학이 세상의 뻔뻔함과 허위의식 때문에 상처받은 영혼들을 위로하는 샛별과 같은 존재가 되어야 함을 역설하고 있는 것은 아닐가 하는 생각이 드네요.

강태근 《세계의 문학》 여름호에 시린 이만교의 「나쁜 여자, 착한 남자」도 작가의 이야기꾼으로서의 입담을 확인하게 하는 수작으로 꼽고 싶습니다. 또 《문학사상》 6월호에 실린 레즈비언들의 사랑을 그리고 있는 정이현의 「무궁화」도 새로운 소재를 모색하려는 신인으로서의 자세가 눈길을 끌더군요. 그렇지만 이 작가에게는 격양된 어조로 말해야만 독자의 관심을 끄는 것은 아니라는 말을 해주고 싶습니다. 그것은 자칫 천박하게 들릴 수도 있으니까요.

구수경 저도 정이현의 「무궁화」가 인상적이었습니다. 2인칭 시점의 서술도 신선했고, 여성 동성애자들의 사랑을 그리면서도 그것을 관념적으로 주장하기보다는 여성이 여성에게서 느끼는 육체적 욕망, 그리움의 원자재로서의 여성 신체를 감각적으로 밀도 있게 묘사하는 솔직함이 좋았어요. 바로 그 점이 그들의 사랑에 현실감과 진정성을 얹어 주고 있다는 생각이 들었거든요. 그리고 《실천문학》 가을호에 실린 안덕환의 「카레라이스〉」도 기억에 남아요. 한 집안의 맏딸로서 집안의 살림밑천이 되기 위해 자신의 의지와는 상관없이 점점 삶의 밑바닥으로 추락하는, 결국은 일본인 남편을 죽인 살인자로까지 전락한 한 여성의 비극적인 삶을 그리고 있는 작품인데요. 특히 남동생의 시점에서 서술되는 이 작품은 날감자 씹는 맛, 농현이 깊은 진양조의 가야금 소리, 누이의 여물지 않은 가슴 냄새, 슬플 때 만들곤 하던 카레라이스 맛 등 다양한 감각적 이미지를 통해 누이의 내면을 더듬어내는 솜씨가 예사롭지 않더군요.

김기흥 제가 관심 있게 읽은 작품은 《문학동네》 여름호에 수록된 김인숙의 단편소설 「숨은 샘」입니다. 수재로 소문 난 주인공이 고시에 실패한 뒤 대기업에 들어가 파업을 주도하다가 쫓겨나고 결국 보험외판사원이 되어 철저히 속물화되는 과정을 안정된 문체로 밀도감 있게 그려내고 있습니다.

구수경 방금 언급한 작품들에 대해서도 깊이 있는 대화를 나누고 싶지만, 이제 마무리를 해야할 시간이네요. 마지막으로 21세기를 맞이한 현 시점에서 소설이 나아갈 방향에 대해서 간단하게 조언해 주시지요.

강태근 저는 작가는 어떤 형태로든 현실적인 삶의 문제에 관심을 가져야 하고 또 그것을 작품 속에 담아내야 한다고 생각합니다. 아울러 단순히 문제의 제기에 그치는 것이 아니라 성숙한 안목과 통찰력으로 나름대로의 대안을 제시할 수 있는 작가의 역량이 요청되는 시기이기도 하지요. 하지만 무엇보다도 중요한 것은 어떤 것을 쓰던 간에 그것이 예술의 토양 위에 뿌리를 내림으로써 예술적 감동을 창출할 수 있어야 한다는 것입니다.

김기흥 저는 문학의 역할을 한정할 필요가 있다고 봅니다. 작가는 어디까지나 사회의 모순과 부조리에 대한 비판적인 시선으로 문제를 제기하는 선에 머물고, 그 해결은 사회 자체의 힘에 맡겨야 한다는 것이지요. 제 생각에 앞으로 문학은 과학만능주의와 물신숭배주의가 낳은 현대의 비극적 요소들을 다각도로 짚어내고, 새로운 가치 추구의 필요성을 강조하는 방향으로 나아가야 되지 않을까 싶어요.

구수경 저도 새로운 윤리와 질서를 구축하는 과정에서 문명의 발전에 대한 회의는 상태주의에 대한 관심을, 물질세계에 대한 환멸은 철학이나 종교 등 정신세계에 대한 관심을 낳을 것이라는 생각이 듭니다. 바로 문학도 그러한 소재 및 세계관을 보다 본격적으로 담아내게 될 것이라고요.

오랜 시간 성의껏 좌담에 응해 주셔서 감사합니다. 두 분과의 대화를 통해 저도 많은 것을 배우게 된 유익한 시간이었습니다. 앞으로 자주 이런 시간을 가질 수 있었으면 좋겠군요. 정말 수고하셨습니다.

CMB 문학의 향기 대담

강태근 소설가 편

Q1. 어렸을 적부터 장래희망이 '작가'이셨나요?

예, 그렇습니다. 작가와 교수가 되려고 했습니다. 고교 시절 절친한 친구와 장래를 설계할 때, 나는 소설을 쓰는 교수가 되겠다고 했고, 친구는 정치가가 되겠다고 했는데 친구 역시 교수가 되었습니다. 그 친구는 바로 충남대학교 대학원장을 역임한 황의동 교수입니다.

Q2. 문학의 길로 들어서게 된 계기가 있을까요?

계기라기보다도 중학교 때부터 글 쓰는데 두각을 나타냈지요. 전국 글쓰기 대회에서 이름을 날려 조선일보에 기사가 나기도 했지요. 고교 시절에는 전국 각종 글쓰기 대회를 휩쓸어 학생 문사로 문명을 날렸고요. 제 1회 대한민국 학생 예술문화상을 수상하고, 황순원 선생님의 선발로 경희대 문예장학생으로 입학했습니다. 지금 시로 문명을 날리고 있는 정호승이 문예장학생 입학 동기입니다.

Q3. 은사인 황순원 교수의 문단 추천을 사양하셨는데요. 그 이유가 있을까요?

일종의 젊은 시절의 객기라고도 할 수 있겠지만, 추천제도는 일제의 잔재로써 한국에만 있는 등용 제도로, 지금 한국 문단에서 횡행하고 있는 폐해가 그 때부터 슬슬 나타나기 시작했거든요. 그러나 무엇보다도, '문단은 의미가 없고, 작가 자신이 문단이고, 작가는 오직 작품으로만 그 존재 가치가 인정될 뿐'이라는 생각 때문이었지요.

세월이 지나고 보니, 좀 바보 같았다는 생각도 들어요. 황순원 선생님이 어떤 분입니까? 황순원 선생님이 인정한 몇 안 되는 소설가들이 모두 한국 소설사에 일획을 그은 사람들이 아닙니까. 당시 최인호 씨도 조선일보 신춘문예에 당선하고 나서도 다시 황순원 선생님의 추천을 받았거든요. 그런데 한 번도 아니고 여러 번 황순원 선생님의 각별하신 애정을 외면하고 외롭게 야인 생활을 했으니 죄송할 뿐이지요. 이번에 황순원 기념사업회에서 그에 관한 글을 써달라고 해서 제 심경을 다 토로했지요. 전상국, 최인호, 이순원, 정과리 등 한국문단의 원로·중견 작가들이 돌아가면서 쓰는 글인데 무명인 저에게 특별한 내용의 청탁을 해서, 선생님께 죄송했던 사실들을 다 토로하고 나니까 묵은 체증이 내려간 거 같고… 새로운 각오도 생겼어요.

Q4. 책을 보니 '글쓰기' 관련 책이 많은데요. 직업(교수)의 영향이 있었을 것 같습니다.

그렇다고 할 수 있겠지요. 글쓰기 책들이 많이 나왔는데, 제가 보기에, 거의 모두가 실제 글쓰기에는 별로 도움이 안 되는 뜬 구름 잡는 이론서들이에요. 그래서 실기 위주의 글쓰기 책을 여러 권 냈지요. 고려대학으로 가서는 최동호, 김종성 교수와 함께 『글쓰기의 발견』이라는 책도 공저로 냈고요.

Q5. 교수면서 글을 쓰는 소설가다보니, 학생들이 수업을 무척 재미있게 들었을 것 같은데요.

그런 것 같습니다. 수강생이 많았고, 지금도 제자들이 강의 시간에 있었던 추억들을 많이 얘기하니까요.

Q6. 작가님이 생각하는 '글쓰기'란 무엇인가요?

글쓰기 공부는 다름 아닌 마음공부라고 생각해요. 글은 마음에서 나오는 거 아니예요? 인간은 어차피 제 마음의 시력 만큼밖에 볼 수 없어요. 좋은 작가가 되려면 보통 사람들이 못 보는 세계를 볼 수 있어야 하는데, 그러자면 마음의 시력을 높이는 방법 이외에 무엇이 있겠어요. 그것이 우선이 되어야 하지요.

Q7. 교수활동 말미에 투쟁을 하셨다고 들었습니다.

그렇습니다. 1990년도에 유신헌법의 잔재인 '교수재임용법'의 올가미에 걸려서 해직당하고 20여 년 동안 법정 투쟁을 하며 질곡의 세월을 보냈습니다. 여섯 번 재판을 했지만 대법원까지 가서 다 졌습니다. 이길 수가 없는 게임의 룰인데 이길 수가 있습니까. 법조계에 있는 지인들까지도 모두 미친 짓이니 그만두라고 말렸지요. 그러나 저는 "잘못된 법이라면 누군가가 희생해서라도 바로잡아야 되지 않느냐, 소돔과 고모라가 망한 건 의인 열 사람을 구하지 못해서가 아니라. 내가 먼저 그 필요한 한 사람의 의인이 되어 주지 않아서 망한 것이다!"라고 아프게 외쳤습니다. 그리고 노무현 정권 때, 헌법소원을 하여 '헌법불합치' 판결을 받아내고 재심에서 승소한 다음 고려대학으로 갔습니다.

Q8. '해직교수협의회 회장'을 맡으면서 많은 사건을 겪었을 것 같습니다.

이루 다 말할 수가 없지요. 한 가지만 얘기하지요. 성균관 대학의 김명호 교수 석궁 사건은 다들 알고 계시지요? 재심 재판에서 부당한 판결을 받고 부장판사를 석궁으로 쏜 사건. 그때 해직 교수 회장을 맡으면서 구명 운동을 했지요. 박찬종 의원이며 변호사가 무료 변론을 자청하기도 했고요.

Q9. 투쟁의 시기를 기록한 『잃은 사람들의 만찬』이라는 소설 속 '강청'은 작가님과 많

이 유사한가요?

작가의 말에서 밝혔지만, 그 소설은 대한민국의 슬픈 자화상이자, 소설로 쓰는 제 자서전이기도 합니다.

Q10. 글쟁이는 글로 말해야 한다고 하죠. 『잃은 사람들의 만찬』을 통해 말하고 싶은 것이 있다면요?

대한민국의 모습이 얼마나 일그러져 있는가를 들여다보라는 것이고, 위정자들이 깨어나라는 것이고, 잃어버린 힘없는 민초들이 좌절하지 말고 떨치고 일어나, 성대한 만찬을 준비해야 한다는 메시지가 들어있다고 할까요. 그러나 작품에 대한 해석은 오로지 독자의 몫입니다.

Q11. 후속편으로 『이제 일어나서 가자』라는 작품을 쓰신다고 하셨는데 후속편에 어떤 생각을 담으셨나요?

재작년 6월에 400장 가량 써놓고 문학관장 일에 몰입하면서 중단하고 있습니다. 이제 어느 정도, 제가 추구하는 대로 문학관이 방향을 잡아나가고 있으니까, 금년 상반기 중으로 책을 낼 계획입니다. 이 작품에는 종교적인 문제부터 세월호 사건 등 대한민국이 안고 있는 총체적인 문제까지를 배경으로 하면서, '인간의 진정한 존재의 의미가 무엇이며, 추구해야 할 삶이 무엇인가'를 화두로 삼고자 합니다. 제목 그대로 이제 죽은 시간의 늪에서 빠져나와 살아있는 미래의 시간을 향해 걸어 나가자는 것입니다. 진부하지만 '희망'은 인간이 향해 가야 할 소중한 존재의 의미일 테니까요.

Q12. 소설의 구성을 '발단-전개-위기-절정-결말'로 배우는데요. 소설을 구성할 때 어떻게 어떤 내용으로 배치하시나요?

그건 교과서적인 구성법이구요. 빅토르 위고가 얘기 했듯이, 소설의 기본적이 재미는 구성에서부터 오는 것이기 때문에, 교과서적인 구성법에서 벗어나 어떻게 이야기의 틀을 짜느냐는 작가의 능력 문제고, 작품의 성격에 따라 다를 수밖에 없기 때문에 뭐라고 단정해서 말할 수가 없네요.

Q13. 문장(글)을 쓰실 때 고려하는 부분이 있다면요?

간결하면서도 시적인 함축이 내재해 있는 문장이 좋은 문장이라고 생각해요. '문체는 사람'이라고 설파한 뷔퐁의 말대로 자기만의 개성이 있는 문장을 쓸 수 없다면 뛰어난 작가라고 할 수 없겠지요.

Q14. 소설을 통해 드러내고 싶은 삶이란, 어떤 것인가요?

인간이 추구하는 정의로운 사회, 현자를 알아보는 사회. 상식이 통하는 사회, 휴머니즘이 인간 사이에 흐르는 사회, 인간의 진정한 정체성을 진지하게 고민하는 뭐, 그런 걸 소설을 통해 드러내려고 하는 것이 아닐까요?

Q15. '대전문인 아카이빙'을 하게 된 계기(계획)은 무엇인가요?

대전문인 아카이빙은 대전문학의 정체성과 대전문학의 역사를 정리하고 수립하는 중요한 사업이지요. 이 작업 과정에서 중요한 것은 대전 시민과 문인들이 공감할 수 있는 작가를 선정하는 일입니다. 지금까지도 그래왔지만, 앞으로는 더 공정하고 엄정한 심의를 거쳐 대상 작가를 선정할 것입니다.

Q16. 대전문단(문인)을 위하여 문학관이 해야 할 일이 있다면요?

대전문학관은 명실 공히 대전문학의 메카가 되어야 합니다. 혼탁한 문학 풍토를 정화시키고 훌륭한 문인이 존경받고 인정을 받는 풍토를 조성하고 유지하는 것이, 대전문학관이 대전문단과 문인들을 위하여 할 최우선의 과제라고 생각합니다. 대전 문학정신의 맑은 샘이 되어야 합니다. 대전문학인의 정신적인 고향이 되어야 합니다.

Q17. 문학관장으로서 남은 임기동안 어떤 일을 하실 계획이신지요?

지금 하나씩 대전문학관의 발전을 위해 변화를 해 나가고 있습니다만,

제가 임기를 마치는 날까지 대전문학관이 전국의 어느 문학관보다 내실 있고 품위 있는 문학관이 될 수 있도록 그 초석을 놓는데 열정을 쏟겠습니다. 구체적인 계획은 문학진흥법의 시안이 내려오면 시와 협의하여 수립하려고 합니다.

Q18. '소설을 쓰기 잘했다'라고 생각이 든 때는 언제인가요?

해직당하고 떠돌며 고뇌할 때였습니다. 솔직히 그 20여 년의 고뇌의 세월 동안 나를 지켜준 것은 어떤 종교도, 사상도 아니었습니다. 나를 구원한 것은 문학이었습니다. 이 고통을, 억울함을 문학으로 승화시켜 기록으로 남겨야 한다는 일념이 큰 버팀목이 되어주었습니다.

Q19. 좋은 소설가, 좋은 작가가 되려면 어떻게 해야 할까요?

시대정신으로 깨어 있는 작가, 어떤 혹한에도 진실이 흔들리지 않는 작가, 흔들려도 아름답게 흔들릴 줄 아는 작가, 인간미의 샘이 마르지 않는 작가, 그 정도는 갖추고 있어야 좋은 작가라고 할 수 있지 않을까요?

Q20. 소설가로서의 꿈이 있다면요?

소설가의 꿈은 좋은 소설을 남기는 것이지요. 이제 불필요한 싸움에 시간을 탕진하고 노을 앞에 섰으니, 발레리의 말대로 "천 사람에게 한 번씩 읽힐 수 있는 작품보다 진정한 독자에게 천 번씩 읽힐 수 있는 작품"을 쓰고 싶습니다.

만나고 싶었습니다

대전문학관 제2대 강태근 신임관장

최영란 (대전광역시 예총 회장) : 취임을 축하드립니다. 오랜 진통 끝에 추대된 관장님이시라 기대들이 큰 것 같은데, 취임 소감부터 말씀해 주시지요!

강태근 솔직히 마음이 무겁습니다. 전임 박헌오 관장께서 워낙 헌신적으로 혁혁한 공을 세워놓으셔서 웬만큼 잘해서는 칭찬받기가 쉽지 않을 것 같아서 걱정이 앞섭니다. 하지만 그동안 박 관장이 닦아놓으신 기틀이 더욱 견고해질 수 있도록 최선을 다해 문학관을 발전시켜 나가려고 합니다.

최영란 겸양의 말씀으로 들리는데요. 제가 알기로 관장님은 문학관 초창기부터 운영위원으로 문학관의 초석을 놓는데 함께해 오셨고, 고려대학교에서 정년하시기까지 대학에서 문학을 강의하신 학자이십니다. 뿐만 아니라 문인으로서도 대전충남소설가협회 부회장, 문인총연합회 부회장 등을 역임하셨고, 계간 문예지 《문학마당》을 창간하여 현재 주간으로 활동하고 계신데, 그만하면 대전문화재단의 평대로 충분한 경력의 적임자 아니십니까?

강태근 무늬만 화려하면 뭘 합니까. 내공이 중요하지요.

최영란 내공도 굉장한 걸로 알고 있는데요. 관장님의 프라이버시에 해당되는 질문이 아닌가 싶어서 좀 조심스럽기도 한데, 관장님께서는 유신정권 때 제정된 교수재임용제의 악법의 덫에 걸려 부당하게 해직을 당하시고 이십이 년의 법정 투쟁 끝에 헌법불합치 판결을 받아내어 승소하신 내공도 있으시잖아요. 또 문학적으로도 고교시절부터 학생문사로서 문명을 날려, 제1회 대한민국학생예술문화상을 수상하고 황순원 선생님의 선발로 경희대 문예장학생으로 입학한 후, 대학 2학년 때 황순원 선생님의 추천 제의를 사양하고 평생 문단 제도권의 등단 절차를 거부하면서, 고집스럽게 외로운 작가의 길을 걸어온 분으로도 유명하시잖아요. 최인호 같은 작가도 조선일보 신춘문예에 당선한 후 다시 황순원 선생님의 추천을 받았다고 하고, 황순원 선생님의 추천을 받아 대성한 작가가 얼마 안 되는데, 왜 상식적으로는 납득하기 어려운 선택을 하셨어요?

강태근 지금 생가하면 가당치 않은 젊은 혈기, 객기일 수 있지만, 추천제도는 한국문단에만 있는 일제강점기의 잔재라는 선입견과 오만 때문이었다고나 할까….추천제도의 악폐가 현재 한국문단에서 얼마나 심각한 정돈가는 재론할 필요도 없지만, 그 당시의 문단에도 그런 부정적인 기운이 슬슬 뻗치기 시작했거든요. 함량 미달의 문예지들이 함량 미달의 문인들을 마구 양산하여 현재, 한국문인협회에 문인으로 등록된 문인만 12,800여명에 이릅니다. 시인이 너무 많아서 시인이 그리운 세상이 된 거지요. 그런 문인들이 상 같지 않은 상을 타겠다고 볼썽사나운 작태를 보이는가 하면 문인으로서 눈살이 찌푸려지는 후안무치의 작태를 보이고 있으니 안타깝지요. 작가는 오직, 작품으로만 말해야 한다는 생각에는 그때나 지금이나 변함이 없습니다. 문인이 양심이 마비되어 부끄러움에 간지럼을 타지 않고, 불의와 거짓에 분노할 줄 모르고 침묵하면, 그건 문인이 아니지요!

최영란 공감이 가는 말씀이지만, 신념에 따라 양심을 지키고 홀로 외로운 길을 가자면 그 길이 얼마나 험난한 가시밭길예요. 후회는 없으세요?

강태근 좀, 바보같이 살았다고 실소할 때가 아주 없지는 않았지만, 후회는 없습니다. 잔잔한 바다는 결코 훌륭한 뱃사공을 만들 수 없고, 많이 넘어져 보아야 바로 서는 법을 안다고 자위하면서 살아왔으니, 그게 예술가로서 쌓은 내공이라면 내공일 수 있겠지요.

최영란 이제 문학관 얘기를 좀 하시지요. 모 일간지 인터뷰 기사를 보니까, 관장님께서 지역 문학계 깊숙이 자리 잡은 뿌리 깊은 계파와 파벌 싸움을 종식시키고, 소통과 화합을 다지는데 주력할 계획이라고 하셨는데, 대전문단이 가지고 있는 고질적인 문제부터 해결하겠다는 의지를 피력하신 건가요?

강태근 전임 박헌오 관장도 이 지면을 통해 언급한 바 있지만, 대전 문단의 화합과 소통에 대전문학관이 그 중심에 서서 해결의 장을 마련해야 한다고 생각합니다. 문인사회가 다양성을 갖는 것은 당연합니다. 그러나 그것이 개인이나 단체의 이기심에서 파벌을 조성하고 반목한다면 남는 것은 상처뿐입니다. 제가 보는 시각으로는 반목하는 양 쪽이 다 문제가 있습니다. 우리는 흔히 상대방의 잘못을 비난하면 자신의 잘못이 정당화된다는 착각에 빠질 때가 있습니다. 그것을 논리학에서는 정황적 오류라고 하지요. 그 예로, 개고기를 먹는다고 비난하는 서양 사람들에게, 당신들은 살아있는 원숭이 골도 파먹으면서 우리를 비난할 자격이 있느냐고 정당성을 주장하는 것과 같은 오류지요. 왜 개고기를 먹는 것이 정당한지는 밝히지 않고, 피장파장의 논리로 정당성을 주장하는 모순이지요. 성경의 간음한 여자의 예화도 이에 해당합니다. '너희들 중 죄 없는 자는 이 여인을 돌로 쳐라!' 고 말한 예수의 논리에 감동하기에 앞서, 우리는 간음죄에 대한 정당성의 유무를 가릴 것은 가리고, 용서할 것은 용서해야 한다는 사실을 알아야 합니다. 대전문학관이 금방 이러한 문제를 해결할 수는 없겠지만, 늘 함께 할 수 있는 자리를 마련하고, 순수한 문인 단체들이 문학관을 내 집이라는 의식을 가지고 동참할 수 있도록 지원과 협력하는 일부터 하려고 합니다. 소돔과 고모라가 멸망한 것은 의인 열 사람을 구하기에 앞서 내가 먼저 필요한 한 사람이 되어주겠다는 희생과 주체의식이 부족했기 때문이 아닌가 합니다.

최영란 기대가 되네요. 또 재임 기간의 계획은 어떤 것이 있으신가요?

강태근 욕심을 내자면 많이 있지요. 대전문학사를 정리하고, 충청의 문학의 뿌리를 재조명하여 문학 정신사를 세우고, 추진 중인 예술 공원을 민자를 유치하여 활용 공간을 확충하는 일 등등… 그러나 무엇보다 대전문학관이 할 일은 문학을 기반으로 시민들의 문화수준을 향상시키고 문인들이 좋은 작품을 생산할 수 있는 여건을 마련하는 일이라고 생각합니다. '웰빙' 하면 흔히들 경제적인 측면을 우선시 하는데, 문화 예술이 주는 즐거움과 기쁨은 절망을 이겨내는 힘이 됩니다. 일본의 어느 유명작가가 "참담한 절망 속에서 나를 구원해낸 것은 어떤 종교도 이념도 아니었다. 문학이었다."고 고백한 것처럼, 문학은, 예술은 한 사람의 삶을 바꾸는 힘이 있습니다.

최영란 그런데 그런 일을 하시자면 1년의 임기는 너무 짧은 거 아닌가요? 다른 인터뷰에서도 기자들이 열악한 예산에다가 1년의 임기로 무슨 일을 할 수 있겠느냐고 우려들을 하던데요.

강태근 사실 납득이 안 되는 면이 있지요. 운영위원의 임기가 2년인데 관장의 임기가 1년이라는 것은 설득력을 갖기가 어렵지요. 물론 전임 관장이 3년을 연임했으니, 여지는 있다고 하겠으나, 저 같은 경우 연말에 취임이 결정되어, 전임 관장이 내년 사업계획이나 예산 배분을 거의 확정한 상태여서, 임기 중 업무를 파악하고 새로운 계획을 하다가 손을 놓을 처지입니다. 조심스러운 말씀이지만, 교수재임제의 악용처럼 관장 길들이기의 수단인지… 예술 분야의 기관장은 전문성이 필요하고 존중되어야 하는 자리이기 때문에 어느 분이 하든, 정치적인 논리로 자리매김을 해서는 안 된다고 생각합니다. 미국의 어느 대학 얘기인데, 그 대학의 문학 교수를 초빙하는데 노벨문학상 수상자를 내정했습니다. 초빙조건이 특별했습니다. 강의실에서 학생들을 상대로 강의를 하는 것이 아니라, 점심시간 1시간 동안 학생들이 잘 다니는 캠퍼스의 한 공간에서 매일 책을 읽다가 가는 조건이었습니다. 비록 강의는 하지 않았지만 노벨문학상 수상자가 점심시간에 캠퍼스에서 책을 읽다가 가는 것만으로도 학생들에게 큰 문학교육의 성과를 얻게 했다고 합니다. 그만큼 예술은 권위와 인격이 존중되어야 합니다. 아무튼 주어진 여건에 맞게 소신껏 일하다가 좋은 뒷모습을 남기고 떠나기를 소망할 따름입니다.

최영란 말씀 감사했습니다. 관장님께서 뜻하신 대로 이루어지기를 소망합니다.

대전 문학의 과제와 전망

소설, 평론, 수필

Ⅰ. 들어가는 말

대전 문단이 충남 문단에서 분리된 지 십수 년이 훌쩍 넘었다. 대전 문단은 그 동안 문인의 양적 팽창과 더불어, 지역 문학의 텃밭을 가꾸는데 괄목할 만한 성과를 거두기도 했지만, 또한 많은 과제를 안고 있다.

대전 문학이 안고 있는 과제를 점검하고 전망하기 위한 본 심포지엄에서 발제자에게 주어진 분야가 소설, 평론, 수필 분야이다. 그러나 사전에 주최측에 양해를 구한 내로, 평론과 수필 분야는 발제자가 주제넘게 함부로 가타부타 논의할 것이 아니라, 해당 분야에 정통한 분이 따로 심도 있게 논의하는 자리가 마련되어야 할 줄로 안다. 또 평론과 수필 분야는 정순진 교수가 「대전문학사」(『대전문학과 그 현장(하)』, 푸른사상사, 2005.)에서 상술한 바가 있다.

따라서 발제자는 소설 분야에만 국한시켜, 대전 소설문학의 현황을 일별하고, 과제와 전망을 논의하고자 한다.

II. 과제와 전망

1. 대전 문인의 정체성

대전문학의 과제를 논하기에 앞서, 대전 문인의 정체성을 규명할 필요가 있다. 왜냐하면 대전 문학의 텃밭을 일구고 있는 주체가 대전의 문인이고, 그 지역의 문인을 떠나서 그 지역의 문학을 논할 수 없기 때문이다.

1989년에 행정구역이 대전직할시로 개편되면서 문단도 대전문단과 충남문단으로 나뉘었다. 그 이전까지는 충남이라는 이름 아래에 한 식구로 활동하던 문인들이 갑자기 둘로 갈라지다보니 한동안 혼란에 빠졌다. 그러한 혼란은 지금도 말끔하게 해소되지 않고 있다.

이 문제는 송하섭 교수가 이미 언급한 바(「대전의 소설문학 개관」,『대전문학선집』, 한국문협 대전지부, 1994.) 있다. 송하섭 교수는 〈대전에서 낳고 대전에서 자라서 상당 기간 동안 이곳에서 활동을 했었지만 지금은 다른 지역으로 가서 활동하고 있는 사람을 어떻게 할 것이며, 다른 지역에서 오랫동안 생활을 하다가 직장 관계로 이곳에 와서 별로 오래지 않은 동안 생활하고 있는 사람은 또 어떻게 할 것인가〉를 자문하며, 〈집은 대전인데 충남에 가서 직장을 가지고 활동하는 사람, 반대로 집은 충남인데 대전에 직장이 있어서 이곳에서 활동하고 있는 사람, 그래서 한 사람이 충남인지 대전인지 구분 짓기가 난처한 경우도 있을 수 있다〉고 문제를 제기한다.

그러면서 〈대전의 소설가는 지난 날 대전에 거주하면서 대전의 문인들과 함께 문학 활동을 해왔던 분들과, 오늘날 대전에 거주하거나 직장을 가지고 대전의 문인들과 함께 활동하고 있는 분, 그리고 대전이 고향이면서 서울 등에 나아가 활동을 하지만 대전의 문인들과 끊임없이 교류를 가지는 분들을 대전의 소설가들이라 규정하는 길이 무난하지 않을까 생각한다〉라고 대전의 소설가를 규정한다.

발제자도 송 교수의 견해에 동의하면서, 그 범위에서 대전의 소설가와 대전의 소설문학을 논의하고자 한다.

2. 대전 소설의 현황

대전의 소설문학은 행정구역이 개편되기 이전에도 그러했지만, 다른 장르, 특히 시에 비해 소설을 쓰는 분이 수적으로 상당히 열세다. 2007년도 대전문협의 회원 명단에 의하면 시분과가 153명인데 비하여 소설분과는 16명이다. 물론 대전에 거주하는 소설가 중에는 나름대로 뜻이 있어 대전문협에 참여하지 않는 분도 몇 분 있다. 그렇다고 해도 소설은 시에 비해 회원이 10%에 불과하다. 발제자가 앞에서 굳이 대전 문인의 정체성을 논의한 것도 이러한 소설가의 수적 열세 때문이다.

대전의 소설 문학은 그 출발부터가 기점을 잡기가 쉽지 않다. 그동안 대전 문학의 역사적인 조명을 시도한 글들이 몇 편 있다. 그런데 대부분이 1950년 무렵의 《鄕土》나 《冬柏》을 시발점으로 잡고 있는 형편이다. 그러나 《향토》나 《동백》은 시 중심이다. 백용운은 「충남소설문학사 개관」(충남문학 19집)에서 심훈을 시발로 잡고, 50년대에 권선근에 이어지는 것으로 보고, 대전소설을 권선근에서부터 논의하고 있다. 그 후 해방공간에 대전에서 활동했던 廉仁洙에 대해 《湖西文學》(19집)이 거론하게 된다.

염인수는 1946년, 《民聲》 지에 「감자」, 《新天地》 에 「작은 旋風」으로, 그리고 47년, 《藝術朝鮮》 현상공모에 「기다리는 마음」이 당선되어 문단에 나왔다. 물론 염인수는 대전 사람은 아니다. 그는 금산 남일과 접경을 한 전북 진안 사람이다. 하지만 46년 봄부터 대전농사시험장에서 근무하면서 박희선, 하유상, 박용래, 황린, 추식 등과 교유하면서 대전 소설의 텃밭을 일구었다. 대전일보에 근무하는 김재근에 의하면, K모는 염에게서 지도를 받아 훗날 은행과 고위 관리직에 있으면서도 소설을 써서 화제를 모았다고 한다.

그러니까 해방공간과 1950년대는 대전에 정착하여 활동을 한 소설가보다는 잠시 대전을 스쳐갔거나, 습작과정에 있는 사람들이 더 많은데, 이 시기가 사회변혁기인 까닭도 있지만 지방에 제대로 문단이 확립되기 어려웠기 때문이다.

1960년대 대전 문인들의 활동은 1962년에 결성된 예총 충남지부 산하의 문협충남지부를 중심으로 이루어진다. 그러나 실제적으로는 개별적인 활동이 대부분이다. 이 시기에 특기할 만한 것은 김수남이 〈조선일보〉(1966년)에, 이진우가 〈한국일보〉(1967)의 신춘문예에 각각 당선되어 명실상부한 대전의 소설가로 등장한다.

1970년대는 1959년에 「제3부두」로 〈한국일보〉 신춘문예에 등단한 오승재가 모교인 대전대학(현 한남대학)에 자리 잡아 꾸준히 소설을 발표하면서 대전의 소설 발전에 일조한다.

1980년대에 특기할 만한 것은 충남 보령군 출신으로 공주에 거주하던 최상규와 경북 경산 출생으로 서울에서 살던 최학이 대전에 정착하면서 대전소설에 활기를 불어넣는다.

1990년대에 들어서 주로 개인적으로 활동하던 이 지역 소설계가 1991년 11월 16일 '대전·충남 소설가협회'를 발족하면서 소설가들의 집단적인 활동이 시작된다. 그러나 93년에 이르러 김재형, 조동길, 심규식, 지요하 등의 충남권 소설가들이 탈퇴해 '충남소설가협회'를 결성하자 이름을 '대전소설가협회'로 바꾼다. '대전소설가협회'는 1993년 7월에 작품집 『우리는 서로 문이다 』를 발간한다. 이 1집에는 최상규, 김수남, 이진우, 연용흠, 강태근, 김동권, 이미숙, 김영두, 이창훈, 김해미, 이순복, 이순예, 김숙경의 소설이 실려 있다. 이어 1995년 10월에 제2집을 발간하였으나 그 이후 '대전소설가협회'의 활동은 미미한 상태다.

3. 과제와 전망

대전 소설문학이 안고 있는 첫 번째 과제는 침체되어 있는 대전 소설에 활기를 불어 넣는 문제다. 앞에서도 거론했지만, 먼저 소설가의 수적 열세와 미미한 활동을 지적하지 않을 수 없다.

우선 소설가의 수적 열세는 어쩔 수 없는 사회·문화적 추세인 것 같다. 이는 근대의 문자문화에서 전자문화시대로 이행하면서 소설의 죽음이 화두로 떠오르는 것과 무관하지 않다. 전자 시대의 도래는 근대의 모든 제도와 사유와 문화와 경향을 쇠퇴하게 만들어 가고 있다. 물론 전자시대라고 해서 문자문화가 완전히 사라지는 것은 아닐 것이지만, 사회의 동력으로서는 힘을 잃을 것이다. 현재 문자문화 시대의 꽃인 문학의 세력 약화가 이 점을 분명히 보여주고 있다.

앞으로도 소설가의 양적 면에서 이 지역 소설문학의 장래는 그리 밝지 않을 것 같다. 지나친 예단일는지 모르나, 발제자가 듣기로, 대전 지역에 소재하고 있는 대학의 문예창작과 학생들 가운데 소설가를 지망하는 학생이 거의 없다고 한다. 입학 초에 소설을 선택했다가도 시나리오나 드라마 쪽으로 진로를 바꾸는 학생이 대부분이라고 한다.

이러한 현상은 사회·문화적 대세에서 오는 어쩔 수 없는 상황이기는 하나, 이러한 현상을 가중시키는 요인 중에 하나가, 이 지역 작가들의 미미한 활동과 이 지역 소설계의 가시적인 활성화가 안 되어 있기 때문인 것 같다.

두 번째로, 빠르게 변화하는 전자문화에 대응할 수 있는 집단적 표현 매체의 설립이 필요하다. 현재 대전에는 소설 문학을 대변하는 전문 문예지 한 권이 없는 실정이다. 대전의 소설문학이 활성화되기 위해서는 소설문예지뿐만 아니라, 대전 소설을 망라할 수 있는 전자 매체의 발표 기관이 필요하다. 작가와 독자가 자유롭게 만날 수 있는 대전 소설의 홈페이지 개설을 통해, 느슨한 문자문화의 후진성에서 벗어나 미래의 변화에 능동적으로 적응해야 한다.

지금 우리 사회는 안정된 문자문화 사회를 이루기도 전에 전자문화의 범람으로 문자문화의 빈곤이 가속화되고 있다. 현재 우리 사회의 전자문화 수용력은 놀랄 만큼 빠르다. 퍼스널 컴퓨터나 인터넷의 보급률이나 휴대전화기의 보급률은 선진국들을 앞지르고 있다. 그 과정에서 'PC'방이라는 문화가 만들어졌으며 전자게임의 최강국이 되었다. 이러한 빠른 사회적 변화는 '근대화는 늦었지만 정보화는 앞서자'라는 사회적 분위기와 반도체를 비롯한 첨단 전자 기술에 대한 집중 투자, 그리고 우리나라 사람들의 새것 콤플렉스 등등이 주요한 요인이었을 것이다.(이남호, 「맥루한과의 불편한 대화」, 《비평》 7호 생각의 나무, 2002.) 아무튼 우리 사회는 전자문화에 대한 친화력과 적응력이 유난히 높은 듯하다. 따라서 문학이, 소설이 살아남으려면 발 빠르게 전자문화에 대응해야 한다.

셋째, 대전 소설의 시급한 당면 문제는 대전 소설작단의 문학공동체가 형성되어야 한다. 기존의 대전소설가협회가 존재하기는 하나, 솔직히 유명무실의 무력감에 빠져 있다. 대전문학이 앞으로 대전문총과 대전문협을 아우를 수 있는 큰 틀의 통합이 필요한 것처럼, 대전 소설의 작단도 영향력 있는 선배작가를 중심으로, 선후배 작가들의 지역적 연대감을 통하여 전통의 맥이 형성되어야 한다.

Ⅲ. 나오면서

대전 소설문학이 안고 있는 과제를 나름대로 피력해 보았으나, 극히 상식적인 단견에 지나지 않음을 알고 있다.

누가 고양이 목에 방울을 매달 것인가의 논의보다 더 중요한 것은 그것을 실천하는 자세다. 문학은 근본적으로 혼자 하는 것이지만, 지방화의 분권이 강조되는 이때에, 대전 소설, 나아가 대전문학이 활성화되기 위해서는 지역작가의 자율적인 참여로 문학공동체가 제 역할을 수행할 수 있어야 한다. 대전소설가협회가 진정한 대전의 작단을 아우를 수 있는 큰 틀로 거듭 나서, 대전 소설의 르네상스기가 도래하기를 기대해 본다.

한국 현대 소설 어디까지 왔나?

1. 한국 현대 소설의 형성 배경

한국 현대 소설의 형성 배경을 논하기에 앞서, 먼저 현대 소설이 전대(前代)의 소설과 어떻게 다른가를 살펴봐야겠습니다. 또 언제부터 이런 변화가 나타났는가 하는 것도 고찰해 볼 필요가 있습니다.

현대 소설과 전대 소설과의 구별은 대체로 세 가지 측면에서 그 상이점이 논의되고 있습니다. 그 첫 번째가 작중 인물의 신분의 변화입니다. 소설의 발달과정은 한마디로 주인공의 신분의 하락 과정이라고 할 수 있겠는데, 전대 소설이 현대 소설에 오면서 이런 현상이 뚜렷하게 나타납니다. 전대 소설의 영웅적인 인물이 지니고 있는 우월적이고 모험적인 탐색이나 절대적 가치로서의 선의지 및 덕성이 약화되는 현상을 볼 수 있습니다. 다시 말씀드려서, 현대 소설은 그 형성의 주체가 시민계급인 만큼, 객관적인 사실의 진실성에 대한 관심을 우선으로 하여, 봉건적인 도덕보다는 사실적인 경험에의 검증에 입각한 현실세계에서 체험되는 이야깁니다. 그러므로 작중인물이 직면하는 의식의 문제는 봉건적 충절이나 도덕감각보다는 현실적이고 경제적인 문제·자아의 내면 표출 등이며, 작중인물의 성격도 한 인물이 소설이 끝날 때까지 변하지 않는 평판적 인물이 아니라, 선악의 양쪽을 동시에 넘나들 수 있는 입체적 인물입니다. 두 번째는 서술 구조의 변화입니다. 전대 소설의 구성적 특수성은 주로 전기적인 것에서 찾아볼 수 있는데, 발단에서 결말에 이르기까지 견고한 순차적 연대기적인 사건의 진행이 주를 이루고 있습니다. 단순 구성이며 시간의 순서에 따른 단선적(單線的) 구성이지요. 그러나 현대 소설은 다선적(多線的) 구성의 서술 구조를 가지고 있습니다. 따라서 시간의 순서에 따른 순행적 구성보다는 과거에로의 역행적 구성을 사용하여, 이중 삼중의 시간의 겹침에 의해 이야기가 전개됩니다. 세 번째로는 시간화 경향에서 공간화 경향으로의 이행을 들 수 있습니다. 전대 소설은 작가 서술자의 시간적 관점을 매우 중시합니다. 이에 비해서 현대 소설은 공간적 구성을 더욱 중요시합니다. 물론 현대 소설이라고 해서 시간성을 무시하는 것은 아니지만, 요약적인 서술보다는 재현적인 묘사가 기법적으로 많이 제시된다는 점에서 공간의 문제가 그만큼 중시됩니다.

그러면 이러한 현대 소설적인 요소가 언제부터 우리 소설에서는 나타나느냐 하는 것인데, 주지하다시피 1917년 이광수의 첫 번째 장편소설 『무정』에서 그러한 특성을 발견할 수가 있습니다. 물론 『무정』도 전대 소설이 갖는 구각(舊殼)을 완전히 벗은 것은 아닙니다. 서술의 시점이 작가가 직접 개입하기까지 하는 전지적 작가 시점을 취하고 있는 것이라든지, 구조에서 문제점이 드러납니다. 구조에서의 문제점을 지적한다면 기차에서 형식과 선형 그리고 영채와 형욱이가 만나고, 형식이 우유부단하게 행동하며, 수해 입은 삼랑진에 내려서 자선음악회를 하는 등의 장면은 필연적인 인과관계에 의해서 사건이 진행되어야 하는 플롯의 중요한 요소를 파괴하고 있습니다. 그러나 작중 인물이 집단적 표상(表象)을 떠나 자아의 각성에 의한 개성적인 인물로 표출된다든지, 형식과 영채에게서 보는 것처럼 작중 인물의 이중적 심리의 갈등구조 등 앞서 지적한 현대 소설의 요소들이 많이 나타나 있습니다.

그러면 이러한 현대 소설이 등장하게 된 배경이 무엇인가, 그것은 갑오경장 이후 싹트기 시작한 자아의 각성, 구습의 타파, 서구 문물의 유입을 들 수 있겠습니다. 주로 일본을 통해 들어온 서구 소설의 영향을 받았다는 거지요. 그런데 우리 현대 소설의 형성 배경을 논함에 있어 한 가지 분명히 짚고 넘어갈 것이 있습니다. 그것은 소설뿐만 아니라 우리 현대 문학 내지는 근대 문학이 서구 문학의 모방이나 이식의 측면에서만 논의되고 있는 측면입니다. 어떤 형태의 문화이건 새로운 외래 문화가 유입되면 자생적 요소로서의 전통문화와 혼류되면서 전통의 지속 내지는 변이의 과정을 거쳐 보다 발전적인 문화를 형성하기 마련입니다. 문화의 한 형태인 문학도 예외일 수가 없습니다. 그런데 지금까지 우리 근대 문학 내지 현대 문학을 논해오면서, 우리는 우리의 자생적인 전통의 지속적 측면에서 보다 외래, 특히 서구 문학의 모방이 아니면 이식의 측면으로만 대부분 시각을 돌려왔던 것이 사실입니다. 지면 관계로 여기서 상세히 언급할 수는 없습니다만, 한 예를 든다면 소설에서도 판소리 사설조의 형식적인 형태가 채만식의 소설에 그대로 지속되고 있는 것을 볼 수 있는데, 우리 소설의 발달과정을 전대 소설과 맥락을 대어 비교해 보면 내용이나 형식면에서 우리 소설의 전통적인 요소가 그대로 지속되고 있는 것을 발견할 수가 있습니다. 이 부분은 민족적 전통을 중시하는 부르제(P.Bourget), 보루도(H. Bordeaux), 바레스(A.M.Baress), 모라스(C.Maurras), 엘리엇(T.S.Eliot) 등 전통주의 작가들의 지론에 따르지 않더라도 우리 현대 소설의 형성 배경을 논함에 있어서 반드시 고찰하여야 할 부분이라고 생각합니다.

2. 한국 현대 소설의 해방 전 발자취

논의의 편의를 위해 10년 단위로 간략히 말하라고 하셨는데, 간단하게 그 특징만 말씀드리겠습니다. 먼저 1920년대는 우리 문학사에서 계몽주의적인 구각(舊殼)을 벗고 보다 근대적인 문학으로 탈바꿈하는 중요한 의미를 갖습니다. 1919년 〈창조〉의 등장과 함께 소박하게나마 일종의 리얼리즘 같은 근대 문예사조와 그 작품 수법을 의식하게 되었습니다. 실지로 그 뒤에 온 자연주의적인 리얼리즘은 이 창조파에서 시작되었다고 볼 수 있습니다. 더욱이 소설에 있어서는 창조파의 주장격이었던 김동인의 등장으로 비로소 근대 소설다운 면모를 갖추게 되었습니다. 김동인의 소설이 얼마나 앞서의 소설에 비해 새로운 예술적 인식에서부터 출발하고 있는가는 널리 알려져 있는 『춘원연구』와 『근대소설고』의 비평문에서 쉽게 감지할 수 있습니다. "춘원까지의 문예에 있어서는 소설의 흥미를 그대로 '이야기의 재미'와 '연애 혹은 정사의 재미'로써 빚어보려 한 데 반하여 〈창조〉에서는 '리얼리즘의 현실'이야말로 소설의 최고 흥미라 하고 '이야기의 흥미'를 거부하여 버렸다."면서 김동인이 언급하고 있는 '리얼리즘의 현실'이나 '인생문제'는 소설에 대한 새로운 눈뜸이라고 하겠습니다. 또 하나 1920년대 소설에서 주목할 것은 당시의 사회적 배경입니다. 3.1 독립운동은 일본으로 하여금 형식적이나마 그들의 정책을 변화시키지 않을 수 없게 만들었습니다. 그것은 무단정치가 결코 효과적인 식민지 통치방법이 될 수 없다는 점을 일제가 깨달았고, 한국 국민이 일본의 식민정책에 열복한다고 선전하던 일본의 주장이 기만적인 선전에 지나지 않았다는 점을 드러내게 됨으로써 세계의 일본에 대한 여론이 극히 비판적이었기 때문입니다. 이런 이유로 일본은 이른바 문화정치를 표방하고 13가지의 신시정(新施政)을 약속했습니다. 이와 같은 '신시정'은 사실상 허울 좋은 기만에 지나지 않아 경찰의 수는 더욱 증가하고 차별교육과 교육기회의 불평등이 여전하였으나, 민의 창달을 내세운 일제는 1920년 〈동아일보〉와 〈조선일보〉, 〈시사신문〉의 발행을 허가하는 등 문화정치는 다소 완화되는 추세를 보였습니다. 그리하여 수많은 문예지가 족출 명멸하여 작품이 양산되었습니다. 그러나 암담한 현실로 희망의 지평이 보이지 않을 때 소설보다는 시를 택하게 되어 소설이 시보다는 양적으로 부족한 실태였습니다. 그리고 1925년에 등장한 '카프'의 결성도 이와 같은 시대 상황과 무관하지 않습니다. '카프'는 이효석, 유진오 등이 동반자 작가로서 동조하지 않을 수 없을 만큼 당시 문단을 풍미하였지만, 문학을 예술로써 인식하기보다는 이데올로기의 도구로 생각했던 만큼 문학적인 성과는 찾아볼 수 없습니다. 박영희가 '카프'를 탈퇴하면서 한 "얻은 것은 이데올로기요, 잃은 것은 예술이다."라는 말이 '카프'의 문학적 성과를 잘 대변해 주고 있습니다. 굳이 '카프'의 문학적 성과를 언급한다면, 하층 계급의 삶에 시각을 돌린 소재에서 그 의의를 찾을 수 있지 않을까 생각합니다. 작품으로는 이기영의 「쥐불」, 「고향」 정도를 '카프'의 대표작으로 손꼽을 수 있지 않을까 합니다. 1920년대에 등단한 대표적인 작가는 아무래도 김동인, 염상섭, 현진건을 들지 않을 수 없습니다. 이 세 작가는 우리 현대 소설의 초창기에 예술성에 바탕을 둔 리얼리즘을 구현한 작가로 평가해야 할 것입니다

1930년대는 일본이 만주사변을 시발로 하여 중일전쟁을 일으키고 결국은 태평양전쟁으로 확대시키는 도화선을 만든 시기입니다. '대동아공영권'이라는 명분 아래 아세아 제국에 대한 침략을 합리화하였으며, 그에 따른 식민지에 대한 억압과 수탈이 더욱 가혹해졌습니다. 일본제국주의 사상과 그 파시즘적 체제가 강화됨으로써 한국에 대한 식민지 정책에도 커다란 변화가 일어나기 시작했습니다. 3.1운동 이후의 문화정책이 다시 이전의 무단정책으로 환원된 것입니다. 언론, 집회, 결사의 자유가 전면 통제되었습니다. 그에 따라 작품의 창작도 극도의 제약을 받게 되었습니다. 이러한 현실적인 배경은 작가로 하여금 현실에서 시선을 돌려 순수라는 미명 아래 사회성이 거세된 예술성 위주의 작품활동을 표방하거나, 또는 우회적인 방

법으로 역사적 소재를 택하여 거기에 작가의식을 상징적으로 반영하거나 했으며, 아니면 농촌의 현실에 눈을 돌리는 소극적 항거의 방향으로 변모하게끔 만들었습니다. 순수문학이 대두하게 된 또 한 가지 내적인 요인은 종전의 민족주의문학이나 프로문학 그 자체가 그 이상 발전할 수 없는 절실한 절망에 부딪치게 된 것입니다.

요약해서 1930년대 문단의 풍토에서 나타나고 있는 소설의 경향을 말하자면 다음과 같이 몇 가지로 분류할 수 있습니다.

첫째, 인간성의 원형적 탐구입니다. 이효석이나 정비석과 같이 주로 자연과 더불어 사는 인간생활에서 인간성의 원형을 탐구해 보려는 경향입니다.

둘째, 토속적인 인간생활의 미화입니다. 김유정, 이무영, 박영준, 김동리와 같이 생활의 습관에 젖어 생활의식을 가지지 않고 살아가는 인간상을 부각시키는 경우입니다.

셋째, 현대의식의 기법이나 자각입니다. 이상이나 최명익, 허준과 같이 소외, 고독 등의 현대의식을 심리주의의 새로운 기법으로 작품을 쓰거나 유진오, 채만식, 박태원과 같이 도시인의 우울한 생활을 그리려는 경향입니다.

넷째, 현대생활의 확대입니다. 이광수, 김동인, 염상섭 등이 『사랑』, 『수양대군』, 『삼대』 등을 발표한 것처럼, 20년대 작가들이 원숙한 경지에서 인간생활을 역사의식을 가지고 쓰는 경향입니다.

1930년대의 중요 작가로는 토속어로 골계미를 형상화한 김유정, 판소리 형태의 독특한 문체로 풍자성이 강한 작품을 쓴 채만식, 시속에 물들지 않고 자기 세계를 지키면서 독자적인 소설 미학을 구현한 이효석을 들 수 있습니다. 그리고 심리주의의 새로운 기법을 시도하여 독특한 문체를 시도한 이상을 주목하지 않을 수 없습니다. 그러나 등단은 20년대 후반에 했지만

'구인회' 회원으로 활동한 월북 작가 이태준의 수준 높은 작품들도 빼놓을 수 없습니다.

1940년대의 1941년부터 1945년 8.15 해방까지는 소위 일제말 암흑기의 2기에 해당하는 시기로서 친일적 황도문학(皇道文學)만이 가능했던 시기였습니다. 일본은 1941년에 이르자 《동아》, 《조선》 양대 민족지와 함께 《문장》, 《인문평론》을 자진 형식으로 폐간하였습니다. 사실상 1041년 이후 해방이 올 때까지 우리의 문화활동은 공백상태로 들어가지 않을 수 없었습니다. 그러므로 일제 말기의 후기는 우리 문학사에서 완전한 공백기로 보고 있는 것이 통념입니다.이렇게 볼 대 1940년대 소설은 소위 해방공간이라고 부르는 8.15 해방부터 6.25까지의 시기에 발표된 작품을 대상으로 할 수밖에 없습니다. 이러한 해방공간에 발표된 소설은 대략 440여 편이 되는데, 이들 작품의 내용은 주로 일제의 핍박을 벗어났으나 여전히 가난한 궁핍의 문제와 친일파 등 일제의 사상적 정리상의 문제, 해방 후의 혼란상, 그리고 해외동포의 귀환과 분단에 따른 좌·우익의 이데올로기 문제가 주조를 이루고 있습니다. 이 시기의 주요 작가로는 김동리, 황순원, 계용묵, 허윤석, 전영택 등을 들 수가 있습니다.

3. 해방 후의 소설

1950년의 6.25 동란은 막대한 인적, 물적, 손실뿐만 아니라 극심한 정신적인 황폐화 현상을 몰고 왔습니다. 이 비극으로 인하여 사람들은 전쟁이 가져다 준 굶주림과 인간상실의 허무감 속에서 도덕적 가치나 정의는 뒷전으로 돌려놓고 오직 살아 남기 위한 생존에만 급급하였습니다. 전후 소설은 바로 이러한 민족 비극의 배경 위에서 출발했습니다. 아무튼 6.25 전쟁은 우리 후기문학에 커다란 역사적 사건으로 지대한 영향을 끼쳐 우리 문학에 또 다른 색채를 가미한 것이 사실입니다. 특히 재능 있는 많은 신진작가들의 등장은 우리 소설의 양적, 질적 폭을 확산시켜 놓았습니다. 이 때 등장한 신인들은 일제 말기와 해방 초의 문단공백기를 뛰어넘어 새로이 문을 연 각종 신문과 문예지의 등용문을 통해 나온, 대부분 신인이라는 라벨을 붙이기에는 너무나도 성숙한 신인들이었습니다. 이 신세대의 특질은 기성적인 모든 사회적인 도덕성의 가치에 반항하는 동시에 기성문학의 모든 작품 조건에 반발하고 있으며, 근대소설의 기법에서 벗어나서, 주로 의식의 세계를 작품 속에 반영하는 새로운 기법을 시도하고 있습니다. 내용적인 면에서 볼 때, 잃어버린 것에 대한 휴머니티의 갈망은 자연적으로 부정한 현실에 대한 풍자로 나타나기 마련입니다. 전후 소설이 전반적으로 풍자적 경향을 띤 작품이 많다는 것은 이와 같은 시대상과 결코 무관하지 않다고 하겠습니다.

이 시기를 대표할 만한 작가로는 손창섭, 김성한, 서기원, 오영수, 장용학 등을 들 수 있겠습니다.

60년대 소설은 크게 전반기와 후반기로 나누어 볼 수 있습니다. 똑같이 60년대에 발표되어 일약 고전으로 평가된 황순원의 『나무들 비탈에 서다』와 최인훈의 『광장』은 사실은 1960년대의 새로운 문학을 알리는 신호탄으로보다는 1950년대 전후 소설의 한 완성된 형태로 보아야 할 것입니다. 이렇게 볼 때 60년대 전반기는 전후 소설이 만개한 시기로 볼 수 있습니다. 그리고 60년대 후반기는 김승옥과 이청준이 이끄는 새로운 감수성의 소설이 나오기 시작한 시기입니다. 60년대에 와서 소설이 새로운 변화의 모습을 보이게 된 데는 몇 가지 원인이 있습니다. 우선 6.25 전쟁의 쓰라린 체험이 그 상처를 매만지고 되새겨 나가는 과정에서 작가로 하여금 망각되어서는 안될 중요한 과제로 부각되고 이에 대하여 책임감을 갖게끔 충분한 사고의 시간이 흘렀다는 것을 들 수 있습니다. 그리고, 이승만 정권하의 사회적·정치적 부패가 날로 격심해져 이에 대한 저항의식이 고조되었다는 것,

4.19와 5.16의 두 차례 격변으로 일반 시민과 작가들의 사회참여 의식이 고조되었다는 것, 휴머니즘을 바탕으로 하여 인류와 그 사회의 현실적인 문제에 공헌하는 기능을 문학의 지당성으로 삼아온 서구문학의 이해가 더 깊어졌다는 것, 순수문학의 취약점을 지적하고 문학의 사회적 공리성을 강조한 이론이 초기부터 맹렬히 일기 시작했다는 것을 원인으로 꼽을 수 있겠습니다. 이상과 같은 원인은 1960년대 문학으로 하여금 순수문학이 고수해온 문학의 독자성·순수성을 유지하되 그 문학이 상실했던 사회적 공리성을 강조하는 형태로 자리를 바꾸어 나가게 됩니다. 그리고 이런 경향의 문학은 60년대 후반부터 사회참여 의식이 짙은 소설이 나타나게 하는 원인으로 작용했다고 봅니다.

1970년대는 1972년 10월에 있었던 유신선포가 상징적으로 말해주듯, 암흑과 공포의 정치 속에서 지식인들은 갈등과 절망감, 패배의식과 소외감을 곱씹으며 자조해야 했습니다. 그러나 한국인들은 어둠의 정치 이외에 또 하나의 거대하고도 분명한 현실을 만나고 있었습니다. 흔히들 사회과학자들이 닫힌 정치의 부산물 또는 안전판이라고 지적하곤 하는 고속 경제성장, 근대화와 산업화의 열기, 대중문화의 급팽창 등의 발전논리가 예상보다 훨씬 급격하게 열려오게 된 것입니다. 이와 함께 풍요·능률·합리성·세계주의 등의 이름 아래 전통적인 삶의 방식과 사고방법, 민족 고유의 습속과 세계관이 거침없이 또 급격하게 깨지기 시작했습니다. 70년대 작가들은 이런 상황 앞에서 고민 어린 선택을 해야 했습니다. 수동적으로 변화의 물결을 타고 나간 작가가 있는가 하면 변화가 접어들어야 할 길과 도달점을 일러주는 작가도 있었습니다. 그리고 변화가 남기고 간 모순·갈등·병리현상 등에 시선을 모은 작가도 있었습니다. 이러한 상황하에서 70년대 소설의 두드러진 특색의 하나는 '뿌리 뽑힌 자'들에 대한 피해·박탈·소외의 문제를 다루었다는 것입니다. 70년대 소설에 나타난 '뿌리 뽑힌 자' 속에는 대체로 다음과 같은 존재들이 포함되어 있습니다. 첫째, 생존에 필요한 요건마저 제대로 갖추지 못할 정도로 비인간적인 대우를 받고 있는 노동자들, 둘째, 근대화·산업화·도시화의 격랑에 휩쓸려 하루아침에 삶의 터전 혹은 정신적 뿌리를 상실당하고만 사람들, 셋째, 적응력을 갖추지 못한 나머지 몰락의 길을 걷고 마는 정직하며 소박한 소시민들, 넷째, 기존의 법·제도·관념과 극심한 마찰을 일으킨 끝에 정신적 지향점을 잃어버린 '의식 있는 자'들, 다섯째, 6.25와 같은 과거의 역사적 사건으로부터 받은 외상에서 헤어나지 못한 나머지 정신적 실조상태를 드러내고 있는 존재들입니다.

이러한 시각에서 볼 때 70년대에 주목할 만한 작가는 황석영, 조세희, 이문구, 윤흥길, 조해일 등입니다.

80년대는 70년대부터 시작된 민중문학·노동문학·민족문학의 실천논리가 가장 첨예하게 드러난 시기라고 할 수 있습니다. 게다가 리얼리즘논쟁과 6,70년대의 분단문학에 대한 새로운 시도가 이루어지기도 했습니다. 또한 납·월북 작가의 해금과 북한 소설의 소개가 이루어졌습니다. 특히 80년대 초에 현장 수기 형식으로 나타나기 시작한 노동 문학은 문단의 주도적인 흐름을 형성했습니다. 문학이 당대 현실을 반영한다고 생각할 때, 결국 노동·농민 운동, 반미, 광주 항쟁, 분단 극복 등의 주제가 80년대적 현실에 대한 문학적 대응이었다고 하겠습니다. 아울러 80년대 문단의 가장 큰 변화라면 노동자 출신의 작가들이 대거 등장하여 상당한 역량과 문학적 성과를 보여주었다고 하는 점입니다. 그리고 80년대의 또 다른 현상은 극단적인 형태의 실험적인 소설들, 해체론과 관련된 유형의 포스트모더니스틱한 소설들이 등장했다는 사실입니다. 예컨대 이인성, 최수철의 소설은 전위적, 실험적이고 난해합니다.

80년대의 주목할 젊은 작가로는 정도상, 김영현, 임철우, 이창동을 꼽을 수 있고, 이들 이외도 양귀자, 조정래, 윤정모, 오정희, 박영한, 윤후명 등

다수의 작가가 활동했습니다. 그리고 이문열의 등장은 또 다른 의미를 갖습니다. 이문열의 등장은 80년대 소설의 전반적인 흐름에 상당한 영향을 미칩니다. 그의 소설은 매우 다양하고 폭 넓은 관심의 영역을 포괄하고 있습니다. 인간의 삶의 궁극성을 따지는 종교적인 문제, 미적 가치와 예술의 본질에 대한 추구 등의 관념적인 주제에서부터 분단과 이데올로기 갈등, 근대화 과정과 삶의 변화, 그리고 자신의 사적 체험 등에 이르는 일상의 영역까지 다양한 제재들을 다루고 있으며, 이것을 형상화하는 기법 또한 현란할 정도로 다채롭습니다.

4. 90년대 한국 소설의 현주소와 문제점

90년대 소설의 현주소를 확인하기에 앞서 90년대의 사회·문화적 배경을 살필 필요가 있습니다. 우선 사상적인 측면에서 문민정부의 출발과 함께 외형상으로 민주주의가 확대되고, 사회주의의 종주국인 소련을 비롯한 사회주의 국가의 이념적 몰락을 들지 않을 수 없습니다. 이러한 사회 분위기의 변화로 인해 80년대에 위세를 떨쳤던 민중문학이나 이데올로기 문학의 사상적 기반이 약화되고, 대중의 절대적인 호응도 얻기가 어려워졌습니다. 따라서 90년대 소설은 탈이데올로기·탈정치경제적 경향을 띠게 되었습니다. 이와 함께 자아 상실 위기에 따른 익명성, 예술성이 결여된 성의 과잉 묘사, 일견 리얼리티가 결여된 작가의 과감한 상상력에 의한 로망류의 소설이 주조를 이루게 되었습니다.

문화적 측면에서는 디지털 미디어의 등장으로 정보전달양식의 변화가 일어났습니다. 이에 따라 전통적 소설 형식이 위협을 받게 되고, 작가의 위상이 흔들림으로 해서 소설 위기설이 대두되었습니다. 그러나 90년대에 문제가 되고 있는 소설 위기설은 서양의 몇몇 이론가들이 이미 20세기 초 혹은 그보다 좀 늦게 소설 양식의 사양(斜陽)화를 예고한 바 있습니다. 소설의 장래에 대해 회의를 표시한 사람 중에서 오르테가 이가제트는 소설이 대중문화의 총아로 한창 세력을 떨치고 있었던 20세기 초에 이미 『예술의 비인간화와 소설론』이라는 책에서 소설에 있어 새로운 인물, 새로운 제재의 자원이 고갈 직전에 놓여 있다고 경고한 바 있습니다. 종래 소설양식에서만 가능했던 주제의식과 이야기는 이제 다른 표현 양식에서도 얼마든지 가능할 수 있다는 것입니다. 논픽션의 발달, 각종 지식산업의 발달과 확대, 매스 미디어의 발달에 힘입은 모든 예술양식의 대중화 현상, 또 대중성 지향으로 말미암은 삶의 범속화 현상 등이 오늘날 소설을 당황하게 만드는 요인이 되기에 충분하다는 것입니다. 결국 소설은 자신을 낳은 모체, 즉 일기, 편지, 비망록, 전기, 연대기, 역사 서술로 다시 흡수당하고 말 것이라는 견해가 높아지고 있습니다.

이런 위기설에 편승한 탓인지 90년대 소설이 삶의 탐구에 대한 소설 본래의 진지성을 잃어버리고 신변잡기적인 일상적인 언어의 유희나 성의 과잉된 묘사 등에 천착하는 것은 경계해야 할 것입니다.

5. 한국 소설이 나가야 할 바람직한 방향

앞에서 말씀드린 오늘의 소설이 안고 있는 위기를 극복하기 위해서는 소설이 새로워지기 위한 노력이 필요합니다. 현대 소설을 가리키는 노벨이라는 말은 '새롭다', '신기하다'라는 어원을 지닙니다. 오늘날 소설에서 새로운 느낌이나 개성, 독창성, 진보 등에 대한 믿음에 알맞은 형식미를 찾지 못한다면 소설은 더 이상 존재이유를 갖추기 어렵게 될지도 모릅니다. 따라서 작가들은 전통적인 주제의식이랄까 구성법 같은 것을 새로운 미학으로 담아 내려는 노력을 끊임없이 해야 할 것입니다. 레슬리 휘들러 같은 사람은 이제 소설은 서사시나 대중적인 발라드에 연결지을 것이 아니라 코미디, 영화, 텔레비전 드라마에 연결시켜 논의되어야 한다고까지 주장합니다.

그러나 독자를 의식한 나머지 소설의 본래적인 영역에서 일탈하여 상업주의적인 소설 창작 태도를 취한다거나 근본적인 소설 미학을 파괴하는 새로운 기법의 시도는 엄정한 자기 검증을 거쳐야 할 것입니다. 독자의 수만 염두에 두고 쓴 소설은 시간이 흐르면 얼마지 않아 형편없는 작품으로 평가되는 경우를 얼마든지 볼 수가 있습니다. 많은 사람들이 소설을 즐겨 본다고 해서 곧 그것이 소설의 존재가치를 유지시켜 주는 근거라고 판단해서는 안 될 것입니다. 천 사람에게 한 번씩 읽히는 베스트셀러도 있지만, 한 사람에게 천 번 읽히는 베스트셀러도 있다는 사실을 진지하게 생각해 봐야 할 것입니다. 작가가 그런 진지성을 가지고 창작에 임할 때 독자는 잃어버린 고향을 찾듯 목마른 삶의 진실을 찾아 다시 소설의 품으로 돌아올 것입니다. 그것은 비디오의 보급으로 안방이 극장화 했으면서도 명화를 상영하는 영화관은 여전히 초만원을 이룬다는 사실을 상기해 보면 알 수 있습니다.

90년대 소설은 더 진지해질 필요가 있습니다. 그런 의미에서 신경숙, 윤대녕을 비롯한 몇몇 작가들이 보여 주고 있는 삶의 근본적인 문제에 대한 진지한 접근은 시사하는 바가 있습니다.

6. 우리 지역의 소설의 현주소

우선 우리 지역이라면 그 범위를 어떻게 한정할 것인가를 생각해 봐야 하겠습니다. 대전 지역으로 한정할 것이냐 충청 지역까지를 확대해서 논의해야 할 것이냐 하는 것이지요. 저는 대전문협이라는 한정성을 두고 대전의 소설의 현황만을 말씀드리겠습니다. 대전의 소설 문단은 한마디로 말씀드려서 취약한 편입니다. 이 지역 소설 문단이 걸어온 발자취를 더듬어 본다고 해도 벌써 작가의 수적 열세로 인해 크게 논의할 화제가 빈곤합니다. 대전 소설문단의 개척자라고 할 수 있는 권선근 선생을 시작으로 해서 토박이 소설가로는 김수남, 이진우, 복거일 정도를 주목할 작가로 거론할 정도입니다. 그러나 대전 출신은 아니지만 대전에 오랫동안 살면서 한국 소설사의 한 페이지를 장식한 최상규 선생의 문학적 성과는 높이 평가하고 기려야 할 것입니다. 그리고 최학도 이 고장 출신은 아니지만 현재까지도 대전에 뿌리를 내리고 대전 소설의 발전에 많은 공헌을 한 것이 사실입니다.

이런 척박한 소설 풍토에서 그래도 희망적인 것은 대전소설가협회가 발족한 이래 꾸준히 소설인구의 양적 확대와 질적 상승을 꾀하고 있고, 주목할 만한 문학동인 내에서 활동하고 있는 작가들이 대전 소설의 개화를 준비하고 있다는 사실입니다.

7. 우리 지역 소설이 안고 있는 문제점 및 바람직한 지향점

우리 지역 소설의 문제점을 특별히 지적한다면 항용 지역 문단이 빠지기 쉬운 자폐증을 지적하지 않을 수 없습니다. 창작 의욕을 촉발할 만한 주위의 직접적인 자극이 적고 활동 범위도 몇몇 사람을 중심으로 닫혀 있다보니 작품을 보는 시야가 좁고, 작품의 질적 향상을 위한 노력보다는 창작 외적인 활동에 필요 이상 힘을 소진한다는 점을 지적하고 싶습니다. 그러면서도 중앙 문단 지향적이면서 정작 자기 지역의 소설 문단에 대해서는 자기 폄시적 태도를 취하는 것 같습니다.

바람직한 지향점을 말한다면 상식적인 주문이지만, 작가는 문단 외적인 활동이나 관심보다도 작품 자체에 대한 치열성을 가져야 한다고 생각합니다. 작가는 작가 자신이 바로 문단입니다. 작품 자체가 그 작가의 모든 것입니다. 한 작가의 생애를 정리할 때 거품을 제거하고 나면 남는 것은 작품뿐입니다. 그리고 지금은 문학에 있어서 형식적인 문단의 요식적인 절차나 행사가 별 의미를 갖지 못하는 때입니다. 다시 말해서 프로와 아마추어라는 요식적인 상표보다도 작품의 질적 수준이 평가의 대상이고, 작가의 성패를 좌우합니다. 독일어가 예술어가 될 수 없다는 평가가 괴테와 실러가 나타남으로 해서 불식되었듯이, 우리 지역에서도 한국 소설뿐만 아니라 세계의 소설을 대표할 만한 작품이 많이 나와서 소설 문학의 불모지라는 오명에서 벗어났으면 하는 바람입니다.

/2003년 신춘문예 소설 분석/

신인다운 패기와 실험정신

1.

어느 나라 어느 시대의 문학을 불문하고 신인의 등장이 없는 것은 아니나, 한국에서처럼 신인의 데뷔가 활발한 데도 없을 것이다. 그것은 주요 신문 잡지들이 현상제, 추천제 등의 제도를 통하여 신인의 사회적 진출의 등용문을 열어 놓고 있기 때문이다. 그 가운데서도 주요 신문들이 실시하고 있는 신춘문예 현상제도는 역사적인 면으로나, 문학 양식의 장르 면으로나, 사회적인 반향의 면에서 두드러진 특성과 의미를 지닌다.

해방 이전의 '신춘문예'는 1932년에서 1937년까지의 5, 6년간이 그 절정을 이루었다. 이 기간의 등장한 작가, 신인들의 문단사적인 위치나 비중은 특기할 만한 것이지만, 해방 후에도 다수의 신춘문예 출신 문인들이 한국 현대 문학사의 중심에 우뚝 서 있다.

그러나 작금에 이르러 '신춘문예'에는 우려할 만한 현상이 나타나고 있다. 소설의 경우, 작품 유형의 획일화가 가장 큰 맹점이다. 심사 위원들이 한결같이 주문하는 것은 '신인다운 패기와 실험성'이지만, 역설적으로 말해서, 거의 모든 당선작들이 그 '신인다운 패기와 실험성의 도식성'의 틀에 가

두어져 있다. 다음으로 하드보일드한 개성적인 문체로만 이해할 수 없는 비문과 언어의 비 정련성이다.

이러한 관점에서 2003년도 주요 신문의 신춘문예 소설 당선작을 살펴보고, 신인의 등장의 의미를 생각해본다.

2.

2-1 정형화 된 서사구조

작금의 신춘문예 당선 소설들을 보고 있으면 모양이 같은 빵틀에서 구워낸 국화빵을 바라보고 있는 것 같은 느낌을 떨쳐버릴 수 없다. 당선 소설들을 보면서, 빵틀에 가해진 열기의 차이에 따라 빛깔만 다소 다를 뿐 모양은 거의 똑같은, 국화빵을 연상하게 되는 것은 필자 혼자만의 느낌일까.

당선 소설들은 거의 모두가 '신춘문예 소설의 틀'이라고 명명할 수 있는, 정형화되다시피 한 구조를 고수하고 있다. 짧은 시간(사건이 몇 시간이나 하루 동안에 완결된다)과 한정된 공간(현재의 사건이 진행되는 극히 제한된 공간)에서 과거와 현재를 넘나드는 의식의 흐름의 기법 내지는 회상으로 일관한다. 그리고 진부하리만큼 집요한 서술과 묘사로 진행된다.

물론 이 같은 현상은 단편소설이 견지하는 기법상의 한 특성으로 볼 수도 있으나, 작금의 신춘문예 소설의 경향에 편승하려는 작의성에서 오는 것이 아닌지 의심하지 않을 수 없다. 더 심하게 의구심을 갖는다면, 예심 과정에서부터 거의 고정화된 이런 유형의 평가 잣대로 응모 소설들을 마름질하고 있는 것이 아닌가 하는 생각이 든다. 금년도 신춘문예 당선 소설들도 거의가 이런 유형에 천착한 작품들이다. 소설의 서두 부분부터가 한 작가가 쓴 것처럼 판에 박은 듯하다.

한정된 지면 때문에 많은 예시를 할 수 없으므로 몇 작품만 살펴보자.

당신은 강물을 보고 있다. 찬 기운이 가시지 않은 바람이 당신 흰머리를 헝클어트리며 불어간다. 당신은 추은 듯 어깨를 옹송그린다. 내가 옆으로 다가앉으며 손을 붙잡자 어깨를 틀며 손가락을 빼내려고 바둥거린다. 당신 손은 야위었다. 나는 어깨에 둘러져 있는 회색 카디건을 위로 끌어 올려준다. 바람이 카디건을 들출 때마다 당신 굽은 어깨도 떨린다. 바람과 반대로 햇살은 온기가 있다. 봄기운을 담고 있는 공기가 폐 속 가득 흘러든다. 고개를 들어 멀리 산허리를 훑던 당신 눈길이 다시 강물로 빠진다. 강물은 시멘트를 풀어놓은 듯 부옇다. 아직 싹을 틔우지 않은 수양버들이 마른 가지를 늘어뜨리고 서 있다. 강 둔치를 핥으며 잘금잘금 물결이 일렁인다. 탁한 물위로 페트병과 과자봉지와 형광색 슬리퍼가 떠간다. …하략…

— 대한매일 당선작 「야간비행」 서두

집을 나서기 전에 딱히 잡고 싶은 놈을 정하지 못했다. 그래서 다른 날에 비해 장비가 많다. 돔이면 돔, 정어리면 정어리로 정해놓아야 봉돌이건 바늘이건 필요한 것만 가져왔을 텐데 말이다. 그래도 운이 좋아 바다 가까이 편편한 바위로 자리를 잡았다. 바다의 빛깔도 검지 않은 게 해초도 피한 것 같다. 나는 간이 의자를 펴고 앉아 바다 공기를 한숨 들이켜 본다. 초여름 갯바위를 베고 자나가는 바람은 신선하고 차갑다. 바람은 옅은 편인데 파도는 물이 드느라 꽤 거세다. 물때기 바뀌는 시간이라 바다 밑에서 노니는 놈들도 일정하지 않을 것이 분명하다. 때문에 나는 아직도 어떤 놈을 노릴 것인지 정할 수가 없다. 그래도 종아리까지 튀어 오르는 파도의 느낌이 참 좋은 날이다. …하략…

— 한국일보 당선작 「독어(毒魚)」 서두

날실 한 올이 툭 끊어진다. 허리를 구부리고 베틀 위로 고개를 들이민다. 끊어진 실 한쪽이 잉아 너머로 돌아나 있다. 오른손을 뻗어 기둥에 매달린 솜을 뗀다. 끊긴 실 양 끝을 왼손 엄지와 검지에 쥔다. 버드나무 솜털만큼 뜯은 고치솜을 왼손 엄지로 굴려 도르르 말아준다. 감쪽같이 실이 이어진다. 도투마리에서 풀려나온 실들은 잉아를 지나 바디까지 길게 펼쳐져 있다. 베틀에 걸려 있는 사백 올의 날은 끊어질 듯 당겨진 현과 같다. 단조로운 노래가 끊임없이 흘러나오는 팽팽한 현. 깊게 숨을 들이쉬며 다시 베틀을 밟는다. 씨실을 풀어내는 북의 움직임이 점점 빨라진다. 찰칵스삭 찰칵스삭. 잉아에 걸린 날들이 어지럽게 출렁인다. 솟구쳐 올랐다 내려가는 날들에 지루한 눈길이 붙박는다. 벌써 아침이다. 도투마리에는 아직 실이 남아 있다. 자꾸만 끊어지는 실 때문에 베 짜는 속도는 더디기만 하다. 실들이 바짝 말라 있는 탓이다. …중략… 눈앞으로 획획 빛줄기가 지나간다. 뿌연 창 너머에서 쏟아진 빛이 베틀 위로 풀어지고 있다. 아침 햇살을 받아 반짝이는 먼지들이 느릿느릿 방안을 떠돈다.

— 세계일보 당선작 「숨은 띠」 서두

위의 작품들의 서두에서 보듯이 신춘문예 당선 소설들은 하나같이 진부하리만큼 세밀한 서경이 아니면 심경의 묘사나 서술로 시작하고 있다. 굳이 그러한 서사 방법을 부정적으로 보려는 것은 아니나, 그것은 작품의 서두부터 신인 작가에게 요구되는 문장력을 인정받기 위한 작의적인 창작 의도를 내비친 것이 아니겠느냐는 혐의를 느끼게 한다. 그렇지 않으면 심사의 암묵적인 기준이 그러한 유형을 조장하던가.

물론 단편소설은 장편과 구별되는 특성이 있다. 단편의 특성을 함축하여 말한다면, 장편이 그 문학적 성과를 주제나 사상 등 작품의 내용에서 찾는 것에 비해서 단편은 기교와 형식에 집착한다. 그리고 기법상의 특징은, 장편은 사실을 전개시키는 가운데 진리를 발견하고 단편은 기교와 형식에 집착한다. 그리고 기법상의 특장은 장편은 사실을 전개시키는 가운데 진리를 발견하고 단편은 진리에다 어떤 사실을 덧붙여 나가는 것이라고 할 수 있다. 그런 의미에서 신춘문예의 당선 소설에서 보여지는 기법이 부정될 수는 없다. 그렇다고는 해도 내용의 무게보다도 틀에 박힌 형식에 스스로를 가두고 언어의 기교에 더 치중하는 작금의 신춘문예 소설의 풍토는 분명 바람직하지 않다. 더 우려가 되는 것은, 작가 지망생들이 이러한 신춘문예의 고정화되다시피 한 틀에 얽매어 소설에 대한 좁은 시야를 가지고 문학 수업을 하게 되지나 않을까 하는 걱정이다. 신춘문예 소설의 모범답안을 쓰는 데에만 힘을 탕진한 나머지, 등용의 관문을 통과하여 정작 홀로 서기를 할 때에는, 스스로 만들어 채운 그 소설 기법의 족쇄에서 벗어나기가 어려울 수도 있기 때문이다. 또한 그것은 대부분의 신춘문예 작가들이 데뷔작이 대표작으로 남거나 잠깐 혜성처럼 빛을 발하다가 유성처럼 자취도 없이 사라지는 중요한 요인이 될 수도 있다. 진정 큰 작가는 단단한 기본기를 닦고 광활한 형식의 사막을 건너 원대한 사상의 바다에 기교의 배를 띄운다.

2-2 문장 구사력의 아쉬움

석공에게는 돌을 능숙하게 다룰 수 있는 능력이 필요하다. 마찬가지로 작가가 되려는 사람은 언어를 능숙하고 정확하게 구사할 수 있는 능력을 갖추어야 한다. 그런데 많은 작품들에서 비문과 기본적인 문장의 구사능력을 의심하게 하는 문장이 발견된다. 작가에게는 독창적인 표현을 위해 기존 언어의 한계를 극복하려는 욕구에서 생경한 언어의 구사와 얼마간 탈문법적인 시도를 하려는 의도가 잠재해 있다. 그러나 그것은 어디까지나 원숙한 언어 구사능력을 갖추고 기존의 문법을 터득한 다음에나 허용의 여지를 생각해 볼 수 있을 것이다.

금년도 당선작들에게서도 그런 비문들이 눈에 띈다. 문체를 논구하는 언어학자도 아닌 필자가 구구하게 논할 지면도 아니고 하여 몇 가지 유형만 일별해 본다.

(1) 조사를 생략하거나 활용어미를 잘못 사용한 비문

① 바람이 카디건을 들출 때마다 당신 굽은 어깨도 떨린다.(대한매일「야간비행」)

② 그러나 붉은 색 치렁치렁한 가발을 쓴 채 눈을 감은 남자가 이 차장인 줄 사무실 사람들도 모르는 눈치였다.(대한매일 「야간비행」)

③ 스웨터 성근 올 사이로 찬바람이 스며든다.(대한매일 「야간비행」)

④ 사내는 담요 밑에 깔린 지폐 한 장 꺼내 소녀에게 내민다.(동아일보 「비틀즈의 다섯 번째 멤버」)

⑤ 그는 티스푼으로 하얀 설탕을 떠서는 내 커피 잔에 넣어주려 팔을 들었다.(한국일보 「독어(毒魚)」)

위의 예문의 밑줄 친 단어들은 각각 ① '당신 굽은'은 '당신은 굽은'으로, ② '붉은 색 치렁치렁한'은 '붉은 색이 치렁치렁한'으로, ③ '스웨터 성근 올'은 '스웨터의 성근 올'로, ④ '지폐 한 장'은 '지폐를 한 장'으로, ⑤ '넣어주려 팔을'은 '넣어주려고 팔을'로 써야 어법에 맞을 뿐 아니라 문장의 전체적인 흐름도 자연스럽다. 생각하기에 따라서는 사소한 이러한 오류는 신문사의 조판 과정에서 생긴 것이라고 믿고 싶지만 예시한 것뿐 아니라 또 다른 많은 문장에서 이러한 흠이 발견된다. 또한 조선일보 심사를 맡았던 심사위원들(김치수 · 김원우)도 당선작을 평하면서 "띄어쓰기도 부실하며, 사전 찾기에 게을러서 다소 거친 문장이 하드보일드한 문체로 보기에는 무리가 많으나…"라고 지적한 것에서 필자의 주장이 잘못된 것이 아님을 알 수 있다.

(2) 어법에 맞지 않는 비문

우리 국어의 어법에 맞지 않는 문장 가운데 가장 두드러지게 나타나는 것이 서구식 표현이다. 지면 관계상 한 문장만 예를 들어보자.

그러나 그 날만큼은 술이 필요했다. 하늘과 땅의 신들에게 육식의 피를 바치는 맞추픽추 제사장처럼 나도 약간은 몽롱한 정신이 되어야만 했다. 성공적으로 의식을 거행시키기 위해. 이미 이론은 충분히 답습한 상태였고 …중략… 하나하나 차근히 공식을 적용시켜 가며 풀어야만 하는 난해

한 문제 앞에서 나는 약간 긴장하고 있었던 것 같다.

—조선일보 당선작 「구멍」

위의 예문의 밑줄 친 '거행시키기'는 '거행하기'로, '적용시켜'는 '적용해'로 써야 바른 문장이다. 이런 비문이 횡행하는 것은 서구식 어투의 잠식 때문이다. 이른바 서구식 피동의 문장을 흉내낸 비문이다. 잘못 쓰이고 있는 이러한 형태의 문장의 예를 몇 개 들어보자.

①혈육끼리 서로의 입장을 이해할 때가 되었습니다.
②이러한 점이 극복되어져야 합니다.
③그들에게 있어서 아름답고 예쁜 것이란 이런 것이다.

위의 밑줄 친 '서로의', '극복되어져야', '그들에게 있어서'는 각각 '서로', '극복되어야', '그들에게, 그들로서'로 써야 맞는다.

(3) 문장의 단락 파괴

글을 쓰는데 있어서 가장 중요한 요소는 단락의 구성이다. 그 이유는 단락은 글의 기본 단위이며 단락의 짜임새는 글 전체의 짜임새의 축소판이라고 할 수 있기 때문이다. 따라서 단락 구성의 훈련은 모두 종류의 글을 쓰는 작업에서 선행되어야 할 요소다. 그런데 단락의 파괴라고 할 만큼 단락의 기본적인 원칙을 무시하는 작품을 많이 보게 된다. 한 작품만 살펴보자.

사무실에 휴가 신청서를 내놓고 나오다 이 차장과 마주쳤다. 이 차장 옆에는 다른 동료도 있었다. 이 차장이 병간호 잘 해드려요, 하며 사무실로 들어갔다. 아래 직원에게 쓰는 평범한 말투였다. 좀 더 따뜻한 말투가 흘러나올 거라고 기대했던 탓일까. 맥이 탁 풀렸다. /갓길에 차를 세우고 핸들에 고개를 파묻었다. 이 차장의 뒷모습이 자꾸 머릿속으로 밟혔다. 하지만 그에게 말하지 않은 건 잘한 일 같았다. 이 차장이 안다고 해서 뾰족한 수가 있는 것도 아니었다. /고속도로에 차들이 많지 않았다. 인터체인지를 빠져나간 것은 집에서 달려와 채 한 시간도 지나지 않을 때였다. /근처 소읍은 조용했다. /나무 계단을 올라가는데 처음으로 다리가 후들거렸다. 작은 산부인과였다. 바깥에서와 달리 대기실은 의외로 깨끗했다. …하략…

— 대한매일 당선작「야간비행」

위에 예시한 단락의 문장은 예시한 것보다 네 배가량 단락의 구별 없이 계속 이어진다. 아무리 과거의 회상장면을 연속적으로 서술하기 위한 의도성에서일 거라고 이해하려고 해도 무리가 많다. 최소한 필자가 빗금을 친 부분에서 한 단락으로 처리될 수 있도록 의미와 장면의 혼란을 배제할 수 있는 어떤 서술 방법상의 장치가 필요하다.

2-3 주요 작품에 대한 소감

이제 한정된 지면도 다 되어가니 마지막으로 당선 작품에 대한 소감을 짤막하게 언급하기로 하자.

(1)「야간비행」- 임정연(대한매일)

「야간비행」은 그 소재가 흔한 파탄된 가족의 이야기가 중심이다. 배가 다른 딸인 주인공 나는 아버지가 죽고 나서 독립해 나가 살다가 삼 년만에 어머니를 찾아온다. 어머니는 정신박약자인 서른 세 살의 오빠와 함께 살다가 오빠를 길에서 잃어버리고 폐인처럼 살고 있다. 어머니는 오빠를 잃어버린 정신적인 충격으로 몸과 마음이 극도로 쇠약해져서 나에게 의지하려고 막무가내로 붙잡는다. 나는 그런 어머니를 뿌리치지 못하고 수발하며 어머니를 통해 지난날의 애증을 회상하고 삶의 아픔을 느끼면서 살아간다. 평범하지만 안정된 문장으로 사람들 사이의 아픔을 담담하게 그려나가면서도 그 인간관계의 짜임이 탄탄하여 이야기를 마드는 솜씨가 돋보인다.

"남자는 어디를 달리다 이곳에 불시착한 것일까. 고속도로에서 속도에 취하지 않고 한눈파는 사람만이 야간비행을 할 수 있다."로 상징되는 작품의 주제도 무리 없이 소화해내고 있다."

(2) 「독어(毒魚)」 - 이정은(한국일보)

「독어(毒魚)」는 바다낚시를 하는 여자의 안팎으로 상처난 가슴을 그린 작품이다. 바다낚시를 빌려 가족의 붕괴와 자신의 또 다른 관계의 결렬로 인한 아픔을 치우침 없는 시선으로 관조하고 있다. 심사위원들의 "복어만 올라오는 갯바위에 버티고 어머니와 아버지의 결렬을 바라보며 멀리 줄을 던지는 화자의 시선은 고뇌에 차 있으면서도 치우침이 없다."는 평대로 작자의 바다낚시의 생생한 체험을 "이 소설의 최대의 장점이라고 할 수 있는 바람을 탄 듯이 유려하고 힘찬 문체와 공평한 시선"으로 짜임새 있게 이야기를 얽어간다. 그러나 교수와의 애매한 관계설정은 필요성의 결핍이라는 논란을 불러올 수 있는 여지와 상상력의 빈곤이라는 의구심을 갖게 한다.

(3) 「구멍」 - 장혜련(조선일보)

「구멍」은 주인공이 사춘기에 삼촌이라고 불리는 엄마의 정부를 유혹하여, 그 남자의 손가락에 처녀성을 바치고 나서 남자와 관계를 할 때마다 귀에 구멍을 뚫는 이야기다. "나의 구멍은 왜 언제나 남자만을 원했던 것인가."라는 서술에서 보듯이 '구멍'은 오늘의 젊은 세대들의 통과의례로서 과감하게 저질러버리는 성적탐닉을 전폭적으로 다룬 작품이다. 엄마의 정사 장면을 목격하고 입은 정신적 외상이 급기야는 동성애에 이르러서야 성적 만족을 느낄 수 있을 정도로 성에 함몰해 가는 과정을 적나라하게 그리고 있다.

K에게 졸업 작품을 바쳤다. 여성의 외음부를 직경 1m 가량 그게 확대한 청동 주조물이다. 작품의 제목은 '아름다운 구멍' 그리고 난 내 몸에 또 하나의 구멍을 뚫었다. 내 심장과 가장 가까운 곳에서. 내 가슴 위에서 k의 혹성 49가 차갑게 달랑거린다. 그녀의 손가락 끝에서 작은 리듬을 만들어 내며.

위의 예문에서 보듯이 이 작품의 발 빠른 전개와 꿈틀대는 역동감은 싱싱하면서도 희귀한 것이기도 하다. 그러나 이 작가에게 말하고 싶은 것은 '신인다운 패기와 실험성은 이야기를 새롭게 해석해내는 힘에서 비롯되는 것이지 소재의 신기성에서 비롯되는 것은 아니다.'라는 사실이다.

(5)「비틀즈의 다섯 번째 멤버」- 김나정(동아일보)

이 작품은 '뉴스에도 나오지 않고 특산물도 없는 항구도시'에 내동이쳐지다시피하여 하루하루 피곤한 삶을 살아가고 있는 한 소녀의 시선을 통해 따듯하게 삶을 조망하는 하루 동안의 이야기다. 이야기의 소재나 전개에 특기할 만한 신선함은 없으면서도 한 편의 단편으로써 잘 짜여진 아름다운 소품이다. 심사위원의 지적대로 '서술의 흐름과 톤을 세심하게 조설하면서 구성요소들을 하나의 전체 속에 적절하게 배열 혹은 반복하여 일정한 분위기와 정서를 산출하는 능력'이 돋보이고, '여인숙, 자루 안에 담긴 개, 핏자국이 묻은 자루, 술, 화투, 폭행' 등으로 표상되는 '사내'의 공격적 세계와 여자, 사진, 기타, 드레스, 피아노, 비틀즈, 그리고 노래를 관통하는 연약함, 추억, 탈출의 꿈'을 상호 대비시키면서 거기서 솟아나는 암시력이 이 작품에 힘을 실어주고 있다.

조금 눈에 거슬리는 것은 서술과 묘사에서 군데군데 눈에 띄는 비약이 심한 단절이다. 작가에게 무엇보다 필요한 것은 적절한 언어의 구사와 문장의 감각 능력임은 두말할 필요가 없다.

3.

이상으로 금년도 신춘문예 소설을 일별하면서 작금의 신춘문예 소설에서 나타나고 있는 몇 가지 문제점을 조심스럽게 제시해 보았다. 다시 강조하거니와 가장 우려되는 것은 신춘문예 소설의 '정형화되다시피 한 틀'이다. 다년간 신춘문예 심사를 해오신 황순원 선생님께서 언젠가 "나 같은 사람은 신춘문예 체질에 맞지 않아. 신춘문예 제도만 있었다면 나는 문단에 나오지 못했을런지도 몰라." 하고 필자에게 신춘문예 제도에 대한 소회를 말씀하신 것에 대해 새삼 그 진의를 생각해보게 된다. 아울러 우리나라의 문예현상제도나 추천제도 자체를 부인하는 필자에게 "그래! 등단의 제도적인 형식을 밟는 것이 중요한 것이 아니라 좋은 작품을 쓰는 것이야! 좋은 작품은 언제고 시간이 생명을 불어넣지."라고 필자의 우매한(?) 고집을 미소로 지켜보아 주신 선생님의 따듯한 눈길의 의미도 되새기면서.

그렇다. 작가로 탄생하는 것도 중요하지만 좋은 작가로 끝까지 살아남는 것이 더 중요하다. 신춘문예의 관문을 통과하여 새 소설가로 등장한 모든 분에게 축하의 박수를 보내면서 영원한 신인으로 남을 것을 주문해 본다. 진정한 신인은 '언제나, 아직도 할 말이 많이 남은 작가'라는 의미일 것이라고 믿기 때문이다.

끝으로, 우리 문단의 비옥한 토양을 마련하는데 공헌한 신문사에게 제언하고 싶다. 각 신문사가 연례행사처럼 신인을 배출하는 데 만족할 것이 아니라, 주요 신문사가 연합하여 유능한 신인을 발굴하고 그 후에도 큰 작가로 키울 수 있는 획기적인 제도의 개선을 모색해 보라고 간청하고 싶다.

도취(陶醉)인가, 도피(逃避)인가

박용래(朴龍來) 시인의 삶과 문학

1. 머리말

이 지역의 작고 문인 가운데 〈문학과 도취〉라는 심포지엄의 주제에 걸맞은 문인으로 제일 먼저 박용래 시인이 떠올랐다. 발제 제의를 해온 주최측도 심포지엄의 성격을 설명하면서, 서구의 보들레르와 견주어서 이 지역에서 논의할 만한 상대적인 시인을 언급한다면, 박용래 시인이 아니겠느냐는 의중을 비쳤다. 그 만큼 박용래는 남다른 감수성으로 문학에 도취되어 일상을 일탈한 시인으로 인식되고 있다.

지금까지 박용래시문학(朴龍來詩文學)에 관한 연구는 여러 연구자들에 의해 다각적인 시각에서 평가되어 왔다.[1] 순수서정시인, 향토시인이라는

---

1) 吳圭原, 타프니스詩人論,《文學과 知性》1975, 겨울호.
吳鐸藩, 콩깍지와 새의 溫氣,『現代文學散藁』서울, 高麗大學校 出版部, 1976.
宋在英, 朴用來論-同化 혹은 自己消滅,『現代文學의 擁護』서울, 文學과 知性社, 1979.
李昇薰, 朴龍來의 詩世界-빈잔의 詩學,『白髮의 꽃대궁』서울, 文學藝術社 , 1979.
崔文揮, 풀과 나무와 별과-박용래와 그 詩,《忠南文學》 第12輯, 대전, 韓國文協 忠南支部,1981.
李文求, 호박잎에 모이는 빗소리,《여고시대》1982년 4월호
李殷鳳, 朴龍來 詩 硏究《韓國語文學》제7, 8합병호, 韓南大學校 國文科, 1982.
金載弘, 전원상징과 낙하의 상상력/박용래,『詩와 眞實』서울, 二友出版社, 1984.

단순한 평가에서부터 세계적인 명시인이라는 극찬[2]에 이르기까지 그 평가는 다양하다. 본 발표에서는 박용래시문학에 관한 가치 평가보다는 그의 삶을 통해, 그의 문학의 근저에 깃들여 있는 도취의식을 고찰하고자 한다. 왜냐하면 문학과 도취의 상관성을 논의하자면 아무래도 작품론보다는 작가(시인)론의 관점에서 고찰하는 것이 보다 용이하기 때문이다.

박용래는 어느 시인보다도 많은 일화를 남기고 갔다. 그 편편의 일화는 그의 시세계를 그대로 드러내 보이는 것이기도 하거니와, 그의 삶의 저변에 내재해 있는 도취의식을 훑는 그물망이기도 하다. 발제자는 박용래 시인을 생전에 오래 동안 가까이 했던 한 사람으로서, 딱딱한 문학 담론의 형식에 구애되지 않고, 노변정담(爐邊情談)처럼 그의 삶과 문학을 풋풋하게 말하고 싶다.

2. 朴龍來 文學의 根源

박용래 시의 근원은 '고독'이라고 평자들은 말한다. 사실을 말하자면, 박용래뿐만 아니라, 시인은 天刑처럼 고독의 등짐을 지고 이 세상에 등장한다. 그러기에 무질(Robert Musil)도 시인을 '세계 안에서 또 인간들 사이에서 구제의 손길이 뻗치지 않는 고독(孤獨)이라는 것을 누구보다도 가장 세차게 의식하고 있는 인간'이라고 정의한다.[3] 박용래는 바로 이 무질이 지적하고 있는 인간의 존재론적 부조리에 절망하면서 문학에서 돌파구를 찾는다. 그의 초기의 추천작 세 편도 모두 이 '고독'에 모티브를 두고 있다. 특

羅泰柱, 진정한 향토시인《忠南文學》15輯, 대전, 韓國文協 忠南支部, 1984.

洪禧杓, 鄕土詩人硏究(1)-朴龍來《牧園大學論文集》第7輯, 牧園大學, 1984.

孫鍾浩, 朴龍來의 詩世界 硏究,《忠南大學校 人文科學硏究所論文集》第16輯. 忠南大學, 1989.

2) 李殷鳳, 위 논문, p.73.

3) Robert Musil, 후고 프리드리히 著, 全光珍譯, 『近代詩文學論』, p.121.

히 「땅」은 그의 시의 근원적 고독을 잘 드러내 보여 주고 있다.

나 하나
나 하나뿐 생각했을 때
멀리 끝까지 달려갔다 무너져 돌아온다

어슴푸레 등피(燈皮)처럼 흐르는 황혼(黃昏)

나 하나
나 하나만도 아니랬을 때
머리 위에
은하
우러러 항시 나는 엎드려 우는 건가

언제까지나 작별(作別)을 아니 생각할 수는 없고
다시 기다리는 위치(位置)에선 오늘이 서려
아득히 어긋남을 이어오는 고요한 사랑

헤아릴 수 없는 상처를 지워
찬연히 쏟아지는 빛을 주워 모은다

이 시는 '땅'으로 표상되는 인간세계의 막막함 가운데 버려져 있는 '나'의 고독으로부터의 탈출이자 나 자신으로부터의 도피가 그 모티베이션을 이루고 있다. 그것은 4연에 나타나듯이 '나 하나만도 아니'라고 했지만 '언제까지나 작별(作別)을 아니 생각할 수도 없는' 시간성에 대한 절망이라고 요약할 수 있다.[4)]

이러한 절망은 '땅'으로 표상되는 공간성과 '언제까지나 작별을 아니 생

4) 孫鍾浩, 위 논문, 別刷, p.7.

각할 수 없는' 시간성에 대한 인식에서 근원하는 것이다. 그리고 이러한 절망은, 인간 존재가 생래적으로 유한적이면서 가시적이고 불완전·불안정한 존재임에도 불구하고, 완전한 인간으로서의 영원적 안정을 획득하려는 본능적 욕구에서 비롯된다.

곧 우주만물의 존재개념은 공간성과 시간성의 유·무에 따라 가시적 유형의 순간존재와 불가시적 무형의 영원존재로 구분된다. 존재의 유·무가 또한 공간성과 시간성에 기준을 두게 되어 존재의 기준이 공간성과 시간성의 귀결점에 이르게 된다. 즉, 창조 이전의 카오스(chaos)와 창조 이후의 코스모스(cosmos)로 나뉘게 된다.

창조 이전의 카오스(chaos)는 시간과 공간이 미분화되어 있고 이(理)와 기(氣)가 합일되어 있는 상태로써 불가시적 무형존재(不可視的 無形存在)의 영역이다. 이 무형존재는 공간성이 없으므로 또한 그 시작과 끝의 시간도 없다. 따라서 무시간 무공간의 영원존재가 된다.

창조 이후의 카오스(chaos)는 시간과 공간의 질서 위에 놓이게 된다. 공간은 불연속적 시간조건에 놓이게 되어 끊임없는 시간의 제약과 위협을 받게 된다. 공간과 시간은 인간을 비롯한 동물, 식물, 산, 바다, 등의 유형존재가 가지고 있는 것이지만, 그 궁극적인 시간과 공간은 하늘과 땅이라는 우주의 시작-우주의 공간과 시간으로부터 비롯된 것이다. 우주의 공간 자체가 시간의 제약 안에 있는 공간적 유형이기 때문에 우주의 공간 안에 있는 모든 유형존재가 시간의 제약 안에 있게 된다. 5)

이러한 가시적인 우주의 시간과 공간의 질서는 사유(思惟)의 기능을 가지고 있는 인간에게, 한계상황을 깨닫는 순간부터, 고뇌와 절망과 갈등을 야기시킨다. 인간은 이와 같은 고통의 근원인 불연속의 단절적인 공간과 시간

---

5) 金泰坤,「한국의 民間信仰」《예술계》(1986.8.), p.137.

의 제약에서 벗어나기 위해서 공간과 시간이 시작되던 그 이전의 카오스(chaos)로 회귀하고 싶은 본능을 가지고 있다. 기독교나 불교의 내세관(來世觀)이나, 희랍사상의 죽음에 관한 이원론적(二元論的) 사고나, 우리나라 민간신앙의 죽음에 대한 전통적 사고에서도 그러한 현상을 엿볼 수 있다.

이러한 현상은 인간의 의식 속에서도 그대로 나타난다. 인간의 의식은 주지하다시피 의식과 무의식으로 나뉜다. 이 의식에 투사되는 리비도의 흐름을 평면적으로 도식하면 다음과 같다.

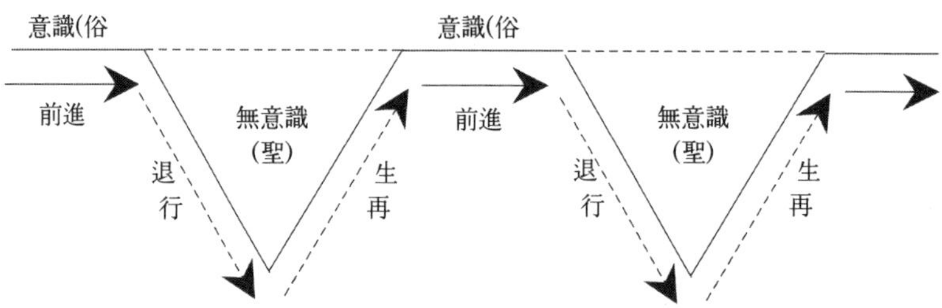

위의 도식을 보면 리비도의 흐름은 일정한 간격을 두고 퇴행을 이루면서 하나의 규칙적인 파동을 만들고 있다. 본능의 목표 혹은 리비도의 운동이 본질적으로 보수적이요 퇴행임을 드러내고 있는 예다.[6] 여기서 의식의 전진이 이루어지고 있는 것은 세속적이고 현실적인 공간이고, 점선으로 함몰된 퇴행적 시공은 초속적인 시간과 공간을 나타내고 있다. 즉, 의식은 코스모스(cosmos)의 영역이요, 무의식은 카오스(chaos)의 영역이다. 신화적 설명을 붙이자면 세속적인 시간을 소거하고 정화하여 저 아득한 태초의 우주창성적(宇宙創成的) 미분화의 시간과 공간을 재현하려는 욕망이 인간의 의식 속에 잠재되어 있다. 인간의 의식 속에서 속화된 삶은 성(聖)의 영역인

6) 金榮錫, 〈獻花歌原型象徵論〉《慶熙語文學》 6輯(경희대, 1985), p.272.

무의식 속에서 정화되고, 속화되면 또 다시 정화되는 순환의 질서 위에 놓이게 된다.

문학의 도취의식도 크게 다르지 않다. 문학이 표방하는 도취의식은 속의 세계에서 파생하는 현실의 온갖 고뇌를 초월하여 시간과 공간이 미분화되어 있는 성의 세계인》로 회귀하려는 존재론적 심리현상에서 발생한다고 본다.

박용래의 시에서 강하게 나타나고 있는 회귀의식은 바로 이러한 도취에서 기인하는 것이라고 추정된다. 박용래는, 시적 출발을 존재론적 고독의식과 절망감에 그 근원을 두고 있으며, 자기정화의 방법으로 끊임없이 부동과 정적의 공간인 과거 속으로 자맥질해 들어가 스스로를 소멸시켜간, 이 시대의 비극적 시인이라고 할 수 있다. 그의 시 속의 시간들이 대부분 과거에 머물러 있거나 과거회상으로 기울어져 있고, 설혹 현재서술형어미를 쓰는 경우라도 거의 추상에 가까우리만치 그려져 있는 이유는 바로 여기에 있다 할 것이다.[7] 앞의 시 '땅'의 마지막 연의 '헤아릴 수 없는 상처를 지워 / 찬연히 쏟아지는 빛을 주워 모은다'는, 밝은 현실이나 미래지향적 요소가 아니라, 회상이나 회고와 같은 과거적 상상력에 기울어져 있다. 이와 같이 그의 시 속에서 시간은 이미 거의 정지되어 있는 반면에 공간표상은 더욱 두드러지게 나타난다. 말하자면 그의 시의 현재는 표면적 현재(specious present)에 지나지 않으며, 과거 현재 미래로 이어지는 방향성을 초월한 정적과 부동의 공간이다.

박용래의 현재와의 부조화에서 오는 과거회상의 정적과 부동성의 비극은, 천형에 가까우리만큼 예민한 감수성과, 홍래 누님의 죽음에서 그 단초를 찾을 수 있다. 특히 감수성이 극도로 예민한 소년기의 홍래 누님의 죽음

7) 孫鍾浩, 앞의 논문 p.8.

은 삶의 지각변동을 일으키리만큼 그에게 큰 충격을 주었다.

불평 한 마디 모르던 누님.

앞가리마 검은 치마, 수정돌, 분꽃에는 뜨물이 좋다든가, 아침, 저녁 쌀 씻은 뜨물을 꽃밭에 부으시던 홍래(鴻來) 누님.

꽈리 부는 누님의 등에 업혀서 보던 옥수수 밭에 뜨던 달.

둑 너머 활터에서 불어오던 높새바람.

나는 어릴 때부터 허약했다. 여름이면 입맛을 잃고 자주 앓았다. 이슬 먹은 익모초, 박하사탕. 정구에 미치다시피 한 내게 미소 지으며 도시락을 챙겨 주던 누님.

내가 소학교 때 성적이 좋았던 것도 누님의 덕분이다.

전깃불이 한껏 귀한 때라 집에선 석유 호롱을 켜고 있었으나 누님과 거처하는 방만은 이슥토록 촛불이 밝았다.

그 홍래(鴻來) 누님이 시집가서 1년도 못돼 세상을 떠났다. 산후 대출혈.

슬픈 전갈은 야심, 강 건너 마을에서 왔다. 어머니는 가슴을 치며 길길이 뛰시다 기절을 하고 아버지는 온 울안을 대낮처럼 등불로 밝히고 혹시나 기적을 기다리며 밤을 새웠다.

중학교 2 학년 나는 울지도 못했다.

시퍼렇게 얼어붙은 강심만이 원망스러웠다.

누이 죽고 3 년, 꿈에서 보았다. 하얀 창포였다, 역시.

달보다 높은 뒷산 팽나무 밑에서 처음 울었다. 그날.

연약한 목덜미에 땀띠분 뿌리던 누님은 가고, 동생은 이제 머리끝이 희끗희끗.

무료한 날은 딸을 데리고 접시물을 찍어, 비누방울을 날린다.[8)]

홍래 누님의 죽음은 감수성이 남다르게 예민한 소년기의 박용래에게, 보

8) 朴龍來, 「鴻來 누님」, 『우리 물빛 사랑이 풀꽃으로 피어나면』,서울, 문학예술사, 1985, p.17.

들레르의 삶에 영향을 끼친 가족사 못지않게, 충격을 주었음에 틀림없다. 62세의 아버지와 28세의 어머니 사이에서 출생한 보들레르는 6세 때에 아버지가 죽자 어머니는 육군소령 오피크(뒤에 장군이 된다)와 재혼한다. 이러한 사건은 다감한 소년 보들레르에게 일생 동안 지워지지 않는 상처를 주었으며, 어머니를 사랑하면서도 증오하게 된다. 18세 때에 보들레르는 고등학교에서 퇴학을 당하고 문학청년으로서 멋대로의 생활을 보낸다. 박용래 역시 홍래 누님의 죽음은 그를 현실과 조화하지 못하고 과거 회상의 도취에 빠지게 하는 계기가 된다. 그래서 과거로 표상되는 그의 고향은 늘 황토 빛이고 애상적이다.

> 눌더러 물어볼까 나는 슬프냐 장닭 꼬리 날리는 하얀 봄길 여기사 부여,
> 고향이란다 나는 정말 슬프냐

박용래는 현실에 절망하고 고독을 느끼면 느낄수록 영원한 회귀의 공간인 고향에서 '나는 정말 슬프냐'를 반문한다. 그리고 박용래에게 있어서 그 공간은 바로, 슬픔을 정화시킬 수 있는 도취의 공간이기도 하다.

잎시 말했듯 나의 요람은 전원이요, 성장과정이 시골이었기 때문이었으리라. 한 송이 민들레에도 고향과의 만남을 느껴, 무턱대고 낙향만 하고 싶었다. 아니 그보다도 쫓기는 사람이 쫓기는 사람을 쫓고 있는 듯한 슬픈 상념, 일정하기에 더욱 그랬는지 모른다.

상념은 이윽고 8.15 해방의 감격과 더불어 그 자리를 뜨게 하고 말았다. 남은 그러한 나를 두고 감상적이라고 하리라. 감상적이어도 좋다. 극한 감상은 고상한 낭만과도 통하니까. 남은 또 그러한 나를 두고 의지박약이라고 하리라. 의지박약이어도 좋다. 실은 나의 낙향이야말로 아름다운 자연과의 만남, 무엇보다도 문학 공부를 하고 싶은 데 있었다.

'나는, 나의 내부에서 스스로 뛰쳐나오려는 것을 살아 보려 했을 따름이다. 그런데, 그것이 왜 그렇게도 어려웠던지'라고 한 에밀 싱클레르의 개탄이야말로 아프다.[9)]

한때는 황토 빛깔을 그렸습니다. 일제 말기, 산다는 것이 무조건 권태로웠던 시절, 직장이 있는 도시가 싫어 저는 시골길만 걸었습니다. 목탄자동차의 먼지.

사람이 셋만 모여도 말을 못하였습니다. 선 채로 증기처럼 증발하고 싶었습니다.

나뭇가지에 앉은 새가 부러웠고 이슬 머금고 피던 들꽃들의 황토가 한없이 부러웠습니다.[10)]

3. 술과 눈물의 미학(美學)

술과 눈물을 빼놓고 박용래의 삶과 시를 논한다면 그야말로 그것은 김빠진 맥주 맛에 다름 아닐 것이다. 술과 눈물은 그의 도취의 또 다른 축이다. 그는 수많은 사람들에게 수많은 술에 관련된 일화를 뿌리고 갔다.

발제자도 박용래 시인을 추모하는 실명소설「호박잎에 모이는 빗소리」에서 몇 가지 술에 얽힌 일화를 술회한 바가 있다.

사람아 너는 먼지요 흙이니
흙으로 돌아갈 것을 생각하라

그 입석을 바라보며 우리들 중 누군가가 산바람소리처럼 쓸쓸한 음성으로 말했다.

"박 선생이 돌아가신 것이 아마 십 년짼가… 세월 빠르다 빨러… 동학사 주막순례를 하던 게 엊그제 같은데…."

말이 어눌해서 더욱 정감과 진실성이 느껴지는 권영우 화백의 말에 내

9) 朴龍來, 앞의 책, p. 129.
10) 朴龍來, 앞의 책, p. 135.

가 덧붙였다.

"그냥반, 저승에서도 주막순례를 하고 다니는지도 모르지… 아니면 모과차를 마시며 가을 산에 추적이는 빗소리에 귀를 기울이고 있는지도 모르고…."

"아닐 거예요. 선생님은 무장아찌가 담긴 찌그러진 양재기를 앞에 놓고 막걸리 사발을 기울이며 눈을 가느스름하게 뜨고, 비 내리는 가을 산을 바라보고 계실 거예요."

이재우 선생이었다. 큰 키에 겁 많은 소녀처럼 눈이 커서 순한 산골 머시매 같은 인상을 풍기는 그는 권영우 화백의 제자이자 나의 고등학교 후배였다.

(중략)

"맞아요! 대학 이 학년 때 겨울일 거예요… 중앙시장 먹자골목 대포집에서 첨 뵈었어요. 왜 닭 내장 찌개로 유명한 문경집 있잖아요? 거기서 박 선생님을 첨 봤었어요. 친구들하고 한 잔 하고 이 차를 하러 문경집에 들어섰더니 머리가 허연 할아버지가 홀의 한 귀퉁이에서 어린애처럼 울면서… 앞에 앉은 아저씨한테 손짓을 하며 설움에 복받친 목소리로 뭐라고 소리를 지르고 있었어요… 콧물이 고드름처럼 대롱대롱 매달린 채로요…우스웠어요… 전 그런 광경은 처음 봤거든요… 제가, 야, 어른이 막 운다. 하고 친구한테 말했더니 친구 녀석이 저한테 말하는 거였어요… 얏마, 저 아저씨 시인였 마, 박 뭐더라 하고요… 나중에 보니까 그분이 박용래 선생님이셨어요… 그 눈물도 나중에 이해하게 됐구요."

이 선생이 박 선생님의 그 눈물을 어떻게 이해했는지는 모르나 그 슬픔의 농도는 쉽게 감지하지 못했을 것이 분명했다.

내가 박 선생님의 그 눈물을 처음 대하게 된 것은 대학 일 학년 겨울이었다. 그분의 거처를 처음 방문하던 날이었다. 서대전극장 앞 오류동 집에서였다. 즐비한 기와집 사이에서 박 선생님 댁의 초가지붕만이 유독 가을 채마밭의 노란 배추 속처럼 환상적으로 떠보였다. 넓은 뜰에는 그분처럼 수

좁은 가을꽃의 형해(形骸)가 햇빛에 머리를 조아리고 있었다.

나는 그날 그분의 좁은 윗방에서 그분이 경배해 마지않는 주(酒)님을 모시는 갸륵한 신도로서의 첫 번째 세례식을 가졌다. 그분은 부엌에서 찌그러진 양재기에 손수 담아온 멸치와 무장아찌를 안주로 나에게 끊임없이 축복을 내렸다. 그분도 나도 주(酒)님의 은총 속에서 참으로 깃털처럼 자유스럽고 유쾌하였다. 그런데 그분은 주(酒)님의 은총이 강림하자 느닷없이 오열(嗚咽)하는 것이었다. 나는 비로소 그날 그분은 억병으로 술을 마시면 거의 예외 없이 슬픔을, 순수를 정제(精製)해 낸다는 사실을 알았다. 그분은 참말 외롭고 외로운 어린애처럼 꺼이꺼이 목 놓아 울었다. 자신의 슬픔을 하소연할 길 없는 어린애처럼 울었다. 고향을 잃어버린 사람처럼 울었다. 나는 그후 그분의 시 「고향」에서 그 슬픔의 농도를 다소 감지할 수 있었다.[11)]

박용래 시인의 우수의 깊이를 어느 정도 가늠할 수 있는 술에 얽힌 일화도 있다.

언젠가 한번 우리는 통행금지 시간이 넘도록 고주망태가 되어 지금 성모여고 앞 명정로 파출소에 연행되어 간 적이 있었다. 마침 새파랗게 젊은 순경 녀석이 당직이었는데 녀석의 말투가 여간 건방진 게 아니었고, 머리가 희끗희끗한 그분에게 대하는 태도가 숫제 '영감 어쩌고 하면서' 세 살 먹은 어린애를 다루는 푼수였다. 내가 보다 못해 '당신은 시인도 몰라봐! 이분은 훌륭한 시인이야!' 하고 고함을 치자 그 친구는 어이없고 기가 차다는 듯이 조소를 띠우는 것이었다. 녀석은 분명 한밤의 해프닝도 아니고 무슨 얼어죽을 시인이 몇 푼어치나 된다고 이 대목에서 삘겨지느냐는 싹수였다. 그

11) 강태근, 「호박잎에 모이는 빗소리」, 『신을 기르는 도시』, 서울, 이두출판사, 1995, pp.249~253.

래저래 나의 입에서는 '후레자식'이라는 욕설이 나왔고, 그분의 입에서는 "법으로 해요, 법으로… 민중의 지팡이는 법도 없이 막 휘둘러도 되는 거예욧! 이 나라는 순사만 사는 나란가욧!" 하고 울분이 터져 나왔고 급기야 그분은 그분 특유의 복받치는 울음을 꺼이꺼이 울기 시작했다. 순경 녀석은 그분의 그 비장의 무기(눈물) 앞에서는 어쩔 수 없었었던지 머쓱해져서 법대로 한다면서 우리를 대전경찰서 보호실로 보냈다. 그래서 그분도 나도 평생 처음 하루 저녁을 철창 안에서 보내는 신세가 되었다. 그때는 마침 늦가을이어서 새벽이 가까워 올수록 한기가 느껴졌다. 그분은 술이 깨나면서 추위에 으스스 몸을 떨었다. 더욱이 우리를 참을 수 없게 만드는 것은 통행금지가 해제되는 새벽 네 시까지 꾸역꾸역 모여 드는 윤락녀들과 싸움꾼들의 악다구니였다. 그분은 그런 그들에게 눈이 화등잔만 해져 "조용히들 해요. 우리가 뭘 어떻게 했는데요. 괜찮을 거예요. 대한민국은 법이 있는 나라라구요." 하고 그들이 보기에도 어릿광대 같은 친절을 보였다.

아침이 되자 우리는 즉심에 넘겨졌고 그분과 나는 애송이 판사 앞에서 '박용래, 강태근 오천 원!' 하는 판결을 머리를 조아리고 숙연하게 들어야 했다. 문제는 우리의 수중에 땡전 한 푼도 없다는 데 있었다. 사람들이 벌금을 다 물고 빠져나가자 법정에는 우리 둘만이 덩그마니 남아 있었다. 나는 하는 수 없이 그분을 잠시 담보로 잡혀 놓고 법원에서 얼마 떨어져 있지 않은 고종사촌한테 오천 원을 차용해다가 오천 원어치의 자유를 되돌려 받았다. 만추의 시든 햇살이 조락(凋落)을 재촉하고 있는 법원의 정문 앞을 빠져 나오면서 그분은 포도에 나뒹구는 가랑잎보다도 더 쓸쓸하고 메마른 음성으로 나에게 말했다. "강, 우리는 아무것도 아니지?"

나는 그 순간 그분이 침잠해 들어가고 있는 우수의 깊이를 헤아릴 듯싶었다.[12)]

고체 음식을 피하고 액체(술)에 탐닉하는 행위는 유아기로의 퇴보[13)]라고 정신분석가들은 말한다. 그렇다면 박용래에게 술은 무엇인가? 李商燮의 논리대로라면 박용래는 생활과의 정면대결을 거부하고 술로 도피해버리는 무기력한 지식인에 다름 아니다. 그러나 박용래에게 있어서 술은 단순한 도피구(逃避口)가 아니다.

박용래에게 술은, 문학의 관점에서 보자면, 앞서 밝힌 '속(俗)의 세계에서 파생하는 현실의 온갖 고뇌를 초월하여 시간과 공간이 미분화되어 있는 성의 세계인 카오스(chaos)로 회귀하려는 도취의 출구'인 것이다. 그리고 눈물은 무당의 접신과도 같은 자기정화의 통과의례인 것이다.

웃음과 눈물은 자기정화의 관점에서 보자면 동일하다.

프로이드의 정신분석학적 해석에 따르면, 웃음의 요건인 골계(滑稽)는 '잃어버린 유년시절의 웃음을 되찾으려는 성인들의 하나의 지적인 시도'라고 한다.[14] 유년시절의 웃음이란 갓난아이에서 생후 2개월경부터 나타나기 시작하는 천진난만한 방실거림을 뜻한다. 유년시절의 천진성으로 돌아가려는 심리적 요청에서 웃음이 발생한다는 프로이드의 견해 역시, 코스모스(cosmos)에서 파생하는 온갖 고뇌를 떨쳐버리고 무시간, 무공간의 카오스(chaos)의 세계로 돌아가 영원한 안정을 획득하려는 존재론적 회귀본능설과 크게 다르지 않다. 또 호프만(Hoffman)이 '중압감에서의 해방'을 웃음이라고 지적한 것도 이와 일치점을 갖는다.

눈물도 웃음의 심리적 발생 요인과 다르지 않다. 곧 울음에도 도피, 방어, 슬픔, 비밀, 수치 들의 골계적 요소가 내재해 있다. 골계는 '자아의 보호욕망'에서 출발한 '자기해방'에 그 사상적 뿌리를 내리고 있다. 골계(Humor)라는 말은 원래 라틴어의 습기(혈액, 점액, 황색담즙, 흑색담즙을

---

12) 강태근, 앞의 책, p.258.
13) 李商燮, 『언어와 상상』, 서울, 문학과 지성사, 1981, pp.257~258.
14) 金知源, 『해학과 풍자의 문학』, 서울, 文章社, 1983, p.12.

뜻한다)의 뜻을 가진 후모르(Humor)라는 말에서 유래했다. 이것이 기분(Stimmung)의 뜻으로 사용되고 Stimmung이라고 말할 것을 때때로 Humor라고 말하게 되었다. 말하자면 체액의 균형에 따라 호오(好惡)의 기분으로 나타나게 된다는 것이다. 곧 도피, 방어, 슬픔, 비밀, 수치들의 골계적 요소가 이 기분으로 표출된다는 것이다.

박용래에게 있어서 술과 눈물은 도취의 통과의례이며 순수의 정제과정이다. 이 통과의례를 거치지 않았다면 그의 시는 온기를 잃고 건조해졌을 것이다. 특히 그에게 있어서 술은, 시를 직조해내는 간절한 기도라고 한다면 지나친 미화가 될는지 모르겠으나, 사실 발제자가 아는 것만 해도 술자리에서 직조된 시가 몇 편 있다.

술을 마시다가 만들어진 시도 더러 있었는데 그 대표적인 시가 「별리(別離)」였다. 이 시는 1972년 추석날 술을 마시다가 즉흥적으로 만들어진 시였다. 그분은 그날 여느 때에는 좀처럼 대하기가 어려운 진수성찬을 혼자 대하기가 아쉬웠던지 점심 무렵 나더러 집으로 급히 오라고 했다. "강, 집에서 둘이 오붓하게 한잔 하자, 얘." 그분 특유의 감정어린 유혹을 받고도 꾸물거리다가 내가 오류동 그분의 집에 도착했을 때는 황혼이 서서히 뒤뜰(집을 석조 건물로 새로 짓고 나서 대문이 뒤로 바꿔어 그때는 이미 조붓한 안마당이 되었지만)에 서 있는 오동나무 잎새에 쓸리고 있었다. 그분은 벌써 술이 어지간히 올라 있었다. 내가 술상을 마주하고 앉자마자 그분은 취중에만 더욱 날카로운 빛을 발하는 직언으로 노여움의 화살을 쏘아댔다.

"강, 뭐 하러 왔니? 뭐 하러 왔어! 너까지도 나를 무시하는 거냐? 니가 뭐냐? 박목월이라도 된다는 거냐? 임마, 사람의 순정을 그렇게 무시하는 게 아녀, 임마! 아, 용래는 슬퍼요…."

나는 아차 싶어 돈수백배(頓首百拜)하고 없는 애교를 다 부려 사죄를 하였으나 막무가내였다. 나는 그럴 때 그분에게는 태도를 돌변하여 물은 물,

불은 불로 강경하게 대처해야 한다는 것을 알고 있었으므로 자리를 털고 일어났다.

"좋아요, 인제 이별입니다! 그럼 선생님은 태백이예요, 두보예요? 선생님 순정만 순정인 줄 아세요! 그런 이기적인 순정은 순정도 아니라구요!"

아니나 다를까! 그분의 음성은 화해의 분위기를 담고 누그러지는 것이었다.

"야, 당당하구나… 원래 강은 힘이 세니까… 야, 그럼 나는 도라지 빛 노을 속에 손이라도 들고 서 있어야겠구나…."

"그래요! 나는 아무 말도 안 할 테니까."

그때였다. 그분이 반짝 눈을 빛내며,

"…도라지 빛 노을 속에 손을 들고 있었다. 그리고 아무 말도 없엇다… 야, 뭐 될 거 같지 않니." 하고 금방 번뜩이는 '인스피레이션'의 옷자락을 붙들고 매달리는 것이었다.

"좋네요! 되겠네요!"

나는 슬그머니 그분의 영감에 편승하여 자리에 주주물러 앉았다. 그분은 언제 우리가 다투었냐싶게 나에게 한 잔의 술을 건네주고는 골똘히 시상에 잠겨 들어갔다. 우리는 몇 잔의 술과 의견을 주고받으며 그 자리에서 한 편의 시를 직조해냈다.

노을 속에 손을 들고 있었다, 도라지 빛.
—그리고 아무 말도 없었다.
손끝에서 방울새는 울고 있었다.

그분은 나의 의견을 받아들여서 '도라지 빛 노을 속에 손을 들고 있었다'를 '노을 속에 손을 들고 있었다, 도라지 빛'으로 '그리고 아무 말도 없었다'

앞에 시적인 효과와 이미저리의 내적 효과를 생각해서 '__'를 넣자는 견해에 찬의를 표했다. 나는 이 시는 선생님의 시의 특색을 가장 많이 수용하고 있는 절제된 언어라든가 한국적인 정한의 감정까지가 행간에 고루 배어 있는 수작이 될 것이라고 평했고 그분은 한 편의 시를 얻은 데 대한 기쁨으로 취토록 마셨다. 후에 그 시가 발표되었을 때 고은(高銀) 씨가 신문 월평에서 극찬에 극찬을 거듭하였다. 그리고 나는 박 선생님으로부터 고은 씨가 어느 때 자살을 하려고 군산항에서 바다 속으로 뛰어들었는데 일본인 선장이 갑판에 꺼내 놓고 '항구는 떠나는 곳이지 죽는 곳이 아니다'고 하더라는 말을 듣고 퍽 깊은 인상을 받았다.

박 선생님의 시에 대한 태도는 참으로 겸허했다. 한 편의 시를 발표하기에 앞서 반드시 나 같은 사람의 비평까지도 수용하여 퇴고에 퇴고를 거듭하였다. 그분이 남긴 서신에서도 피력하고 있거니와 한 편의 작품이 제작되면 반드시 평을 자청하였다. 거의 십여 년 동안을 그분 곁에서 그 짓을 하다 보니 나도 반쯤은 시인이 된 기분이었다.[15)]

위의 시 「별리(別離)」뿐만이 아니다. 박용래의 대표작 「저녁 눈」도 막걸리를 마시며 진눈깨비를 바라보다가 직조된 시다. 이전의 대전 MBC 자리는 원래 군부대였고, 그 옆에 마구간이 여러 개 있었다. 박용래 시인과 발제자는 저녁 무렵, 그 마구간 옆 순댓국집에서 막걸리 사발을 앞에 놓고 거리에 내리는 눈발을 하염없이 바라보다가, 눈물의 정제과정을 거쳐 「저녁 눈」을 탄생시켰다.

4. 아름답게 도취하여 아름답게 흔들리다가 떠난 시인

문학을 한다는 것은 무엇인가. 아름답게 삶에 도취하여 아름답게 흔들리

15) 강태근, 앞의 책, p.263.

는 법을 연습하는 것이 아닐까. 그렇다면 시인이 너무 많아서 시인이 그리운 이 시대에, 박용래는 온몸으로 문학에 도취하여, 아름답게 흔들릴 줄 알았던 우리 시대의 진정한 시인이 아닐까.

그렇다. 그는 전 생애를 온몸으로, 아프게 시를 쓴 시인이다. 그는 현실에 무기력한 자신에게 절망하기도 하였지만, 자신이 시인이 되었다는 사실만큼은 절대로 후회하지 않았다. 박용래 시인이 가장 애틋하게 생각했던 둘째 딸 연(燕)이도 아버지의 시 세계에 대해서 다음과 같이 술회하고 있다.

시에 대한 정열만은 누구에게도 비할 수 없이 강하셨던 아버지, 어쩌다 동창회에 다녀오신 날에는 밤새워 괴로워하셨지만, 끝내 아버지께서는 몇 구절의 시에 생을 걸고, 평생 시인이라는 명분 이외에는 그 어느 직함도 가지려 하지 않으셨다.

돈 세는 일이 역겨워 은행을 그만 두시고, 등록금을 독촉하기가 안쓰러워 결국 교직을 떠나셨다고 말씀하시던 아버지, 어느 곳에나 얽매이기를 싫어하셨던 자유분방함과 어린아이와 같은 순수하고 여린 심정으로, 어쩌면 아버지는 태어날 때부터 시인으로 운명 지워져 있었는지도 모를 일이다.

얼마 전, 아버지의 유고를 정리하면서 발견한 메모 몇 구절.

—오직 한 번만의 인생이라지만 두 번 인생을 살고 싶다. 허락한다면 세 번, 다섯 번….

어제도 취중이었기에.

어제도 본의 아니었기에 오늘도 本意 아니기에.

순간이라도 본의대로 한번을 살아보고 싶다.

들국화 보며, 들길을 가며.

아버지께서 일생을 두고 좇았던 꿈은 무엇이었을까.

누구보다도 삶을 아끼셨고 사랑하셨던 아버지. 비록 현실의 삶은 고뇌에 찬 나날들이었지만, 시의 세계 안에서는 누구보다도 자유롭고 화려했으리라는 생각을 해본다.

아버지께서 시상이 떠오르실 때면 우리를 불러다 받아쓰게 하셨다.

언젠가 아버지께 '아버지는 하시는 일이 시 쓰시는 일밖에 없으시면서 그것도 왜 혼자 하시지 않으세요' 하고 철없이 불평을 한 적이 있다. 그때 아버지께서는 '시를 쓰려고 하면, 내가 시를 쓸 수 있구나 하는 기쁨에 손이 떨려 글씨가 제대로 되지 않는다.'고 말씀하셨던 기억이 난다.

술에 취해 집에 오시면 이리저리 피해 다니는 우리들의 이름을 부르시며, '이것들아! 아버지, 얼마나 괴로우세요. 얼마나 슬프세요, 하고 위로 한마디 해줄 수는 없냐? 하시던 아버지의 눈물에 젖은 음성, 그 음성을 한 번만이라도 다시 듣고 싶다.

'내가 너희에게 해줄 것이 하나도 없지만, 단 하나 너희들이 시인의 딸이라는 것만은 남길 수 있을 것 같아 다행스럽구나.'

라고 말씀하시던 아버지의 쓸쓸한 얼굴, 그 얼굴이 못 견디게 그립다.

두서없는 말을 마무리하면서, 박용래 시인의 생전의 고뇌와 아픔을 생각하며, 선생님의 영전에, 미숙하지만 발제자의 심회를 담은 시 한 편을 올린다. 그리고 이제는 사십대 후반의 어엿한 중견화가가 된 박용래 시인의 둘째 딸 연이가 발제자에게 보내온, 아버지를 회상하며 쓴 미발표의 육필 원고를 그대로 복사하여 말미에 싣는다. 지금까지 발제자가 요란한 수사로 횡설수설한 것보다, 그 글을 읽노라면, 박용래 시인이 어떻게 문학에 도취하여 아름답게 흔들리며 저 생의 마지막 고개를 넘어갔는가를 절감할 것이다.

※ 필자의 요청에 의하여 다음 육필 원고는 복제 사용을 금합니다.

※ 이 글은 2008년 12월 5일에 개최된 제15회 대전문학 토론회의 주제 발표문입니다.

그리움은 구름이 되어 ①

朴 燕

여섯살 이든가? 처음으로 그림을 그렸다
하늘을 배경으로 노란 개나리를 그린 그림이었는데
아버지는 그 그림을 벽에 붙여 주셨다.
그때부터인가? 내가 막연히 화가의 꿈을 꾸기 시작한 것이....
우리집은 막다른 골목 끝에 있는 낡은 기와집이었다.
칠이 군데군데 벗겨진 녹색의 나무대문을 밀고 들어서면
터줏대감인 듯 늙은 오동나무가 넓은 그늘을 드리우고 있었다.
어쩌다 소나기라도 한차례 퍼붓는 날이면 화단 속의
파초잎은 커다란 곡선을 그리며 일렁이고, 채송화, 분꽃,
맨드라미 등의 일년초가 형형색색으로 술렁대곤 했다.
담 한 편으로는 하얀 닭 들이 홰를 치며 자라고 있고
봄이 오면 어김없이 제비가 날아와 마루 위 서까래에
새끼를 낳았다.
장마철이면 낡은 기와 지붕이 새서, 아빠와 우리는
밥그릇이나 대야를 가져다 여기 저기서 떨어지는 빗방울을
받곤 했다. 가지각색의 그릇 위에 똑똑 떨어지는 물방울
소리, 그리고 그 속에서도 무심히 책장을 넘기시던
아버지의 모습이 겹쳐서 떠오른다.
뜰에 보랏빛 과꽃이 만발한 가을에는 온
가족이 모여 문살에 창호지를 새로 바르곤 했다.
햇빛을 받아 말라가며 팽팽해지는 창호지 그
사이에 겹쳐넣은 들꽃의 아련한 문양에 멋 모르고
행복했던 유년의 추억이 여물져 있다

②

아버지는 영화를 좋아하셨다.
게리쿠퍼 주연의 < 하이눈 >, 아란랏드의 < 세인 >
험프리 보가드의 < 카사블랑카 > 그리고 < 파시장 >< 가스등 >
아버지의 해설과 함께 영화를 보노라면 그런 영화들이
그렇게 감칠맛이 나고 좋았을 수가 없었다.
한가한 오후에는 아버지를 따라서 빛바랜 흑백필름의
서부영화를 보러 갔었다.
< 황야의 무법자 > 나 < 백주의 결투 > 같은 ....
때로는 돈을 아끼려, 상영시간이 지난 마지막 회의
영화를 끝부분만 보고 오기도 했다.
어머니는 아버지가 건강을 해치실까봐 극구 술을 만류
하셨다. 하지만 그런 한편으로도 아버지를 위해 직접 포도주
를 담그곤 하셨는데, 꽃밭 한 켠에 묻어 둔 포도주 항아리
는 몰려드는 문학지망생들로 인해 언제나 채 익기도 전에
그 바닥을 드러내곤 했다.
아버지가 술을 못드시도록 하는 것을 사명으로 삼았던 우리는
집안의 이곳 저곳을 찾아 다니며 열심히 술병을 숨겼다.
그러나 아버지는 언제나 정확히 그 술병들을 찾아 내셨고,
우리는 번번히 실망하곤 했다.
언젠가 어린 마음에 철없는 불평을 했다.
" 아버지, 우리 집은 왜 이렇게 사람들이 많이 모이고
항상 어지러워요? " 그때 아버지는, " 그런 소리
하지 말아라. 내가 돈이 있냐? 아니면 명예가 있냐?
그래도 나를 찾아 주는 사람들은 모두 순수하고 좋은
사람들이란다. " 라고 말씀하셨다.

③

술이 원인이 되어 빚어지는 소용돌이 속에서 나는 항상 매정한 심판자(?)였는데, 이상하게도 귓가에 들려오는 아버지의 비탄어린 울음소리를 따라가노라면, 어느덧 내 눈에서도 눈물이 흐르고, 그런 아버지가 까닭없이 슬퍼서 더 이상 아버지를 미워할 수 없었다.

비가 오면 빗소리를 들으며, 눈이 오면 흩날리는 눈발을 보면서, 슬퍼서, 기뻐서, 때로는 외로움에 젖어서 이어지곤 하던 아버지의 술잔! 술잔들!

소주에 깍두기 한 접시, 혹은 막걸리에 멸치 한 접시, 너무도 소박했던 아버지의 술상.

어느 날, 길을 가다 우연히 만난 고등학교 동창 분이 스쳐 지나갔다 다시 되돌아 오셔서는 "천하의 朴龍來가 어떻게 이렇게 되었냐?"고 탄식을 하셨다 한다.

그날 아버지는 인사불성으로 대취하셔서 통곡하셨던 기억이 난다.

현실에서는 한 없이 무력하기만 한 詩人이 되어, 이 삭막한 세상을 빈손으로 걸어가신 아버지!

차마 맨정신으로는 아픈 현실을, 몰려드는 회한을 견딜 수 없었으리라.

그래서일까? 아버지는 술만 드시면 아버지, 어머니, 홍래누이를 찾으며 섧게 우셨다.

삼남일녀 중 뒤늦게 막내 아들로 태어난 아버지는 집안의 기대를 한 몸에 모았음인가?

할머니께서는 아버지가 좋아 하시는 반찬을 따로 만들어 항아리마다 채워 놓으셨고, 할아버지께서는 다락

④

가득히 아버지가 쓰신 공책들을 하나도 버리지 않고 차곡차곡 보관해 놓으셨다 한다.

마지막 돌아가실 때 까지도 아버지의 결혼 자금을 전대 속에 고이 간직하셨다는 할아버지!

노을 지는 황산 나루터의 길을 걸으며 "詩人이 되고 싶다"는 아버지에게 "용래야! 너는 글씨도 잘 쓰지 못하잖느냐?"고 걱정하셨다는 할아버지! 그 말씀에 암담한 마음이 되어 아버지는 어두워 오는 들길을 한 없이 걸었다고 하셨다.

처음 전화를 놓은 날이나, 냉장고를 처음 들여놓은 날에는 어김없이 朴木月 선생님께 전화를 드리며 마치 아이처럼 기뻐하시던 아버지.

내가 중학교 3학년 무렵, 낡은 집을 헐고, 그 자리에 단층 슬라브로 새 집을 지었다. 그때 부터 아버지께서는 자주 詩想이 건조해진다시며, 유성이나 가까운 전원으로 이사를 가고 싶어하셨지만, 우리들의 통학문제로 끝내 그 뜻을 이루시지는 못하셨다. 그래서 마음이 갑갑해지실 때면, 동학사나 유성 부근의 변두리로 산책을 나가시곤 하셨다.

창가로 감나무가 바라다 보이는 아버지의 서재에는 그 흔한 책상도, 책장도 없이 사방의 벽에 기대어 책들이 나란히 쌓여져 있었다.

벽에는 잡지에서 오려 낸 반 고흐의 자화상과 손바닥 크기만한 피카소의 파스텔 그림, 그리고 일본의 판화 액자도 걸려 있었다.

아버지는 다리가 하나 떨어져 나간 낡은 상을 문학잡지로 받쳐 놓고, 그 위에서 열심히 詩를 쓰시곤 했다.

③

아버지는 중학생이던 나를 불러 앉혀 놓고, 아버지가 쓰신 詩를 읽어 주시며, 그 느낌을 묻고 또 물으시곤 했다.

그래서 나름대로의 내 생각이나 느낌을 말씀드리면 "네 말이 맞다" 하시며 진지하게 존중해 주셨다. 그러나 때로는 그 자리를 빨리 벗어날 요량으로 "그냥 좋으네요." 하고 무성의한 반응을 보인 적도 있는데, 그때는 몹시 서운해 하시며 화를 내시기도 하셨다.

몇 년도이던가? 추석 날, 온 가족이 상 앞에 모여 앉아 있었다. 그때 흥건히 취해 계시던 아버지께서 갑자기 詩가 떠오르셨다며, 즉흥 詩를 읊기 시작하셨다.

노을 속에 손을 들고 있었다. 도라지 빛.
— 그리고 아무 말도 없었다.
손 끝에 방울새는 울고 있었다.

「별리」라는 詩가 탄생한 순간이었다.

새로운 詩를 쓸 때마다, 가족들 앞에서 잘 들어 보라시며, 눈을 감고, 詩 구절을 읊고, 또 읊으시던 아버지의 낮은 음성이 지금도 귀에 들릴 듯 하다.

아버지는 詩想이 떠오르면 눈에 띄는 편지 봉투의 여백이나 수첩에 메모를 하시곤 하셨다.

또한 청탁 받은 원고를 밤 새워 고치고 또 고쳐 완성하여 발송한 후에도, 계속 그 詩를 읽어 보시고는 잡지사에 전화를 걸어 다시 고쳐 달라고 하셨다.

"詩人은 詩로써만 말하는 것이다"라시며, 육영수 여사의 추모사 청탁을 거절하셨던 기억도 난다.

대학 무렵, 방학이 끝나 서울로 올라가는 나를 아버지가

⑥

배웅을 해주신 적이 있다.
대전 역 앞에서 갑자기 아버지가 "돈이 있니?" 하고 물으신다. 있다고 말씀드리니 부근 중국집에서 점심을 먹자고 하신다. 이가 좋지 않으신 아버지는 울면, 나는 우동을 시켰다. 조금 있다 또 물으신다. "돈이 더 있니?" 하시며, "집에 있는 동생들에게 군만두를 사다 주고 싶다"시는 아버지를 보며, 나도 모르게 눈물이 핑 돌았던 기억도 있다.
언젠가 내가 다니던 중학교에 오신 날! 살며시 손에 초코렛을 쥐어 주시던 아버지!
때로는 손수 비빔국수를 해 오셔서 먹어보라고 하시면, "과연 맛이 있을까? 의심스러워하는 우리에게 살짝 눈을 흘기시면서, "맛이 없으면 아빠가 먹겠냐? 아주 꼴라 꼴라야!" 하시던 아버지의 다정한 음성이 지금도 귓가에 들릴 듯하다~~들릴 듯 한 그 목소리가 너무 그립다~~.
언제인가? 어느 대학 교수로 계시는 분으로부터 "아버지가 천재시다"라는 소리를 듣고 여쭤보았다.
"아빠가 천재야? 사람들이 아빠 보고 천재라고 그러대."
"천재는 무슨? 다 사람들이 만드는 거지." 하시던 아버지의 쓸쓸한 얼굴.
"내가 커서 아버지 보다 더 유명해져야지."라는 나의 우스개 소리에 "네가? 아마 아빠처럼 유명해지기는 어려울 걸!" 하시며 껄껄 웃으시던 아버지의 모습이 너무 그립다.
술에 취해 집에 오시는 아버지의 손에 자주 들려있던 스케치북! 낮잠에 취한 나를 억지로 깨워서 손에 미술 연필을 쥐어 주시며 그림을 그리라고 하시던 아버지!

②

"너의 그림 속에는 행복이 있다"고 하시며, 아버지는
내가 무슨 그림을 그리든 항상 칭찬해 주셨다.

비 오는 날, 갑작스러운 교통사고로 병원에 실려가셨을 때,
깜짝 놀라 달려간 나에게 아버지께서 하시는 말.
"연이야! 신발 한 쪽이 없어졌구나! 우산은 있니?
그 절대절명의 순간에도 "가자, 집에 가자" 시던 나의 아버지!

대학 졸업을 앞두고 대학원 미술사학과로 진학을 할까?
망설이는 나에게 아버지가 주신, 유언 같은 한 마디 말씀!
"삼류작품이라도 좋으니 너의 그림을 그려라!
예술에 있어 비평은 사족에 불과한 거야."
지금도 귓전에 쟁쟁한 아버지의 이 한 마디가 오늘도
어설픈 나로 하여금 비틀비틀 화가의 길을 걷게
하고 있다.

이카루스 소년의 야간 비행

최상규의 삶과 문학

1. 들어가는 말

이번에 발행하는 대전문학연구총서는 그 발간취지를 "대전에 남아 있는 문학의 흔적(문학유적, 문학 기념물, 작품의 배경이 된 장소, 생가 및 창작활동 장소)"을 찾아 문학기행의 안내서로 활용하기 위해 발간하므로 지역적으로 엮는다〉라고 밝히고 있다. 따라서 "문학작품이나 문인의 흔적 가운데 없어진 곳은 차후 기념할 수 있는 여지를 남기기 위해 그 터(址)를 찾아서 소개하도록 한다" 고 명시하고 있다.

그러나 필자가 청탁 받은 최상규 작가는 발간취지에 맞게 집필하기에는 한계성을 갖는다. 최상규는 대전에 생가나 문학유적, 문학 기념물, 작품의 배경이 된 장소는 없고 대전에 불시착(?)하여 살면서 창작활동을 한 공간과 즐기던 장소, 교유하던 인물과 일화 등이 있을 뿐이다. 따라서 최상규가 대전에 사는 동안 가장 가까이 지낸 문인 중의 한 사람으로서, 대전에서의 활동을 중심으로, 그의 삶과 문학을 기술할 수밖에 없다.

한편으로 생각하면 문학유적은 한 작가의 작품세계나 삶을 이해하기 위한 참고의 영역을 넘어설 수 없으므로, 그보다 더 선행되어야 할 것은 작가의 작품세계나 삶의 궤적을 통찰하는 일이다. 따라서 필자는 작가 최상규의 작품 세계와 삶을 이해하는데 필요한 전기적 고찰과 작품 세계를 일별하고, 청탁의 취지에 맞춰, 최상규가 대전에 살면서 남기고 간 자취와 일화를 구술하는 형식으로 가볍게 기술하고자 한다. 작품세계에 대한 연구는 기존의 많은 연구자들이 깊이 있게 다룬 논저들이 있으므로 장황한 서술은 피하고, 일반 문학 애호가들이 쉽고 간명하게 이해할 수 있는 정도로만 언급한다.

2. 전기적 고찰_가족사

소설가 최상규는 1934년 5월 5일 충남 보령시 천북면 낙동리 644번지에서 만석꾼 집안의 장남으로 태어났다. 그러나 소설가 최상규는 본처 소생은 아니다. 당시만 해도 남아를 선호하는 시대라서 위로 딸만 넷이 있는 부친이 둘째부인을 들여서 최상규를 얻게 되었는데, 이복형제를 포함해 7남매 가운데 아들로서는 장남이다.

이러한 출생의 배경은 그의 성장 통으로 그의 삶과 문학에 많은 영향을 끼치게 된다. 가정사도 순탄하지 못했다. 특히 재산 관리 문제나 재산의 분배 과정에서 가족 간의 갈등이 많았다고 한다. 거기다가 화폐개혁과 토지개혁 및 6.25 전쟁을 거치는 동안 가세가 급격하게 기울게 된다. 그는 그런 와중에서 유년을 배회하면서 향리에서 초 · 중학교를 마치고 홍성고등학교로 진학한다. 이때부터 최상규는 상경하여 연세대학교 영문과를 졸업할 때까지 가족과 떨어져 독자적인 삶을 살아간다.

그의 이러한 출생과 순탄하지 않은 고독한 삶은 후일 '자신의 삶을 반추하고 자아를 탐색하는 자기 분석적 · 탐색적 글을 쓰는 작가로 만들었을 것'이라는 평가를 가능하게 한다. 실제로 많은 평자들이 '최상규의 긴박하고 드라이한 독특한 건조체 문장과 내적으로 자기를 해체시키는 소설 세계'는 그의 출생배경과 고독한 삶에서 연유한다고 보는 것이 일반적인 견해다.

또한 본부인 소생과 재혼한 부인 사이에서 출생한 자녀들을 양육해야 하는 남다른 가정사의 고뇌도 일정 부분 그의 작품세계에 영향을 끼쳤을 것이다.

3. 작품 세계와 작품 활동

최상규의 주요 작품과 그의 작품 세계를 간략하게 언급하면서, 최상규가 대전에 정착하기 전까지의 작품 활동과 생활상을 살펴본다. 이 부분은 최상규와 공주교육대학 시절 사제관계였던 김영훈 작가가 《문학시대》에 기고한 글 「최상규의 삶과 문학, 그리고 만남과 이별」을 '사실의 정확성'을 위해 많은 부분 그대로 원용하기로 한다.

가. 등단지 《문학예술》과 데뷔 작 「포인트」 이후의 초기 문학

소설가 최상규는 1956년 대학 3학년 때 22세의 약관의 나이에 《문학예술》 지 5월호에 단편 소설 「포인트」와 「단면(斷面)」을 가지고 황순원의 추천으로 문단에 나온다. 황순원은 추천사에서 "그의 문장 솜씨나 인물 형상화 노력 등에서의 '작가적인 노력'"을 높이 평가했다. 특히 "문체와 서사 능력"을 그의 소설의 강점으로 꼽았다. 이 데뷔 작품 「포인트」는 「단면」과 함께 그의 초기 작품 세계를 이해할 수 있는 중요한 의미를 갖는다. 그의 작품은, "유니크한 특색을 보이고 있으나, 작품의 밑바닥을 흐르는 톤(tone)은 악의적인 시니시즘이 아니면 자기 야유에 그친 비위생적인 것이 많았다는 평에도 불구하고 그에 비하여 이 소설은 절망적 상황 속에서의 인간의 순수하고도 원초적인 사랑을 주제로 하고 있다.[1]

---

1) 김주연, 『한국단편문학대계』(1969)의 최상규 소설 「포인트」 감상 및 해설문 중에서 따온 부분.

전지적 작가 시점에 의해 작성된 이 소설 「포인트」는 전후사회를 배경으로 하고 있다. 아내 있는 사내가 군 입대 영장을 받는 상황이 소설의 시작이다. 자신의 의지와는 다른, 즉 내일이 없는 세계로 갈 수밖에 없는 주인공과 그런 불확실한 대상을 애틋하게 사랑하는 아내의 순수한 인간애를 그려내고 있다. 이 소설 「포인트」를 통해 최상규가 "그 당시 지식인들이 어쩔 수 없이 부대껴야 하는 시대 상황과 순수하고 아름다운 사랑을 내일로 승화시키는, 작품 전체의 탄탄한 플롯을 보여 주면서, 전후 문단이 가지는 실험적인 기법에 편승해 낼 수 있다는 중요한 의미"[2] 를 생성해냈다고 평가되고 있다.

이렇게 최상규는 등단 초기부터 관심을 모았던 작가였다. 이 작품을 향해 평자는 다시 "간결한 문장과 당시에는 비교적 무시되어 왔던 현실의 다른 측면, 이를테면 가족관계라든가 친구관계라든가 하는 인간관계를 현실로 받아들이는 내용들로 채워나가고 있다. 물론 최상규가 이 소설에서 파악하고 있는 인간관계는 지극히 소박하다. 그러나 징집영장을 받고 아내와 함께 당황하는 청년을 그린 〈포인트〉는 세대적 감각의 예리함을 잘 드러내고 있다."[3]는 평을 한다. 이렇게 관심을 한 몸에 받으며 비교적 화려하게 얼굴을 문단에 내민 그는, 등단 초기에 열정적으로 작품을 발표한다.

공군 정훈 장교로 입대하여 복무하는 중에도 작품 활동은 계속된다. 그러나 이런 열정적인 작품 활동에 비하여 문단의 주목을 받는데 미약하다고 생각했는지 그는 자괴감에 빠진다. 그런 이유에서이기도 하지만 제대 후에 최상규는, 전혀 예상할 수 없는 삶의 선택을 한다. 바로 고향으로 낙향해 농사를 짓는 전원생활을 하며 소설을 쓰기로 결정하는 것이다. 이 고향 농

---

2) 김주연, 『한국단편문학대계』(1969) 중에서 최상규의 소설 세계에 대한 평론 중에 발췌한 부분.

3) 김주연, 『한국단편문학대계』(1969) 중에서 최상규의 소설 세계에 대한 작품 「포인트」의 평론 해설에서 발췌.

촌에서의 전원적인 환경이 그의 의도대로 그를 창작에 몰두할 수 있도록 여지를 마련해준다.

평론가 박철희[4]는 "최상규 소설가는 시골에서 무, 배추나 수박 농사를 지어 한 트럭 가득 서울로 가지고 와 팔아 손에 돈을 쥐게 되면 문우들과 밤새 술을 마셨고, 잡지사에서 원고료를 받아도 절대로 그냥 내려가는 일이 없었다."고 회고하고 있다. 그러함에도 농사를 짓는 동안 그 전원적인 환경 속에서 그의 소설이 쏟아져 나온다.

그 무렵에 발표한 작품들이 바로 「손의 의미(意味)」, 「황색의 서장(序章)」, 「녹색의 우물」, 「건곤(乾坤)」, 「무서운 여름 밤」 등이다. 그는 이런 역작들로 마침내 1966년에는 현대문학신인상을 받는 영광을 안는다. 이 상의 수상으로 최상규는 문단에서 입지가 확실해지고 주목을 받는 작가로 일약 성장한다. 당시의 현대문학신인상은 요즈음처럼 등단하는 습작기의 작가가 받는 등단 수준이 전혀 아니고 촉망받는 작가, 떠오른 샛별에게 주는 대단한 의미를 던져주는 문학상이었다.

나. 공주교육대학 교수로서의 삶과 문학

최상규가 현대문학신인상 수상을 하던 1966년, 그는 향리에서 소설 창작에 몰두하고 있던 중 공주교육대학교 교수로 초빙을 받는다. 당시 공주교육대학교에 영어 교육과 교수이자 수필가였던 원종린[5] 교수의 추천에 의해 일약 정식 교수로서의 입지를 세우게 되는 것이다. 그의 나이 32세 때였다.

---

4) 박철희, 1937년 출생, 평론가 월간《현대문학》(1956년) 등단, 평론집『入門을 위한 文學概論』외, 인산시조평론상 외. 공주교육대학교, 영남대학교, 서강대학교 교수를 역임했으며 소설가 최상규와 일생을 교류하고 친분을 유지했음.

5) 원종린, 1923년 충남 공주 출생 수필가, 수필집『하늘 높이 차올린 구두』외, 공주교대 교수 역임, 월간《수필문학》대상 외, 당시 공주교육대학교 영어교육과 교수로 근무하면서 소설가 최상규를 초청하는데 결정적인 역할을 함.

최상규는 곧 전원에서의 생활을 접고 공주교육대학교에 부임하여 교수로서의 생활에 들어간다. 소설가 최상규에게 대학교수 생활은 많은 변화를 준다. 우선 경제적인 안정을 가져올 수 있었다. 또한 교수로서 공주사회에서 일약 존경의 대상인물로 그 신분이 상승 될 수 있었다.

그러고 보면 주목 받는 소설가로서의 삶과 함께 교수로 재직하던 이 시절이 최상규의 인생의 황금기라고 할 수 있다. 그러나 향리에서 전원생활을 하며 소설을 쓰던 때에 비하여 소설가로서 창작에 몰두할 시간이 아주 부족해진다. 수업 부담과 함께 교수와의 동료적 인간관계, 학생과의 사제관계 그리고 테니스를 즐기는 여가 선용 등으로 뻗어 오르던 창작열이 한풀 꺾이게 된다. 그는 이를 참지 못하였다. 그의 이러한 내적 갈등은 작품에서도 나타난다. 그 시절에 쓴 소설「함정」에서 "어쩌자고 나는 청승맞게 이들의 체제 속에서 적응해가고 있는가? 왜 맹렬히 반발하여 내가 나임을 주장하지 못하고 이들의 부장님, 남편, 아버지이기를 거부하지 못하는가? 내가 나면서도 내가 아닌 딴 사람이기를 나에게 강요하는 이들 속에서 나는, 어쩌자고 좌절하려 하는가?"[6] 라고 고뇌하고 있다.

그뿐만이 아니다. 그는 교수라는 직업 자체에 대한 회의도 느끼고 있었다. 1973년에 발표한 그의 소설 작품「나영(裸泳)」에서는 '소설 속에서의 교수'인 자신을 모델로 하여 작품을 형상화시키고 있는데 그는 이 작품에서 '교수라는 직위에 대한 비꼼'을 묘사하고 있다.

그는 교내 극회를 이끌어가는 지도 교수로서도 한 몫을 담당한다. 바로 곰나루 극회 지도교수로서의 역할이었다. 당시 극회 회원이었던 류인걸[7]

6) 최상규 소설「함정」중 주인공이 절규하는 부분 중에서 인용.

7) 류인걸, 1947년 충북 옥천 출생, 아동문학가, 월간《한국시》(1990) 등단, 동시집『사랑이 머무는 자리』를 발간했고, 대전아동문학회장을 역임했으며, 현재 한국아동문학회 부회장을 맡고 있는데 공주교대 재학 시에는 최상규 교수의 지도로 곰나루 극회의 일원이 되어 활동을 하였음.

은 "최상규 교수님은 연극지도에 심혈을 기울였다. '5월의 향연'과 축제인 '학림제'에는 온몸을 다해 열정적으로 우리 '곰나루 극회'를 지도하셨다." 라고 회고하고 있다. 그의 또 다른 일면이다.

이를 종합해보면 이 무렵 그는 강의는 물론 연극반을 맡아 지도하는 등 점차 교수 생활에 적응해가는 한편으로 그의 소설 세계가 단단하게 구축되어가는 시기라고 할 수 있다. 그가 공주교대 교수로 간 이듬해인 1967년, 월간 《신동아》 지 39호에 발표된 소설 작품 「탈선(脫線)」에서도 그러한 일면을 엿볼 수 있다. 1969년 발행된 『한국단편문학대계』에 수록된 김주연의 해설을 빌리면, 이 작품 「탈선」에 대해서 "작가는 기존 질서에 조금씩 변화를 몰고 오던 1960년대의 실상을 경직된 자그마한 사무실을 빌어 탄탄하고 치밀한 구성으로 표출하고 있다. 잘못된 가치관과 사고에 일대 일침을 놓는 용기와 정의를 위한 불같은 주인공의 행동으로 당시 지식인의 행동과 실천에로의 나약함을 꼬집는다. 작가가 작품 전반에서 보여주는 것은, 진지한 일상생활에 대한 탐색이다. 또한 그의 상상력과 환상은 문학의 빛깔과 감각을 세련되고 밝게 해 주고 있다. 그가 유니크한 스타일리스트라 불리우고 있음도 이러한 연유에서이며, 이는 새로운 영역과 세계를 완성하려는 작가의 부단한 노력의 결과로 보인다."라고 평가하고 있다.

이처럼 최상규는 자신의 내면 문제만을 다룬 것이 아니라 그가 "성인이 되어 살았던 시대인 50, 60년대는 남북분단 문제, 민주화, 노사 문제 등 시대의 변화나 급변하는 정세로 사회 전체가 불안했던 시대 속에서 빚어지는 현상들"[8]에서 소재를 찾아 소설 작품으로 형상화 하고 있음을 알 수 있다. 바로 이 작품 「탈선」도 1960년대 사회의 경직된 현실 속에서의 지식인의 소극적 태도에 대한 비판을 가하고 있는 것이다. 다만 그동안 보여 왔던

8)김주연, 『한국단편문학 대계(1969)』중 최상규 소설 「탈선」 부분 해설 중에서 인용.

간결한 문체로 평가되었던 문장이 좀 사변적으로 변한 느낌을 주는 면은 있다.

그렇게 촉망받던 소설가요, 교수로서 존경의 대상이었던 최상규가 1977년에 돌연 교수직을 내려놓고 가족과 함께 대전으로 자리를 옮긴다. 교수 재직 11년만의 일이었다. 그를 따르던 문학소녀이며 대학에 재학 중인 여학생과 관련된 확인되지 않은 루머 때문이었다. 그 일로 인해 그를 추천해 교수로서 임용될 수 있도록 절대적인 역할을 해준 원종린 교수와의 인간관계가 서먹해진다. 이 일이 문제가 되자 소설가 최상규는 대학에서 어떤 의사 결정이 내리기 전 이내 사직을 한다. 70년대 보수적인 시골의 교육도시인 공주사회에서 영혼이 자유로운 최상규를 포옹하지 못해 빚어진 결과였다.

그 일은 최상규가 필자에게 누구에게도 밝히지 않은 진실이라면서 솔직한 심경을 고백한 적이 있었다. 어느 여름날 오후였다. 함께 테니스를 치고 자전거를 타고 오다가 용문동 시장 순대집에 들러 소주를 마시면서였다. 평소 따르던 제자와 버스를 타고 대전에 나와서 시간을 보내다가 차 시간이 늦어 공주에 들어가지 못했다고 했다. 기숙사생이었는데, 그날 저녁 마침 부형이 학생을 면회 왔다가 그 일을 알고 문제를 삼자 학교 측에서 학생을 퇴학시키겠다고 하여 최상규가 사표를 내버렸다고 했다. 제자를 희생시키지 않으려고 자신의 멍에를 스스로 지었는데도, 그 제자는 그후 아는 체도 안 하더라면서 그때의 아픈 심정을 토로했다.

또 이런 일도 있었다. 언젠가 최상규가 느닷없이 대천을 가자고 하여 함께 대천에 갔다. 부여를 거쳐 성주탄광 고개를 넘어가면서 최상규는 대천에 공주교대 시절의 멋진 여 제자가 있는데 가면 반갑게 맞아줄 거라면서 소년처럼 즐거워하였다. 술도 멋있게 한 잔 하고 오자고 하였다. 그 여 제자는 삼십대의 아주머니가 되어 있었다. 제과점을 하고 있었다. 최상규의 말대로 우리를 반갑게 맞아 주었다. 남편에게 스스럼없이 인사도 시키고 정말 맛있는 술도 대접해 주었다. 술이 기분 좋게 취한 최상규는 제자와 헤어져 대천 바다의 대폿집을 전전하면서 막차 시간이 되도록 떠날 생각을 하지 않았다. 이별을 아쉬워하며 전선으로 떠나는 애인처럼 그 제자에게 몇 번이고 전화를 하는 것이었다. 필자가 보다 못하여 술김을 빌어 '옛날에 특별히 여자로서 사랑한 제자라도 되느냐'고 닦달을 하니까 최 상규는 필자를 불쌍한 눈으로 바라보면서 '흥! 특별히? 강태근이도 그런 유치한 상상을 할 줄 아나? 옛날에 공주교대에 그런 촌놈들이 있었지!' 하고 갑자기 실성한 사람처럼 웃어댔다. 나중에 그 여행은 최상규가 「바다로 가는 아이들」로 형상화시켰다.

어떤 연유였든, 그를 아끼던 많은 사람들이 그를 옹호하기도 했지만, 최상규는 단호히 떨쳐버리고 대전으로 삶의 축을 옮긴다.

4. 한밭 벌에 불시착

일정한 고정 수입이 없는 최상규의 삶은 대전으로 오면서부터 고난의 연속이었다. 경제적으로 쫓기는 삶은 여유롭지 못했고 점점 팍팍해질 수밖에 없었다. 처음에 그는 목원대학교 후문 밑 용두동에 위치한 두 칸짜리 셋방에서 살았다. 한 방은 집필실로 쓰고 나머지 한 방은 식구들의 살림방으로 썼다. 그는 그곳에 거주하면서 한양대학교와 목원대학교 등에 출강하면서 소설 집필에 전념하는 한편 생활비를 버는 방편이기도 한 문학서 번역에도 진력했다. 그는 전업 작가로서 거의 하루도 집필과 번역 일에서 손을 놓는 일이 없었다. 그의 집을 찾아가면 삼면의 벽이 책으로 꽉 들어찬 비좁은 방에 놓인 책상에 앉아 언제나 원고지와 씨름(당시에는 컴퓨터나 워드 프로세스도 없었다)을 하고 있었다. 그러나 원고료로 전처소생까지 세 자녀의 학비와 생활비를 감당하기에는 역부족이었다. 부인 안명숙 여사가 모자라는 생활비를 선교 활동과 보험설계사 일로 충당하며 어려운 가계를 눈물겹게 꾸려나갔다.

생활이 그처럼 어려웠음에도 그는 물질과 비속한 것에 맞서 언제나 당당했고, 타협하지 않았다. 그가 얼마나 비속에 물들지 않으면서 작가로서의 꼿꼿한 자존을 지키려고 하였는가를 짐작케 하는 일화를 몇 가지만 술회한다.

목원대학에 김용재 시인과 같이 영문과 강의를 나갔던 시절의 일화다. 당시 10.26 사태를 전후해 부마사태, YH여공 사태 등으로 한동안 수업이 어려울 때였다. 학교 측에서는 수업이 어려워지자 과제를 제출해 그 결과를 토대로 학점을 주는 변칙 운영을 한 적이 있었다. 대학 측에서의 요구대로 임무를 수행하였으나 수업을 하지 않았다는 이유로 강사료 지급을 회피하였다. 이에 분노해 최상규 소설가는 과제 제출자 대부분에게 F학점을 주어 학사 운영을 마비시켰다. 이에 당황한 학교 측은 즉시 사과하고 강사료를 지급한 적도 있었다. 그는 그만큼 기상이 꼿꼿했고, 길이 아니면 굽히지 않는 선비 기질이 숨어 있었다.

또한 김병욱 교수의 전언에 의하면 이런 일도 있었다.

"최 선생 고집? 말도 마쇼! 그 양반 원래 말이 없는 사람이지만 무슨 권유나 청을 하면 가만히 듣고 있다가 마음에 들지 않으면 흠, 하고 웃고 나서 그만 둬, 하고 한 번 도리질을 해버리면 그만이지요. 이런 일도 있었어요. 유종호 교수가 이화여자대학으로 가면서 한양대학에서 창작을 하는 사람을 구하는데 누구 마땅한 사람이 없느냐고 물어서 최 선생을 추천했더니 좋다는 거예요. 그래 최 선생한테 의사를 물었더니 며칠만 생각할 여유를 달라는 거예요. 내가 생각하고 말고 할 필요가 뭐가 있느냐, 아이들과 가족들을 생각해서라도 지금 상태보다는 어디 전임 교수로 들어가는 것이 낫지 않느냐고 간곡하게 권했지요. 그런데 사흘 후에 대답은 노우였어요. 아무리 생각해도 자기대로의 삶의 방식에 맞는 길을 가야 할 것 같다는 대답이었어요. 아무리 내가 재고할 것을 권해도 씨익 한번 웃고는 그만이었어요.

그래서 이청준 씨가 들어가서 바로 그만 두고…그 후임으로 현길언 씨가 들어갔지요. …충남대학에도 자리를 만들어 보려고 대학원에 적을 두게 했는데 자존심 상하는 일이 있자 한 학기를 남겨 놓고 그만둬 버렸지요."

충남대학 사건이라면 언젠가 최상규 자신이 황당했던 그때의 심경을 자세히 털어놓은 적이 있었다. 해당 학과의 모 교수가 문단의 위상으로 보나 경륜으로 보나 그런 갑질을 해서는 안 되는데 논문을 대필하고 번역을 해오게 하는 등 굴욕적인 과제를 시키더라는 거였다. 필자는 최상규의 그런 감정의 앙금이 오래도록 사그라지지 않은 것을 확인할 수 있었다. 최상규가 적을 두었던 대학의 해당 학과의 신규채용 문제로, 송 모 교수가 제자를 데리고 최상규와 필자가 아침 운동을하고 있는 테니스장으로 찾아왔을 때였다. 우리는 운동을 빨리 끝내고 가까운 가장동 시장의 한 음식점으로 동행했다. 해장술이 몇 순배 돈 다음 송 모 교수가 용건을 꺼냈다. 동행한 제자가 임용자격이 충분한데도 같은 과의 김 모 교수가 반대를 해서 임용이 어려우니 설득이 가능한 최상규가 좀 힘을 보태달라고 했다. 필자도 동행한 제자와 친숙한 사이고 그의 사람됨을 알고 있는 터라 송 모 교수의 간청에 가세를 했더니 "×까고 있네. 강태근이도 그런 더러운 아부를 할 줄 아냐!"하고 전에 들어보지 못한 야유를 했다. 그리고 송 모 교수가 안 주머니에서 넥타이를 꺼내 "비싼 넥타이야. 받아. 친구니까 주는 거니까 받아." 하고 내밀자 냉소하며 "내가 어떻게 네 친구야! 으이구, 촌놈들! 도장들이나 열심히 찍구 잘들 살어! 임마!"라고 쏘아 붙였다.

최상규는 대전에서 사는 동안도 교유의 폭이 좁았다. 문인으로는 김병욱 교수와 필자, 그리고 김수남, 최학, 홍희표, 이창훈 등 몇몇 문인이 왕래하는 정도였고 말년에는 박용래 시인과 가까이 지냈다. 그 외에 친숙하게 지낸 사람으로는 권영우 화백과 이동복 소아과 원장을 꼽을 수 있다. 두 사람은 모두 음악에 조예가 깊어서 최상규가 소유하고 있는 많은 클래식 음반을 공유하다시피 즐겼고, 지향하는 세계도 동질적인 부분이 많았다. 특히 이동복 원장은 물질적으로도 알게 모르게 의지가 되어 주었다. 최상규가 얼마나 인적 교류가 적었던가는 장례식장에서 고향 보령에서 농사를 짓고 있었던 손아래 동생이 필자와 김병욱 교수에게 몇 번이고 고맙다고 인사를 하던 말로도 짐작할 수 있다.

"정말 고마워요. 저두 알아요. 형을 진정으로 이해하지 않는 분은 오시지 않으리라는 걸… 형은 원래 그런 사람인 걸요 뭘. 형은 사람을 사귀는데 좀 까닥스러운 데가 있지요… 돈 좀 되는 소설을 써 보라구 해두 그런 소설 쓰려구 이 길을 가는 줄 아느냐구만 하구… 형은 삶을 참 어렵게 사는 사람이었지요."

서울에서 박철희 교수와 조문을 온 김국태 교수의 말로도 최상규의 인간관계가 어떠했는가를 알게 했다.

"서울에서 다른 사람들이 더 오리라고는 기대하지 마십시오. 상규 형이 워낙 사람 사귀는 폭이 좁았던 데다가 서울사람들 기억에서 많이 멀어져서요. 박철희 형과 나는 상규 형을 잊으려야 잊을 수가 없는 사람들이구요. 상규 형과의 사귐은 철희 형이 어느 날 《현대문학사》에 괜찮은 친구가 있다면서 상규 형과 함께 나를 찾아와서 시작되었지요. 그 뒤로 상규 형은 서울에 올라오면 출판사나 잡지사에 들러 원고료를 받아 넣기가 무섭게 나를 찾아와 코가 삐뚤어지도록 술을 마시고 여관에서 함께 자고 가는 때가 많았지요. 내가 결혼을 하고 바로 신혼 때인데도 통행금지 시간까지 붙들고 놓아주지를 않아 하는 수 없이 집으로 데리고 와서 함께 자기도 했지요. 다른 사람들은 만나자고 해도 잘 만나주지도 않으면서… 서기원 씨가 서울에 오면 상규 형을 꼭 보고 싶다고 하더라고 몇 번을 말해도 '흐흠, 일 없어.' 하고는 그만입니다."

필자가 최상규를 알게 된 것도 특별한 통과의례를 거치면서부터였다. 최상규가 잘 들르는 양주집 '개선문'에서 첫 만남이 이루어졌다. 개선문은 은행동 구 동양백화점 지하에 위치해 있었는데 충남대 김병욱 교수를 비롯해서 최상규를 좋아하는 문인 몇이 모이는 곳이었다. 저녁 시간이었다. 필자가 신촌 실로암 다방에서 홍익대 재학시절부터 최상규를 알고 지내는 권영우 화백과 불콰하게 일 차를 마치고 개선문 지하홀로 들어갔더니 최상규가 어느 중년 여자와 목로에서 술을 마시고 있었다. 최상규가 권 화백을 보고 손을 흔들었다. 여자도 함께 손을 흔들었다. 권 화백이 최상규에게 필자를 고등학교 때 황순원 선생님이 문예 장학생으로 선발한 제자라고 소개를 하자 지금도 소설을 쓰느냐, 작품이 뭐가 있느냐고 물었다. 내가 좋은 작품을 쓰겠다는 각오만 단단히 하고 있다고 대답하자 문단에는 언제 나왔느냐고 물었다. 내가 그런 요식적인 행위가 그렇게 중요하냐, 작가는 자기 자신이 곧 문단이라고 생각한다. 작가는 작품으로만 자기를 말해야 한다고 대답하자 최 선생은 재미있다는 듯이, 그러나 가소롭다는 감정을 숨기지 않으며 왜 그럼 그런 작품을 한 편도 못 쓰면서 폼만 잡고 있느냐는 투로 자존심을 건드리는 말을 했다. 필자가 가장 아파하는 상처를 공략당하자 최상규 작품은 뭐 그리 대단한 줄 아느냐고 맞 공격을 했다. 출세작이면서 대표작으로 일컬어지는 「포인트」가 경망스러울 정도로 문장이 짧다는 특색 외에 별 내용이 있느냐, 당신 소설은 너무 스스로의 도그마에 빠져있다. 건조하고 생명력이 부족하다, 문학이 결코 현학적인 놀음일 수는 없다, 당신도 그 한계를 뛰어넘지 못하는 한 아주 큰 작가는 되기 어렵다. 등등의 억지 반의 논리로 격렬하게 공격을 퍼부었다. 최상규도 술이 오른 데다 무례 막심한 후배에 대한 분노로 절제를 잃었다. 주인인 김중배 씨의 중재까지 합세해서 겨우 감정의 화재가 진화되고 우리는 초토화가 된 감정의 터에 더 근사한 화해의 집을 짓기 위하여 주점문을 닫고 안영리로 갔다. 우리 일행은 안영리 물가에서 밤새 술을 마시고 새벽녘이 되어서야 우정의 전리품을 둘러

메고 시내로 당당히 입성하였다. 그 후 최상규는 말려 둔 가오리 등의 진귀한 술안주거리가 마련되면 허약한 막내 동생에게 보신을 시키듯 나를 집으로 불러 은전을 베풀고는 했다.

최상규를 추천한 황순원 작가와의 관계도 그의 진면목을 알 수 있는 일화일 것 같아 언급한다. 황순원의 문단 제자도 몇 안 되지만 그분의 최상규에 대한 애정이나 관심은 각별했다. 필자가 어쩌다 서울에 올라가 황 선생님을 뵈면 반드시 최상규의 안부를 묻고 '상규도 지방에 박혀 있기는 아까운 사람인데….' 하고 걱정하면서 좋은 사람이니 형제처럼 지내라고 당부하기도 했다. 정음사에서 등단한 지 삼십 년도 넘은 세월에 처음으로 '포인트'라는 제목으로 창작집을 내자 황 선생님이 전화로 축하를 해 주기도 했다. 필자가 그에게 황 선생님의 안부를 전하면 '한 번 찾아가 뵙기는 뵈어야 하는데… 언제 같이 찾아 뵙자구.' 하고 멀리 떠나온 고향을 그리워하는 표정이 되었다. 그러면서 한 번은 필자에게 황 선생님과 다소 소원하게 된 까닭을 말해 주었다. "황 선생, 학처럼 깨끗한 성품이지만 욕심이 아주 없는 사람도 아니야. 오유권이가 주동이 돼서 서기원이를 비롯한 황 선생한테 추천받은 사람들을 모아 황문회라는 걸 만들려고 했지만 내가 황문회라는 이름도 그렇고 발상이 순수하지 못하다고 반대하자 그 양반이 내 뜻을 오해하구 그분답지 않게 몹시 화를 내더군. 그래 그 길로 그 그룹에 끼지 않고 자연 황 선생하고도 서먹해졌지. 글쟁이가 글이나 열심히 잘 쓰면 됐지 정치하는 놈들 모양으로 보스 이름을 따서 파당을 하듯 황문회가 뭐야. 황문회가! 으이구, 그런 것들이 글쟁이 간판은 더 요란하게 달구 폼을 잡으니!"

아무튼 대전에 불시착하게 된 최상규의 삶은 고달팠다. 용두동에서의 셋방살이도 여의치 않아, 부인 안명숙 여사의 선교활동과 관련된, 학하동에 소재한 공주교육대학 시절의 제자네 집을 빌려 이주를 할 수밖에 없는 처지에 놓이게 된다. 최상규는 유배를 당하는 심정으로 학하동으로의 이사를 우울해하고 괴로워했다. 당시 학하동은 학하리라는 지명으로 배 밭이 산재해 있는 변두리 농촌이었다. 그가 즐겨하는 테니스장도 너무 멀리 떨어져서 오래 정들었던 충남테니스클럽 회원들과의 회동도 여의치 않았고 대전 출입도 쉽지 않은 거리였다. 그러나 막상 이사를 하고 나서는 흡족해 했다. 집 앞으로 작은 냇물이 흐르고 있고 탱자나무 울타리가 둘러쳐진 넓은 마당에 여러 개의 방이 있어서 주거 환경도 용두동 집과는 비교할 수 없이 쾌적했기 때문이다. 동생네 집에서 사시던 어머님도 모셔왔다. 그는 그곳에서 다시 심리적인 안정을 찾아 창작에 전념한다.

그 무렵 학하리에서 거주하며 발표한 작품들로는 중편「타조의 꿈」과 「한 밤의 목소리」가 있고, 장편으로「새벽 기행」,「악령의 늪」이 있다. 하지만 그의 소설들은 여전히 일반 대중 독자와는 거리가 멀었다. 최상규는 자기 소설의 대중화를 결코 인정하지 않았다. 그것은 소설가 최상규의 자존심이었다. 끝까지 자기를 해체하고 조명하는 소설 세계를 구축하면서 질 높은 문학성을 추구했다. 그 때문에 그의 문학성은 더욱 돋보였고, 한국 소설 문학사에서 한 획을 긋는 존재로서 우뚝 설 수 있었다.

그는 1966년 현대문학상을 수상한 이후 1983년에는 대한민국문학상(소설 부문)을 수상했으며 1989년 박영준문학상, 1990년에는 대전광역시가 주는 대전문화상(문학 부문)을 받기도 하는데 그의 대표작으로는 장편으로 「그 어둠 속의 종말」, 중편으로 「겨울 잠행」, 「캄팔라의 향연」, 「망매의 계곡」, 「나방과 거품」 등을 꼽는다.

소설가 최상규는 이러한 소설 세계의 구축과 함께 또 다른 면으로 업적을 남기기도 한다. 바로 문학 이론서의 번역 작업이다. 대전 학하리에 머물면서 그는 소설 창작과 함께 문학 이론서를 번역했는데, 이 번역 작업은 그의 경제 형편을 호전시킬 수 있는 하나의 방편이기도 했다. 그중 대표적인 번역 이론서로는 『현대소설의 이해』, 『단편소설의 이론』, 『로만주의 재조명』, 『시간과 소설』, 『문학이란 무엇인가』, 『소설의 시학』, 『소설의 수사학』, 『현상학과 문학』 등이 있다. 그의 번역 작업량은 방대했는데 지금까지도 그의 번역서는 우리 현대 문학 소설 이론서의 기초 이론으로 방향 설정을 할 수 있는 귀감이 되고 있다.

그러나 그의 폭주에 가까운 음주, 만성적인 피로, 정신적 공허감, 경제적 어려움 등의 복합적인 원인으로 인해 간경화라는 지병을 얻게 된다. 결국 그 병을 이겨내지 못하고 소설가 최상규는 1994년 겨울, 만 육십의 나이로 겨울 잠행에 나선다.

필자가 생각하기에 그의 죽음은 자연적인 것이기보다는 일종의 자살의 혐의가 짙다. 그 혐의의 증거로 필자의 실명소설 「이카루스 소년의 겨울 잠행」의 한 장면을 제시한다.

나도 김 교수의 억울한 감정에 동의하며 중환자실에서 보았던 최 선생의 마지막 모습을 떠올렸다.

그저께 저녁 나는 아동복 소아과 원장으로부터 최 선생이 의식불명이 되어 을지병원 중환자실에 입원해 있다는 소식을 듣고 이 원장과 함께 병원으로 달려갔다. 간경화로 입원했다가 퇴원 후 건강상태가 많이 호전되어 테니스장에도 나왔다는 말을 들었는데 의식불명이라니 뜻밖의 일이 아닐 수 없었다. 항상 물심양면으로 큰 형님을 대하듯 최 선생을 돌보아왔던 이 원장의 설명은 간단했다. 간경화로 혈액순환이 잘 안 되어 가슴 부분에 종양 같은 혈로가 따로 생겼는데 그게 터졌다는 거였다.

"입원하시기 전까지 또 술을 드신 모양이에요. 음식을 드시기는 거북하니까 일시적으로 편안함을 주는 알콜을 드셨나 봐요. 이번에 터지면 어려우니까 절대로 술을 드시면 안 된다고 했는데…."

나는 이 원장의 말처럼 최 선생이 일시적인 고통을 잊기 위해 술을 마셨을 것이라는 생각은 들지 않았다. 지난번 대전 소설가협회 회원들과 댁으로 문병을 갔을 때 내가 이제 술은 당분간 그만 드셔야 한다고 말했다가 '내가 더 잘 알고 있는 일을 왜 자꾸 얘기하느냐'고 섭섭한 표정으로 결연한 의지를 보였던 최 선생이 아니었던가. 그렇다면 최 선생이 또 다시 술을 입에 댄 것은 견딜 수 없는 고독 때문이었을 거라는 짐작이 들었다. 아니면 내게 가끔 지나가는 말처럼 은밀히 표시하던 의지의 결행이던가.

아무튼 내가 제자의 배려로 중환자실에 들어갔을 때 최 선생은 의식을 회복하여 나를 염려하는 몇 마디 말까지 했었다. 이 원장도 그것을 보고서 이번도 잘 넘겨서 한 일주일 후면 퇴원할 수 있을 것 같다고 기뻐하였다.

"사실은 말입니다…."

하며 김 교수가 어떤 중대한 비밀을 털어놓기 전 항용 하는 제스처로 서두를 꺼냈다.

"전 예감하고 있었어요. 이 양반이 일 년 넘기기가 어렵지 하고요. 작년 봄 강 교수하고 셋이서 채석강으로 해서 한 바퀴 돌고 나서 또 올 사월 달에 선운사로 해서 바람을 쐬었거든요. 그때 최 선생이 나무 위에 앉아서 자꾸 사진을 찍어달라고 어린애처럼 보채는 거예요. 그 양반 원래 사진 같은 건 잘 안 찍으려고 하는 사람 아닙니까…뭔가 팍 예감이 오더란 말입니다…."

"사실은…."

하고 나도 은밀히 비밀결사에라도 가담하는 것처럼 한 자락 비밀을 내비쳤다.

"언젠가 학하동 자택에서였어요. 동네 구멍가게에서 소주를 사다 놓고 서재에서 마시는데 석양이 스러지고 있는 창을 눈을 가느스름하게 뜨고 바라보면서 꿈결에서처럼 말하는 거였어요. '요새는 자꾸 이상한 것이 보여.

아무래도 인제 저이한테로 가야 할라나 봐.'하고 하늘을 손가락질하는 거예요. 내가 의아해서 예? 하고 묻자 최 선생님은 픽 웃으면서, '강 교수 요새도 저이 믿어?'하고 반문을 하데요. 나는 그제야 최 선생님이 말하는 저이가 하느님을 말하는 걸 알았지요…."

그날은 최 선생 네 대문 옆에 서 있는 살구꽃이 하염없이 지던 오후였다. 내가 방으로 들어가자 최 선생은 혼자서 소주를 마시고 있었다. 삼 면이 책으로 둘러싸여 있고 책상이 좁은 방을 차 잡고 있어서 바듯이 서너 사람이 앉을 수 있는 공간에서 최 선생은 참선에 든 선사처럼 조용히 술을 마시고 있었다. 술잔은 큰 유리컵이었다. 최 선생은 언제나 큰 유리잔으로 소주를 가득 따라 음료수를 마시듯 마셨다. 안주는 거의 안 드는 편이었다. 술을 맛있게 마시고 입맛을 역시 후렴처럼 쩍! 하고 다시거나 손등으로 입언저리를 쓱 문지르면 그만이었다. 그날도 그렇게 사 홉 소주 한 병을 다 비우고 나더러 동네 구멍가게에서 술을 더 사오라고 했다. 그의 건강을 생각해서 한사코 만류했지만 허사였다. 최 선생의 고집을 꺾으려고 했다가는 당신이 뛰어나가 소주를 박스째 들고 오리라는 것을 아는 나는 순종의 길을 택하는 수밖에 없었다. 그리고 그날따라 유독 최 선생의 얼굴에 우수와 고독의 그림자가 깊게 드리워 있어서 더욱 최 선생의 청을 물리치지 못했는지도 몰랐다. 그는 스스로 바깥세상과 절연하다시피 자신만의 행동반경을 엄격히 정해 놓고 누구도 함부로 그 구역 안으로 들어오는 것을 거부하면서 살아왔지만 그즈음 그는 간지럼을 못 견뎌 하는 어린애처럼 고독을 삭이느라고 안간힘을 하는 것 같았다.

"최 선생이 철저한 예수쟁이는 아니었잖습니까?"

"글쎄요, 그게…."

나는 얼른 김 교수에게 해 줄 적당한 대답이 생각나지 않았다. 나도 최 선생으로부터 자신이 기독교 신자라는 말을 한 번도 들어본 적이 없었다.

사모님의 신앙심이 깊다는 것은 알고 있었다. 사모님은 자신의 구원뿐만 아니라 세상 사람들의 영혼이 멸망의 길로 들어갈까 염려하여 개척교회도 세우고, 하나님 나라의 역사에 마지막 한 방울의 피라도 아낌없이 바칠 각오로 신앙생활을 한다는 것을 아는 사람들은 다 알고 있었다. 세상이 한참 휴거로 뒤숭숭할 때 사모님은 나와 내 집안의 영혼의 구원을 염려하여 하나님 맞을 예비를 하라고 나에게 선교용 비디오테이프를 찰거머리 같은 외판원처럼 억지로 떠맡기다시피 하기도 했다. 또 최 선생 어머님도 신앙심이 깊은 신자였다. 동생들 가운데 목사와 전도사도 있었다. 그런데도 나는 최 선생이 자신의 신앙에 대해서 내놓고 얘기하는 것을 듣지 못했다. 교회에도 나가지 않는 것 같았다. 그러나 그의 책상머리에 언제나 톰슨 성경이 놓여 있는 것을 쉽게 발견할 수 있었다. 언젠가 한 번은 내가 최 선생의 어머님과 함께 있는 자리에서 유다의 죽음의 의미와 진정한 용서와 사랑에 대해서 말했더니, 최 선생이 가만히 듣고 있다가 어머님더러 '신약은 아주 통달했어요….' 하고 씨익 한 번 웃기만 하였다. 그리고 작년 봄 선운사에 갔을 때 김 교수와 내가 동백꽃이 흐드러지게 피어 있는 대웅전 경내로 함께 들어가자고 하니까 한사코 거부하였다. 내가 부처님께 참배하기 싫어서 그러느냐, 최 선생님도 그렇게 닫힌 기독교인이냐고 언짢아하자 그때도 최 선생은 씩 웃기만 하였다.

"앙드레 지드도 일생 동안 신과의 갈등에서 고뇌하였지만 결국 임종 직전에 신부를 불러다가 신에게 귀의하였잖아요. …그보다도 최 선생의 죽음은 …어쩐지 자의적인 결행이라는 생각이…."

"그럼 자살이라는 말입니까?"

"이창훈 목사의 말을 들어보면 최 선생은 어떤 결의를 결행하듯이 하루에도 소주를 서너 병씩 마셨대요. 출판사에서 새로 나오는 한국문학전집에 수록되는 게재료로 오십만 원을 받았는데 사모님이 생활비로 좀 내놓으라고 하자 한 푼도 주지 않고 동네 구멍가게에서 소주를 받아다가 줄창 마셨대요. 술이 얼마나 위험하다는 것은 본인이 더 잘 알고 있는데… 아무래도 견딜 수 없는 외로움이 최 선생을….”

“에이! 작년에 그 일만 잘 되었어도…. 최 선생을 광주로 모시고 가려고 했었는데….”

김 교수의 그 일이란 말에, 작년에 국회의원 공천을 받아 그의 고향에서 출마하면 최 선생과 내가 선거구로 내려가 열심히 응원하겠다고 같이 성원을 보냈던 일이 떠올랐다.

어쨌든, 최 선생이 기독교에 귀의하였든 홀로 먼 길을 떠났든, 우리는 그의 안부를 궁금해할 뿐이었다. 분명한 것은 그와 우리가 사용하는 의사소통의 기호가 달라졌다는 사실이었다. 남은 것은 새 생명이 태어나면 어린애의 태를 태우듯 그가 벗어 놓고 간 육신의 옷을 정리해 주는 일이었다.

최상규가 죽음을 맞이하기 전 그가 괴로워하던 일이 떠오른다. 서울대학교 국문과에 다니던 종원 군과 충남대학교 독문과에 다니던 시내의 일로 최상규는 많이 괴로워했다. 자식들도 아버지 최상규가 대한민국의 훌륭한 작가임에도 불구하고, 경제적으로 궁핍에서 헤어나지 못하고 제 값을 못 쳐 받는 것에 대해 안으로 울분이 쌓였을 것이고, 그 응어리는 최상규가 동의할 수 없는 방향으로 발산되고 있었다. 시내는 운동권에 발을 들여놓은 것 같았고, 종원은 밴드그룹을 만들어 지향했던 학문의 길과는 다른 곁길로 나가는 것 같았다. 어느 날 최상규는 필자에게 종원에 대한 얘기를 하며 자존심을 꺾고 “아무리 알아듣게 얘기해도 말을 안 들어, 반발만 하고…. 애들이 강 교수는 신뢰하니까 종원이를 좀 설득해 줬으면 좋겠어.” 하고 처연한 눈빛으로 부탁하기도 했다.

지금까지 청탁 받은 원고 분량의 제한 안에서, 최상규가 칠흑 같은 세상의 어둠 속으로 야간비행을 감행하여 대전에 불시착한 이후의 삶을 간략히 조명해 보았다. 최상규. 그는 누가 뭐라고 해도 뛰어난 작가였다. 그의 생전에 필자와 같이 많은 일화를 남기며 최상규를 가까이 하고 사랑하였던, 역시 대전의 대표적인 소설가 김수남 씨의 애도의 글로 끝을 맺는다.

뛰어난 작가임에도 불구하고 그래서 전국을 쩌렁쩌렁 울릴 만큼 좋은 작품을 써냈어도 그는 고향에서조차도 외면 받는 존재였다. 혈통에 대한 고정관념도 작은 이유가 되겠지만 가장 큰 까닭은 문학(소설)과 작가에 대한 고향 사람들의 무지였다. 물론 그는 고향에 대해서도 고향사람에 대해서도 생전에 다가가는 친화력을 보인 적이 없었다. 성격도 그러했고 운명적 속성 따위도 그의 편이 아니었다.

그러나 뭐 어떻다는 말인가.

좋은 작가는 좋은 글로 사랑받는 것이 아니었던가?

한국소설의 또 다른 가능성

조영일의 「몇몇 대형작가의 약진에도 불구하고 '문학의 몰락'을 말하는 이유」에 대해

문학의 위기와 몰락을 말하는 것은 새삼스러운 논의가 아니다. 특히 소설은 다른 장르에 비해 더 그렇다. 소설의 위기에 대해서는 이미 1930년 후반부터 미국에서 논의되기 시작했다. 소설의 위기는 여상 매체의 위협을 심각하게 느끼면서 오게 되었다. 필자가 아는 선배 작가들 중에는 이에 절망을 느끼고 '소설의 시대는 끝났다.'고 절필을 선언한 분도 있다. 복거일 같은 작가는 필자와의 작가 대담에서(2007년 7월 26일 조선호텔 커피숍) "소설이니까 계속 쓰는 것이고… 그러나 소설이 없어지지는 않을 것입니다."라고 말하면서도 소설을 쓰고 있는 자신에 대해 회의한다.

특히 한국소설은 그동안 빈약한 문학시장에서 일본소설의 공습 때문에 기를 펴지 못하였다. 그런데 최근에 이르러서 한국소설이 판매량에서 일본소설을 앞질렀을 뿐 아니라, 그 흐름을 앞으로도 계속 유지할 기세라고 한다. 문학평론가 조영일 씨는 2008년의 한국소설을 돌아보는 자리에서, '이러한 현상을 한국문학의 부활이라고 할 수 있을까'라고 회의한다. 그러면서 그 이유를 다음과 같이 진단한다.

절대적인 판매량을 놓고 본다면, 한국소설이 일본소설을 앞지른 것은 분명한 것 같다. 그러나 그 내용을 들여다보면, 그리 간단히 판단할 문제는 아니다. 일단 신작 출간 권수만을 놓고 보면, 여전히 일본소설이 한국소설을 압도하고 있다. 그리고 판매량의 내용을 보면, 한국소설의 경우 그것이 소수의 대형작가(공지영, 황석영, 신경숙)에 의해 나뉘지고 있는데 반해(80%가 넘을 것이다). 일본소설의 경우 눈에 확 띄는 책은 없지만 전체적으로 매우 고른 판매량을 보여주고 있다. 즉, 한국소설은 대형베스트셀러 몇 작품에 독자들이 몰리고 있다면, 일본소설은 여러 작품이 독자들의 사랑을 받고 있다는 의미이다. 매우 의미심장하다.

비유컨대 한국문학이 한국경제처럼 몇 개의 대기업에 철저히 의존하고 있는 형국이라면, 한국 내 일본문학은 수많은 중소기업에 의해 유지되고 있는 셈이다. 따라서 소수의 작가가 보여주고 있는 성공을 한국문학의 르네상스로 착각하는 사람들은, 대기업이 잘 돼야만 한국도 발전할 수 있다고 생각하는 사람들과 별반 다르지 않다. 그런 의미에서 올해의 한국문학계는 사실상 '문학의 몰락'을 실감할 수 있는 해였다고 해도 과언이 아니다. 그 증거로 올해 수많은 문학상이 아예 당선작을 내지 못한 것을 들 수 있다. 우리에게 지금 필요한 것은 100만부 작가 세 명이라기보다는 1만부 작가 50명이다.(2008년 12월 22일자 교수신문)

조영일 씨의 위와 같은 한국소설에 대한 진단은 일견 설득력이 있다. 그러나 선뜻 동의할 수 없는 여지가, 또한 있다.

필자는 위의 두 가지 주장에 대해 이의를 제기한다.

첫째, 조영일 씨는 "소수의 작가가 보여주고 있는 성공을 한국문학의 르네상스로 착각하는 사람들은, 대기업이 잘 돼야만 한국도 발전할 수 있다고 생각하는 사람들과 별반 다르지 않다."고 지적하면서 이러한 현상을 "비유컨대 한국문학이 한국경제처럼 몇 개의 대기업에 철저히 의존하고 있는 형국이라면, 한국 내 일본문학은 수많은 중소기업들에 의해 유지되고 있는 셈이다."라고 평가한다. 이러한 그의 견해에 대해 의문을 떨쳐버릴 수가 없다. 우문일는지 모르지만, 그렇다면 중소기업만 잘 돼야 경제가 발전할 수 있다는 것인가? 대기업도 중소기업도 다 같이 발전해야 함은 물론, 중소기업보다는 오히려 대기업이 경제의 큰 버팀목이 되어주어야 발전이 근간이 튼튼해지는 것이 아닐까? 큰 작가가 문학의 큰 흐름을 형성하고, 그 흐름이 긴 생명력으로 이어져, 군소작가들에게 활력소로 작용한다는 것을 쉽게 부정할 수 있을까?

둘째, 그는 또 "우리에게 필요한 것은 100만부 작가 세 명이라기보다는 1만부 작가 50명이다."라고 주장한다. 그리고 "그런 의미에서 올해의 한국문학계는 사실상 '문학의 몰락'을 실감할 수 있는 해였다고 해도 과언이 아니다. 그 증거로 올해 수많은 문학상이 아예 당선작을 내지 못한 것을 들 수 있다."고 지적하면서 "몇몇 대형작가의 약진에도 '문학의 몰락'을 말하는 이유"를 말한다. 물론, 100만부 작가 세 명보다 1만부 작가 50명을 염원하는, 한국소설에 대한 그의 충정은 이해가 간다. 사실 지금 한국소설의 근본적인 위기 중의 하나는 소설가가 되려는 지망생이 급격하게 줄고 있다는 현실이다. 작가의 산실이라고 할 수 있는 대학의 문예창작과에서 소설을 지망하는 학생은 극소수다. 소설을 지망했다가도 시나리오나 드라마 족으로 전향하는 학생이 대부분이다. 그 이유는 간단한다. 소설은 배우고 쓰기가 어려운데 반해, 큰 성공을 거두기가 어렵다는 것이다. 그런 의미에서 보면, 대형작가의 베스트셀러는 오히려 한국소설의 시장은 아직도 건재하고, 좋은 작가를 맞을 준비를 하고 있다는 것을 시사하는 것이 아닐까?

그리고 무엇보다도 한국소설의 가능성을 예견할 수 있는 조짐이 있다. 그것은 최근 출간된 소설 갇운데 가장 주목을 받고 있는 황석영의 『개밥바라기별』과 신경숙 『엄마를 부탁해』를 통해서다. 이 소설은 작품의 질적 수준에서는 다소 회의적인 면도 없지 않으나, 한국소설의 활성화라는 측면에서는 주목을 끈다.

확석영의 『개밥바라기별』은 자전적 성장소설이면서, 일종의 "청소년소설"로 씌어졌다는 특성을 갖는다. 이 소설은 청소년소설의 패턴(사회제도에 대한 반항, 그리고 복귀)을 그대로 보여준다. 이 소설은 샐리저의 『호밀밭의 파수꾼』류의 패러디의 한계를 극복하고 있지 못함에도 불구하고, 한국소설 시장에서 새롭게 호황을 누리고 있는 청소년문학이라는 관점에서 중요성을 갖는다.

한국에서 청소년문학의 시장 형성은 이미 예견된 것이었다. 아동문학 시장이 포화상태에 이르렀을 때 사실은 청소년문학 시장이 형성되리라는 것을 예견할 수 있었다. 조영일 씨도 지적하고 있지만, 성인을 대상으로 한 한국문화출판만으로는 존립이 어려웠던 한국의 문학전문출판사들은, 오래전부터 아동문학에 적극적으로 가세하여 호황을 누려왔는데, 이제 그 촉수를 청소년문학으로 돌린 것이다. 조영일 씨는 한국문학 시장에서 청소년문학시장이 형성된 것에 대해 다음과 같이 설명하고 있다.

『모모』, 『해리포터』와 같은 대형 베스트셀러가 시장을 터를 닦고, 大入 논술시장 호황에 힘입어 문학서나 인문서를 요약한 책들(예컨대, 청소년 『토지』, 청소년 『장길산』 등등)이 파이를 키우고, 일부 재력 있는 출판사들이 경쟁력으로 청소년문학상을 제정해 베스트셀러로 만들어 전체적인 시장의 모양으로 완성시켰다. 특히 올해 창비에서 나온 『완득이』는 현상으로까지 불릴 정도가 됐다.

조영일 씨는 이러한 청소년문학시장의 형성 원인을 "일반문학으로부터 청소년들이 일탈했다는 것을 의미한다."고 파악하면서 "물론, 그렇다고 해서 그것이 그들의 지적 능력이 이전보다 하락했다는 의미는 아니다. 왜냐하면 한국문학을 떠난 것은 비단 청소년들만이 아니기 때문이다."라고 예단한다.

물론, 조영일 씨의 견해도 일리가 있다. 그러나 청소년문학의 호황을 그렇게만 예단할 수 있을까? 청소년 독자층이 일반문학에서 일탈한 것이 아니라, 아동문학에서 형성된 독자층이, 성장함에 따라, 자연스럽게 청소년문학의 독자층이 두터워지게 된 것이라고는 볼 수 없을까? 왜냐하면, 조영일 씨의 논리에 충실하자면, 일반문학의 색깔을 지닌 작품은 청소년독자층의 지지를 받을 수 없는 것으로 받아들여야 하는데, 황석영의 『개밥바라기별』은 자전적 요소가 짙은 일반소설(성장소설)로 보아야 할 것이기 때문이다.

신경숙의 『엄마를 부탁해』도 한국소설의 가능성을 시사한다. 이 소설은 초판만 5만부를 찍었다고 한다. 백낙청이 추천사에서 이 소설을 "요즘 세상에선 거의 멸종 위기에 처한 희귀종 소설"이라고 평하면서, '세련됨(촌티 없음)'을 높이 평가했다. 이는 이 소설이 기존 통속서사(남편과 자식을 위해 희생하는 모성애의 현현과 남은 자들의 죄의식)의 구도를 지니고 있으면서도, 그러한 통속성에서만 끝나지 않았음을 말하는 것일 것이다. 즉, 신경숙은 '어머니에게도 존재했던 개인 욕구와 방황(백낙청은 이것을 마지막 한방의 충격이라고 표현했다)'을 신경숙의 특유의 노련한 기법으로 무게를 줌으로써 통속서사에서 벗어나고 있음을 지적한 것 같다.

필자가 이 『엄마를 부탁해』를 통해 말하고 싶은 것은, 오늘날의 대다수 독자가 요구하는 '쉽게 읽히면서도 깊이 생각할 수 있는 감동적인 소설'에 관해서다. 소설에서 독자가 떠나는 이유를 단순히 영상매체에 대한 약세로만 돌리는 데는 문제가 있다.

필자 역시 문자문화의 위기를 실감하지 않는 것은 아니다. 지금 우리 사회는 안정된 문자문화 사회를 이루기도 전에 전자문화의 범람으로 문자문화의 빈곤이 가속화되고 있다. 현재 우리 사회의 전자문화 수용력은 놀랄 만큼 빠르다. 퍼스널 컴퓨터나 인터넷의 보급률이나 휴대전화기의 보급률은 선진국들을 앞지르고 있다. 그 과정에서 'PC'방이라는 문화가 만들어졌으며 전자게임의 최강국이 되었다. 이러한 빠른 사회적 변화는 '근대화는 늦었지만 정보화는 앞서자'라는 사회적 분위기와 반도체를 비롯한 첨단 전자 기술에 대한 집중 투자, 그리고 우리나라 사람들의 새것 콤플렉스 등등이 주요한 요인이었을 것이다.(이남호, 「맥루한과의 불편한 대화」, 《비평 7화, 생각의 나무, 202p, 참조) 따라서 문학이, 소설이 살아남으려면 발 빠르게 전자문화에 대응해야함과 동시에 소설의 서사 역시 새로운 변신이 필요하다,

이, 시대의 요구에 부응하는 '새로운 소설의 서사'가 한국소설의 부활 내지는 르네상스와 밀접한 관련이 있다고 본다. 그것은 최근에 발표한 김연수의 『밤을 노래한다』가 오늘날의 소설에서는 찾아보기 어려운 이념논쟁과 관념적인 사유를 강점으로 가지고 있으면서도, 왜 기대에 미치지 못하는 실패작으로 머물고 말았는가를 생각해보면 납득할 수 있을 것이다.

황석영의 『개밥바라기별』과 신경숙의 『엄마를 부탁해』는 한국소설의 또 다른 가능성을 기대하게 한다. 『개밥바라기별』은 독자층의 새로운 형성으로 인한 한국소설의 부활을 꿈꾸게 하고, 『엄마를 부탁해』는 소설의 새로운 서사에 대한 모색이 독자의 회귀를 가능하게 할 것이라는 희망을 준다.

허영의 금고에 스스로를 가둔 사나이

윤대녕, 「고래등」, 《작가세계》 봄호

삶을 완수하는 방식이 저마다 다르다는 것은 얼마나 갸륵하고도 오묘한 사실인가. 소설의 화자인 나는 주인공인 아버지를 '그'로 부르면서, 냉정하고 객관적인 시선으로 나와 방식이 다른 아버지의 삶을 반추한다. 그것은 나의 삶에 대한 이해인 동시에 가족이라는 의미에 대한 깨달음이기도 하다.

'그'는 1935년 돼지띠로 태어났다. 돼지띠로 태어난 사람들은 흔히 욕심이 많고 부지런해 잘산다는 속설과는 달리, 그는 여지없이 예외에 속해, 칠순이 되도록 사는 일을 변변히 즐겨보지 못했다. 가족과는 여행이란 걸 한 번도 다녀보지 않았다. 주위에는 노년을 벗하는 이조차 없고 좀처럼 왕래하는 친인척도 없다. 거느리는 식솔이라고 해봐야 조강지처와 자식 하나뿐인데 그들과도 다분다분 표정을 바꿔가며 얘기를 나누는 모습을 아무도 보지 못했다. 그는 누구한테나 남이었고 어쩌면 자신에게조차 평생 남으로 살아왔는지 모른다.

그는 셈을 하는 방식부터가 남달랐다. 사람들은 대개 엄지부터 손가락을 안으로 하나씩 접어 들여 셈을 하는데, 그는 거꾸로 주먹을 쥐고 손가락을 차례로 펴나가는 식으로 간단한 산술 계산과 음력 등을 헤아린다. 손가락을 안으로 접어 들여 셈을 하는 동작은 소유의 기원(祈願)에서 비롯된 것이라고 한다. 굳이 비유를 하자면 대문 안으로 물건을 들여놓는 식이라 하겠다. 그는 그 반대의 동작을 취함으로써 뜻하지 않게 무소유의 삶을 실천하는 사람이 되고자 했다. 그러나 그 '무소유의 삶'의 흉내는 실상 그의 내부에 천형(天刑)처럼 자리하고 있는 허영의 발동이었던 것이다.

그가 중학교 영어 교사 자리를 버리고, 비록 고가이긴 하나 마당에 정원까지 갖춘 방 아홉 칸짜리에 이름난 도편수를 써서 단단하게 지은 집과 유산으로 물려받을 전답까지 내팽개치고 고향을 등지고 도회지로 떠나온 것도 바로 그 허영 때문이다.

어느 날 학교에서 돌아온 그는 갑자기 아내에게 단단히 짐을 꾸리게 한 다음 세 살 난 아이를 등에 업고 마치 나들이 가듯 훌쩍 고향을 떠난다. 나들이 봇짐을 들고 버스에 실려 도시로 나가던 중 도로변에 있는 과수원 안의 조그만 양철집을 발견하고 그는 갑자기 운전사에게 차를 세우게 하더니, 여기가 좋겠다고 하면서 식솔들을 끌어내린다. 그때는 배고픈 저녁 무렵이었는데, 그는 양철집 마당으로 올라가 주위를 빙 둘러본 다음 고개를 끄덕이더니 빈집에 청소를 하고 아내에게 밥을 짓게 한 다음에야 집주인을 찾아간다. 주인은 선선히 세로 집을 내주기는 했으나 과수원과 그 옆에 딸린 방앗간 일까지 그에게 떠맡긴다. 그는 그곳에서 과수원과 방앗간 일을 해주며 근근히 생계를 이어나가면서도 겨울이 되면 아침밥을 먹기가 무섭게 총을 들고 새 사냥을 즐긴다.

그의 허영에서 발로하는 이사는 계속된다. '아침에 빵과 커피를 먹을 수 있는 곳 가까이로 가야겠소. 요즘 그 냄새가 부쩍 그립소.' 하는 등의 이유로, 그 대신 나와 어머니는 고달픈 삶을 감내해야 한다. 어머니는 가족의 생계를 위해 구멍가게도 하고 술장사도 한다. 어느 비 내리던 날 밤 가게에 청하지 않은 손님이 든다. 도둑이다. 두려움에 사로잡혀 있던 어머니가 침대에서 몸을 일으키려고 하자 그가, 오죽 배가 고팠으면 이 궂은 밤에 신발까지 신고 들어왔겠냐며 그냥 놔두라고 한다.

다음날 그는 창고에서 침대를 만들 때 쓰고 남은 목재를 꺼내와 외등을 만든다. 그 일은 아침부터 저녁 먹을 때까지 계속됐는데 마침내 어둠이 내렸을 때 가게 앞 처마 밑에는 고래 모양의 외등이 황홀한 빛으로 떠 있는 것이었다. 나는 그것을 고래등이라고 불렀는데 어머니도 매우 마음에 들어하는 눈치였다. 그 고래등은 그 후 여러 번 이사를 하면서도 어머니가 수습하여 셋집의 처마 밑에 걸어놓는다. 훗날 나는 고등학생이 되어 그 고래등을 교지(校誌)에 '고독의 수호신인 고래등'이라고 쓴다.

그는 아내가 두부두루치기 장사로 성공하여 어느 정도 돈을 모으자 그가 이상으로 그리던 집을 가지려고 한다. 그러나 다시 장사가 시원치 않아 뜻을 이루지 못하고 변변치 않은 슬래브집을 짓다가, 그가 미군부대 출신이라고 생떼를 쓰며 행패를 부리는 동네 상이군인한테 수모를 당하자, 그는 아끼던 영어 원서를 상이군인한테 불태우라고 주어버린다. 그로부터 며칠 후 그는 텔레비전 옆에 대형 금고를 하나 들여놓는다. 안방에 금고를 들여놓는 것과 함께 그는 사람이 달라지기 시작한다. 그렇지 않아도 말수가 적고 표정이 인색한 사람이 아예 돌궤짝처럼 변해 간다. 마음까지 금고에 저당 잡혔는지 처자식한테조차도 일체의 감정 표현을 하지 않는다. 그리고 가게를 정리하고 남은 돈으로 그는 시내에다 다시 잡화점을 열고나서 매일 새벽 다섯 시에 나가 자정에 들어온다.

잡화점은 번창한다. 십 년쯤 뒤에는 식료품을 겸한 이십 평대로 늘어났고 또 그로부터 십 년쯤 뒤에는 매장에 직원 셋을 부리는 슈퍼마켓으로 탈바꿈한다. 하지만 생활수준은 전혀 변함이 없다. 그는 하루 두 끼만 먹고 아내에게는 최저 생계비만 지급한다. 나머지 돈은 모두 금고로 들어간다. 처자식이 아파도 병원에 데려갈 줄을 모르고, 어려울 때는 쌀을 꿔다 먹으면서도 금고는 열린 적이 없다. 나는 그의 그런 삶이 삼십여 년 동안 지속되는 것을 지켜보면서, 가족에게까지 인심을 잃어가면서 돈을 모으는 그의 저의를 궁금해한다.

그러나 그 비밀은 어느 날 풀리게 된다. 나는 숙부 내외만 참석한 그의 칠순 잔칫날, 그의 요구에 따라 그의 사후의 장례 문제를 얘기하며, 그가 이끄는 대로 야트막한 산 밑에 지어진 어느 양옥집으로 간다. 지붕에 청기와가 올려져 있고 마당엔 돌에 둘러싸인 정원과 잔디가 자라고 있으며 그 위에 파라솔과 하얀 의지가 놓여 있는 집이다. 나는 그 언젠가 그의 손에 붙들려 호화스러운 저택을 구경하러 갔던 날을 떠올리며, 아직도 그가 이런 집을 기웃거리고 다니나 싶어 한숨을 내쉰다.

그때 그가 옆에서 중얼거린다. '이 집 주인은 이런 집을 지어놓고 한 달에 그저 두어 번 와서 들여다볼 뿐이더구나. 십 년 전에 지어놓았는데 그때 바로 이사를 못하고 말았는지 가끔 와서 구경만 하고 가는 눈치더구나. 집 지어놓은 본새를 보니 지독한 수전노에 인생을 제대로 살 줄 모르는 고지식한 노인네가 틀림없어. 너 생각 안 나냐? 옛날에 이 애비랑 함께 구경 갔던 집말이다. 이 집주인도 그런 노인넬 거야. 누가 알면 설마 빼앗기라도 할까 봐 쉬쉬하며 틈나면 몰래 혼자 와서 커피만 끓여먹고 돌아가는 불쌍한 영감네 말이다. 뭐, 처음부터 그럴 생각은 아니었지만 식구들한테도 차마 알리지 못하고 말이다. 이 집 하나 짓겠다고 평생 처자식을 걸레처럼 쥐어짰으니 막상 염치가 없었던 게지.'

그 집 주인이 참으로 안됐지 않았느냐는 그의 말에 나는, 내가 '고독의 수호신'이라고 명명했던 고래등의 처마에 걸려 있는 것을, 아니 본 척 쓸쓸히 올려다보며 '그렇다'고 대꾸한다.

「고래등」은 평범한 소재이면서도 이야기를 힘있게 끌고 나가는 윤대녕 특유의 입심과 요즈음 쉽게 만나기 어려운, 좋은 단편으로서의 요건을 고루 갖춘 소설이다. 한정된 지면 관계로 좀더 깊숙이 논의하지 못하는 것이 아쉽다.

/서평/

아름다운 흔들림을 위한 변주곡

홍희표(洪憘杓) 시집 『한밭풍물시』 발문

1.

어느 날 칸트가 고기를 사러 푸줏간에 갔다. 푸줏간 주인 칼 한스는 눈대중으로 칸트가 요구하는 만큼의 고기를 칼로 썩 베어서 칸트 앞에 내밀었다. 자신이 산보하는 것을 보고 사람들이 시계를 맞출 정도로 매사에 정확하고 빈틈이 없는 칸트는 기분이 언짢았다. 칸트가 항의했다. 왜 고기를 정확하게 저울에 달아주지 않느냐고. 그러자 푸줏간 주인은 아무 말 없이 고기를 저울 위에 올려놓았다. 고기의 양은 정확했다. 칸트의 산보시간보다도 더. 그러자 칼 한스는 빙그레 미소를 지으면서 칸트에게 말했다. "칸트 선생! 세상 사는 이치는 당신이 더 정확하게 알고 있지만 고기 써는 일 만큼은 제가 더 정확하답니다."

일찍이 한석봉의 어머니와 배필이 되었다면 틀림없이 찰떡궁합이었을 푸줏간 주인 칼 한스의 말은 옳고, 또 옳다. 홍희표 시인의 첫 번째 『한밭풍물시』의 발문을 쓴 소설장이 김수남 형의 말대로 수염을 깎는 데는 면도칼,

장작을 패는 데에는 도끼가 걸맞다. 거기다 홀아비 속사정은 과부가 더 잘 안다는 이치까지 환히 알고 있는 나다. 중학시절부터 노벨문학상이나 탈 꿈이나 꾸며 문학으로 잔뜩 간덩이나 부풀리면서 부질없는 세상살이에 시간을 다 탕진하고 나서 이제야 제 정신이 들어 소설 쓰는 흉내를 내기 시작한 내가, 문학의 탕자로 돌아온 주제에, 대시인(?)의 야심에 찬 시집의 발문을 쓰겠다는 것은 가미가제의 망령(亡靈)이 쓰인 것도 아니고 분명 노망(妄靈)의 조로증이 아닐 수 없다.

그러나 어쩌랴. 한국의 고집이라면 그 랭킹이 안 씨, 강 씨, 최 씨라는데, 그것도 진주 강 씨 문중의 순종 고집쟁이로 자처하고 있는 내가 홍 씨 문중의 늙은 호박 속같이 물렁하고 마음 좋은 홍도령의 고집에 맥없이 나가떨어질 수밖에 없었던 것은 그만한 속사정이 있었기 때문이다. 고등학교의 선후배로, 나폴레옹이 지친 병사를 이끌고 혹한이 몰아치는 알프스산을 넘으며 산 너머 저쪽에는 아름다운 미희들이 우글거리고 있다고 악을 쓰듯 험난한 문학의 영봉을 넘는 동도(同徒)로서, 주선(酒仙)의 수업을 쌓으며 수없이 많이 지은 업장 하며 — 『한밭풍물시』의 두 번째 발문을 쓴 소설쟁이 이진우 형도 "동양 사람이고 한국 사람이고 게다가 한밭 태생인 자가, 신년 정초의 부탁을 거절한다는 것은 장차 그와 이 꼴 저 꼴 안 보겠다는 뜻과 무엇이 다르랴?"라고 홍 시인에게 발목을 잡히지 않을 수 없었던 내력을, 보쌈당해 억지 시집을 간 과부의 하소연이듯 토설하고 있는데 나야말로 무슨 사족이 더 필요하겠는가.

이왕 크게 마음먹고 잡은 붓이니까 홍 시인의 인간적인 면모나 슬슬 얘기하다가, 약방에 감초가 빠지면 장사가 안 된다고들 하니까, 시 얘기나 어물쩡 하다가 힘든 의무방어전을 마칠까 한다.

2.

홍희표 시인과 처음 인연을 맺게 된 것은 내가 보문고등학교에 입학하게 됨으로 해서다. 홍 시인과 송유하(본명 송영섭) 시인은 나보다 고등학교 삼년 선배다. 그러나 그보다도 홍 시인과 나 사이에 인연의 질긴 끈이 생기게 된 것은 문학으로 해서다. 그 당시 대전에는 머들령, 돌샘, 판도라 등의 고등학교 중심 문학 동인회가 있었는데 홍 시인은 판도라 동인 출신이었고 송유하 선배와 나는 머들령 출신이었다.

내가 홍 시인과 처음 만난 것은 동국대학교 주최 고교생 백일장 대회에서였다. 홍 시인은 송유하 시인과 함께 동국대학교에 다니고 있었다. 중학교 때부터 글재주가 있다고 칭찬을 들어온 나는 고등학교에 들어와서도 각종 문예현상과 백일장대회에서 상을 휩쓸며 문학에 대한 허영심만 잔뜩 부풀려 나가고 있었는데, 동국대학교 주최 백일장 대회에서도 두 선배의 응원에 힘입어 당당히 입상하였다. 두 선배는 기분이 좋아서 축하, 축하를 연발하였다.

내가 받은 홍 시인에 대한 첫인상은 송유하 시인과는 퍽 대조적이었다. 송유하 시인이 연한 나주 배라면 홍 시인은 껍질이 조금 두꺼운 국광사과였다. 송 시인이 빛깔이 맑은 청주라면 홍 시인은 텁텁한 막걸리였다. 송 시인이 청솔가지를 스치는 바람소리라면 홍 시인은 왕 댓잎에 스치는 바람소리였다. 송유하 시인이 감성과 지성으로 씨를 쓴다면 홍 시인은 가슴으로 밀어붙이는 호소력 있는 시를 쓸 것 같은 느낌이 들었다. 그러면서 나는 문득 홍 시인을 보면서 뚝배기와 눈이 크고 가슴이 벌어진 황소를 떠올렸다.

—투박스러우나 구수한 장맛을 내는 데는 제격인 몸피가 실팍한 조선 뚝배기.

—힘들면 가끔 먼 산이나 바라보며 눈이나 몇 번 껌벅이고 묵묵히 쟁기를 끌고 가는 우직한 조선 재래종 황소.

그로부터 삼십 년 가까운 세월이 흘렀지만 내가 그때 홍 시인에게서 받은 인상은 지금에 와서 다시금 확인해 봐도 아비 찾는 동명성왕의 부러진 칼처럼 딱 들어맞는 비유가 아닌가 싶다.

홍 시인의 조선 뚝배기로 비유되는 구수한 인간미에 한 번 매료되면 된장 맛에 인이 박힌 조선 토종은 햄버거를 먹으면서도 된장찌개를 찾는다고 그의 곁을 쉽게 떠나지 못한다. 더러는 이불 속의 사랑싸움처럼 아웅다웅하다가도, 싸움하다 눈두덩에 멍이 든 여편네 약 사가지고 멋쩍게 들어오는 서방처럼 금방 돈독한 화해의 합궁을 하기 마련이다. 한밭에서 홍 시인의 그 인간미에 미운 정 고운 정 다 들어 살았거나 살고 있는 대표적인 사람들은 한성기, 박용래, 임강빈, 최상규, 조남익, 신정식, 이종수, 조종국, 강성렬, 진규태, 노동은, 권영우, 감수남, 박기식, 이진우…. 대개 그런 이름들이다. 그중에서 가장 인간 홍희표에게 매료되었던 사람은 박용래 시인이었다. 박 시인의 홍 시인에 대한 정감이 얼마나 애틋했던가는 홍 시인을 대상으로 해서 쓴 박 시인의 「산문(山門)에서」의 시가 잘 대변해주고 있다.

> 어깨 나란히 산길 가다가 문득 바위틈에 물든 산호 단풍보고 너는 우정이라 했어라. 어느덧 우정의 잎 지고 모조리 지고, 희끗희끗 산문(山門)에 솔가린 양 날리는 눈발, 넌 또 뭐라 할 것인가? 저 흩날리는 눈발을, 나 또한.

홍 시인의 인간적인 매력은 빈틈이 없는 것 같으면서도 어수룩한 구석이 있는 넉넉함이다. 그의 그러한 훌렁훌렁한 인간성은 ㅎㅎㅎ로 표현하는 웃음소리에서도 쉽게 엿볼 수 있다. 홍 시인은 절대로 상대에게 자기를 따라 하하하 웃으라고 강요하지 않는다. 호호호 웃으라고 강요하지도 않는다. 다만 웃을 수밖에 없는 상황을 ㅎㅎㅎ로 제시할 뿐이다. 상대방의 기분이나 처지에 따라 모음 ㅏ, ㅗ, ㅡ, ㅣ, ㅜ… 아무것이나 선택하여 하하하, 호호호, 흐흐흐, 히히히…. 기분내키는 대로 웃어주기를 바란다. 그 웃음의 표현 속에 세상살이에는 영원한 적도 친구도 없다는 그 나름의 철학이 들어 있는 성싶기도 하다.

그렇다고 홍 시인이 김유정의 「봄봄」에 나오는 데릴사위처럼 소갈머리 없이 사람이 좋기만 하다는 얘기는 아니다. 홍 시인도 비위에 거슬리거나 경우가 틀리면 병아리 깐 암탉이 벼슬을 세우듯 즉각 반격의 자세를 취한다. 홍 시인의 말이 갑자기 빨라지고 자갈밭을 달리는 달구지처럼 목소리가 덜덜거리기 시작하면 기분이 몹시 상했다는 조짐이다. 환란을 면하려면 재빨리 잘못을 시인하고 사과하는 수밖에 없다. 잘못을 사과하면 "…어어, 그러니까… 당신이 그르케 말하면 안 되는 거 아녀" 하고 그의 시의 ㅎㅎㅎ의 웃음소리처럼 이내 넉넉하게 상대를 용서해버리고 만다. 나도 홍 시인에 대한 본의 아닌 필화사건으로 지독한 오해를 사서 곤욕을 치른 경험이 있지만, 그때도 홍 시인은 내가 사과를 했더니 그가 즐겨하는 꽁치 한 마리와 소주 한 잔에 ㅎㅎㅎ 웃고 부처님 학교를 나온 선후배답게 서로 화해하였다.

홍 시인이 얼마나 뜨거운 가슴을, 순정을 남몰래 깊이 간직하고 있는 사람인가는 그의 노래 소리를 들어보면 안다. 그는 결코 명창은 아니다. 명창이 다 뭐냐, 언젠가 홍 시인은 「충남문단별곡 시리즈에」 「단골노래와 강태근」이라는 제목으로 충남 삼대 음치로 권영우, 강성렬, 강태근을 거명하며 천기를 누설시키고 명창들의 이름을 나열하면서 "필자도 단골노래로 '이별의 종착역'이니 '사랑해'를 곧잘 불렀는데 남의 노래를 부를 것이 아니라고 생각해 자작곡 '여자의 마음'을 부르고 있다"고 충청도 서산 말로 시절을 피운 적도 있지만, 단연코 홍 시인은 명창의 문간에도 어기적거릴 형편이 못 된다. 그 장마철에 능구렁이가 우는 듯 늘어진 가락하며 자작곡에는 어떻게 들어맞을는지 모르나 그의 ㅎㅎㅎ처럼 자유분방한 음정하며…. 홍 시인이나 나나 삼대 음치의 커트라인 선상에서 혈투를 벌일 수준 들인 것이다. 이것만은 아무리 홍 시인이 자갈밭에 소달구지가 달리는 소리로 맹렬히 반격을 해와도 결코 후퇴하지 않을 것이다.

그러면서도 홍 시인의 노래는 사람의 마음을 흔들어 놓는 데가 있다. 진솔하고 풍부한 감정 때문이다. 죽자 사자 목매달고 늘어지는 촌놈의 순정어린 구애처럼 듣는 사람으로 하여금 감정이 흔들리지 않고는 못 배기게 만든다. 그가 그의 시에서 획득하고 있는 시적 감동도 바로 저 융숭 깊고 풍부한 인간적인 감정의 샘에서 길어 올리는 것이 아닌가 싶기도 하다.

홍 시인의 또 다른 인간적인 미덕은 절제와 검소에 있다. 그는 시속(時俗)에 얽매이지 않으려는 자유분방함을 추구하면서도 시인도 생활인일 수밖에 없다는 생활철학에 철저한 시인이다.

홍 시인이 결혼하고 나서 몇 년 되지 않아서였다. 홍 시인은 그때 대흥동 본가에서 분가하여 삼성동에서 살고 있었다. 어느 봄날 나는 박용래 시인과 홍 시인의 집으로 심방을 갔다. 훌륭한 예배당(집)에서 주(酒)님을 모시고 간곡한 예배를 볼 것을 기대하면서. 아버지가 의사회 회장인 유복한 가정의 장남으로 소문나 있는 시인이니 예배당도 훌륭하고 예배의식도 풍성할 것이 아니냐는 기대는 당연한 것이었다. 그러나 막상 홍 시인의 집에 도착하여 박용래 시인과 내가 가졌던 그 예상이 얼마나 잘못된 것인가를 실감하지 않을 수 없었다. 홍 시인은 좀 심하게 말하면 이상의 「날개」에 나오는 33번가의 빈민굴 같은 집의 단간 셋방을 얻어 살고 있었다. 홍 시인은 그 단간 방에서 꽃다운 아내와 딸을 데불고 아름답게 살고 있었고, 우리는 이 홉 들이 소주 몇 병으로 조촐한 예배를 아름답게 마쳤다.

그의 그 철저하게 몸에 밴 검소와 근면은 때로 오해를 사기도 하지만, 그 근면과 검소 덕분에 소설장이 이진우 형의 말마따나 황소처럼 꾸준히 정진하여 교수도 되고 박사도 되었고, 김수남 형의 표현대로 하자면 요즘에는

‘미쳤는지’ 해마다 한 권꼴로 시집을 내는 왕성한 저력을 유감없이 보여 주고 있는 것이다. 가끔 반이(팬)들을 데불고 아름다운 흔들림도 만끽하면서.

홍 시인과의 미쁜 일화는 밤하늘에 깔린 잔별보다도 많지만 이 자리가 인간 홍희표의 품평회를 갖는 자리도 아닌데다가 자칫하면 이사 집 집들이에서 잘 얻어먹고 나오다가 오호삼살방위로 이사 온 거나 아닌가 모르겠다는 식의 食言을 하여 또 꽁치 한 마리와 소주 몇 잔으로 용서를 빌어야 할 상황이 벌어질는지도 모르니까 이런 얘기는 여기서 끝맺어야 하겠다.

3.

속된 말로 누렁이도 제집 싸움에서는 삼십 프로를 먹고 들어가고 구두닦이 터도 프리미엄이 붙어 다니는 세상인데, 앞서도 사족을 달았지만 먼지 쌓인 가게 문을 열고 뒤늦게 소설장이로 신장개업을 한 주제에, 강산이 세 번이 변하는 세월을 시와 치열한 싸움을 벌이고 있는 대시인(?)에게 입장권 한 장 샀다고 “어퍼컷! 훅!” 하고 제멋대로 악을 쓰면서 관중들을 짜증나게 하는 극성스러운 권투 팬마냥 홍 시인의 시가 어떻고 하면서 주접을 떨 마음은 추호도 없다.

그러나 어쩌랴! 씨받이로 들어간 이상 떡두꺼비 같은 옥동자는 못 낳이 줄망정 언청이라도 낳아 주어야 하는 것이 도리거늘. 그것도 사람의 도리를 천금같이 중히 여기는 충청도 양반골에서.

지금까지 쓴 홍희표의 시를 조망해 보면 대체로 세 갈래로 분류할 수 있다. 그 한 갈래는 제1시집 『어군(魚群)의 지름길』의 초기 시에서 보이는 모더니즘 색채를 띤 시들이다. 이러한 시적 경향은 그즈음 60년대 신진시인들의 한 경향이 아니었던가 싶다. 다시 말해서 이상의 영향을 입고 김광균을 거쳐 김수영으로 연결되어지는 모더니즘 계열의 시에 탐닉하여, 심한 경우 기본적인 문법조차를 도외시 하고 주정에의 반기를 든 언어를 지성으로 도금하여 이미지의 충격적인 결합에서만 시적 성과를 기대하는 경향의 시가 주종을 이루었다는 말이다. 홍희표의 초기시를 일별해 보면 그 즈음의 그와 같은 시적 경향에 경도되었다는 혐의를 떨쳐버릴 수 없으면서도 그런 시에서 자칫 손상되기 쉬운 건강한 서정성이 내재해 있음을 발견할 수 있다.

홍희표시의 두 번째 갈래는 시집 『살풀이』와 『금빛 은빛』에서 보는 소위 민족문학 색채를 띤 참여시 계열의 시이다. 주지하다시피 7,80년대는 정치적 허무주의의 확산에 따른 극단의 냉소주의와 이기주의가 팽배해 있었다. 4.19혁명에서 점화된 민주화의 열망이 좌절되면서 유신체제에 대한 반체제운동이 전개되는 한편 급격한 산업화에 따른 사회 경제적 모순과 부조리가 드러나기 시작하면서 인간의 평등과 소외가 7·80년대의 근본문제로 부상한 것이다. 이 무렵 이러한 문제에 관심을 둔 시인들은 소위 참여시, 저항시, 정치시, 사회시, 민중시 등으로 불리는 현실비판 정신에 바탕을 둔 시를 쓰게 된다. 홍희표의 『살풀이』나 『금빛 은빛』의 시집에 수록되어 있는 시들이 바로 이 계열에 드는 시들이다.

홍희표시의 세 번째 갈래는 시집 『모두모두 꽃』에서 보는 한국적 운율로의 회귀이다. 말하자면 홍희표시의 입지점은 김소월과 김수영에서 출발한 것이 아니냐는 판단이 서는데 그의 시의 귀로는 결국 한국적 운율로의 회귀이어야 한다는 깨달음 앞에 그가 다시금 정좌한 것이 아닌가 싶다. 그러고 보면 그가 약관의 나이에 《현대문학》 지에 추천을 받고 박용래를 찾아갔을 때 "축하한다! 그러나 니 시가 시냐! 말라르메니, 이상이 어떠니, 그들만 최고니 내 시를 보라, 내 시를…." 하고 박용래가 꺼이꺼이 울며 호령하던 그 말의 의미를 곰곰 되새겨본 것이 아닐까 하는 생각도 든다. 참으로 민족적인 것이 세계적인 것으로 통한다는 전통론도 같이 곱씹으면서.

홍희표시의 기법적인 갈등도 근자에 와서 나름대로 정리된 듯한 감이 든다. 즉 최소 단어로써 최대의 의미를 나타내자는 전통론자의 입장과 장광설 욕구로서 시적 상상력을 넓히고 깊게 하자는 탈 전통주의자의 입장에서의 갈등이.

감히 말한다면 시인이 어떤 소재를 가지고 무슨 주제를 노래하든 자기가 살고 있는 세계에 관심을 가진다는 그 자체가 참여인 것이다. 새삼 빠르뷰스나 로망롤랭의 참여와 순수 논쟁을 끌어올 것도 없이 시인이 무엇을 노래하든 그것은 오롯이 시인 자신의 자유영역에 속하는 것이다. 다만 그 노래가 삶의 진실에 공명하면서 모국어의 음보에 맞는 감동적인 운율로 노래되어지고 있느냐는 점검은 반드시 필요하다.

그런 의미에서 홍희표의 이번 세 번째 한밭풍물시집 『보리피리 버들피리 민들레피리를』은 그 시적 성과는 접어두고라도 다음의 더 큰 비상을 위하여 환영할 만한 변신이고 시도임에 틀림없다. 두 번째 시집의 발문을 쓴 이진우는 "뭔가 시인의 렌즈가 좁혀진다고 할지 울타리에 갇혀진다고 할지, 그것도 본인 자신이 아주 그것을 자청하고 나선 감이 든다"라고 걱정스러운 시선을 보내고 있지만, 나는 그의 고향에 대한 애정이 서리서리 담긴 『한밭풍물시』를 더 큰 시인으로 비상하기 위한 통과제의로 바라보고 싶다.

칸트는 일생 동안 자기 고향 코닉스버그의 삼십 리 밖에도 나가지 않았다. 그러면서도 그는 더 큰 우주의 실체를 보았다. 그렇다. 세계는, 우주는, 실상 자기 안에 있는 것이지 밖에 있는 것이 아니다. 진정한 더 넓은 세계로의 확대는 자기 내부에로의 심원(深遠)한 침잠에서만 가능하다. 시인은, 예술가는 더욱 그래야만 한다.

이제 넋두리는 그만 하자. 시나 한 수 감상하면서 붓을 거두기로 하자.

계룡산에 올라갈 때
달맞이꽃 같은 그대

오빠아, 오빠아
연천봉 보고
소리내어 ㅎㅎㅎ!
풍경소리 밀치며
물소리 감으며
계룡산 내려갈 때
산비둘기 같은 그대
여보오, 여보오
삼불봉 보고
소리내어 ㅎㅎㅎ!

—「계룡산 그대」 전문

설명이 필요 없다. 내 고장 계룡산의 정경과 정다운 숨결이 그대로 가슴에 와 닿아 살아나게 하는 시다. 거의 모든 시가 이처럼 민요가락처럼 정답고 쉬우면서도 잃어버린 내 고향에 대한 향수를 살아나게 한다. 가끔 따끔한 풍자도 곁들이면서.

한마디 고언(苦言)을 덧붙인다면, 자신의 삶에 대한 본질적 성찰이 더 곁들어 졌으면 어떨는지 하는 아쉬움을 가져본다.

부록

강태근 소설의 위상

현대인의 정신적 상흔(傷痕) 어루만지기

宋夏燮(문학평론가 · 단국대 교수)

1. 문학적 체험 쌓기와 아낌

최재서는 "문학은 가치 있는 체험의 기록"이라 했지만 내가 보기에는 "체험을 가치화하거나 가치 있는 체험을 창조하는 일이 문학"이라고 말해야 옳을 듯 싶다.

우리는 일상적인 삶은 그저 무관심하게 지나쳐서 그렇지 조금만 관심을 가지고 살펴보면 어느 것 하나 비범하지 않은 것이 없다. 보통 사람들은 굴곡이 큰 삶의 변화를 체험하면서도 그저 무감각하게 지나치고 말지만, 작가들은 그것의 의미를 놓치지 않고 찾아서 가치 있는 삶으로 변환시키는 것이다. 똑같은 역사의 회오리를 경험했다하더라도 보통 사람은 그 아픔, 그 슬픔, 그 괴로움, 때로는 그 웃음까지도 머리나 마음에 각인했다가 시간의 흐름에 따라 잊고 말지만 작가는 그것들을 그냥 버리지 않는다. 그것들이 우리의 인생에나 역사에 어떠한 의미를 지니는 것인가를 생각하고 세련된 언어를 통하여 기록하는 것이다.

작가는 또한 거기에만 머무르지 않는다. 끊임없이 가치있는 체험을 상상을 통하여 만들어 나간다. 흔히들 문학은 현실의 모사가 아니라 굴절이라고 말들을 하는데 그 굴절의 능력이야 말로 문학의 창조적인 작업임을 설명해 주는 근거가 아닌가. 어떤 작가는 자기의 체험 범위를 넘어서지 못하고 작품이 그 체험 범위 안에서 맴도는 경우가 있는가 하면, 다른 어떤 작가들은 상상을 통하여 읽는 이들에게 더 많은 체험을 제공해 준다. 이 상상력이 곧 작가의 능력이 아니겠는가. 그리고 그 상상력의 확충은 쉴 새 없이 간접체험을 쌓아나가는 데에서만 가능할 것이다.

우리는 부지런히 자기의 체험을 확충해 나가면서 그것을 성실하게 형상화해 나가는 한 양심 있는 작가를 강태근에게서 찾는다.

그는 고등학교 학창 시절 또래들 중에서 자기 나름의 체험을 정련된 언어를 통하여 가치와 시키는데 뛰어난 능력을 가지고 있었다. 그래서 각종 문예 능력의 경연장에서 단연 장원이요, 최우수요, 또 가작이었었다. 그러나 그는 이러한 능력을 다른 사람들처럼 쉽게 소진하지 않았다. 소설은 기교의 뛰어남에서만 성취될 수 없다는 것을 일찍이 인식했기 때문인지도 모른다. 그는 일찌감치 우리 시대 최대의 작가라 할 수 있는 황순원의 눈에 들어 그가 봉직하고 있던 경희대 대학에 문예 특기생으로 뽑히었고 그에게 살뜰히 사랑을 받아 왔음에도 불구하고 문예지 추천 같은 관문을 거부하고 묵묵히 인생 공부를 계속해왔다.

그는 대학을 마치고 중등학교 교직에 들어섰고, 군대의 의무를 마친 다음, 다시 공부를 계속하여 대학원에서 석사와 박사를 거쳐 대학 교수가 될 때까지도 안으로만 체험을 다지고 있을 뿐 작품으로 형상화하는 일을 보류해 왔었다. 그는 불교와 기독교 등 종교적인 공부도 게을리하지 않았다. 그러다가 그는 뜻하지 않게 뼈아픈 인생적 체험을 겪으면서 서서히 붓을 들고 자리에서 일어나 책상 앞에 정좌하고 앉은 것이다. 그렇다고 해서 그동안 그가 글쓰기를 게을리한 것은 결코 아니다. 그의 서재에는 쓰고 발표하지 않은 작품들이 상당량 있다는 것이 그를 잘 아는 사람들의 설명이다.

이제 그는 불혹의 나이를 훨씬 넘어서서 근자에 발표해 온 작품들을 한데 묶어 작품집을 낸다. 따라서 이 작품들은 일반 작가들과는 달리 진정으로 쓰고 싶을 때 자신의 역량을 총집결하여 한 편 한 편 써 온 정성이 담긴 작품들이다. 다른 사람들이 작가적 성패를 논의하려 할 나이에 그는 이제 새로 출발하는 심정으로 원고지를 메꾸고 있다. "대기만성"이라는 낡아 빠진 한문 어귀는 그의 의해서 여전히 우리를 향하여 다시 새로운 언어로 살아날 전망이다.

2. 미치게 만드는 사회

이 작품집에는 2편의 중편과 5편의 단편, 그리고 4편의 실명소설이 모여 있다. 소설이란 결국 인간세계를 들여다보는 작업이라고 할 수 있다. 그것은 관객으로서 들여다볼 수도 있고, 자기가 직접 그 안에 들어서서 보여주는 방법도 있다. 그 인간 세계를 얼마나 널리, 또 얼마나 정확히 보여 주느냐 하는 것이 작가의 역량일 수도 있다.

강태근은 이 인간 세계를 들여다보는 관찰자 내지는 설명자를 정신과 의사로 설정한 경우가 많다. 두 편의 중편, 즉 「그 여자의 겨울」이나 「神을 기르는 都市」의 소설 화자가 모두 정신과 의사로 되어 있고, 그가 상당한 애정을 가지고 있는 「왼손을 위하여」 역시 정신과 의사가 소설 화자이다. 뿐만 아니라 단편 「고향」의 주인공인 초등학교 여선생이 정신이상자이며, 「新井邑詞」의 막쇠 영감도 종국에는 온전한 정신을 지니기 어려운 상태에 이른다.

정신 질환자는 다른 환자와 달리 심한 정신적 상처에서 비롯된다. 상처를 주는 가해자는 인간일 수도 있고, 또 제도일 수도 있으며, 이데올로기일 수도 있지만 그 가해의 정도가 외상에 그치지 않고 보다 근원적이다. 인간에게 가장 소중한 것이 생명이라면, 이 생명을 생명이게 하는 가장 큰 요건이 비로 이 정신이라고 할 때 정신 질환이야말로 가장 비극적인 병이라 아니 할 수 없다. 다른 병은 의식이 있는 상태에서의 투병이지만 정신질환은 제 정신이 아닌 상태에서의 투병이기 때문에 투병이라고 하기조차 어렵다. 다른 병은 자기 의지로 치료해 나갈 수 있지만 정신질환은 자기 아닌 다른 사람의 뜻으로만 치료가 가능하다.

바로 이러한 환자를 치료하는 곳이 정신병원이며, 치료하는 담당자가 바로 정신과 의사이다. 어째서 인간이 정신을 잃게 되는가. 아주 잃으면 차라리 죽음이지만, 죽은 것도 아니고 그렇다고 완전하게 산 것이라고 보기도 어려운 그 괴로운 인생의 역정이 어떻게 가능한 것인가. 그 환자에게 가해진 정신적인 충격이 무엇이기에 이러한 비극이 있을 수 있는 것인가 하는 원인을 발견하는 데에서부터 치료가 시작된다. 따라서 그 시대의 정신과 의사야 말로 그 사회를 가장 근원적으로 관찰할 수 있는 자리에 있다고 할 것이다.

강태근이 그의 소설 화자로 정신과 의사를 자주 등장시키고 소설 속의 인물들이 정신질환자가 많다는 것은 우리 사회의 병폐가 육체적인 상처를 넘어서 정신적인 상처를 입은 상태에 이르렀음을 깊이 인식한 때문으로 볼 수도 있다.

정신질환은 결코 자신의 의지로 치료될 수 없다는 것을 다시 기억하기로 하자. 즉 강태근은 이 시대의 병폐인 정신질환의 원인을 발견하고 스스로 치료의 처방까지를 내 보겠다는 욕망을 가진 것으로 볼 수도 있을 것이다. 그리고 그것은 성실한 작가라면 자기가 살고 있는 사회에 대하여 외면할 수 없는 무거운 짐이기도 하리라.

그렇다면 강태근 소설에 있어서 작중인물의 정신이상은 어떠한 이유에서 발생하는가. 말하자면 강태근은 우리 사회의 어떠한 가해들이 멀쩡한 사람으로 하여금 저처럼 미치게 만들고 있다고 보고 있는가. 그것을 살펴

볼 필요가 있다.

크게 두 경향을 찾을 수 있다. 그 가해자가 역사·사회적인 사건인 경우와 가정적인 문제인 경우가 그것이다. 역사적인 사건으로 인한 정신이상을 일으킬 경우는 「고향」의 초등학교 여교사 은회와 「神을 기르는 都市」에서의 201호 환자인 전직 공무원이 있는데 이들은 6.25와 연결되어 있다. 정신이상까지는 이르지 않았지만 6.25에 의한 피해를 그린 작품은 「新井邑詞」나 「그 어둡던 날의 邂逅」 등도 있다. 그러나 정작 이상을 일으키는 요인으로서 강태근이 주의 깊게 보고 있는 것은 현실 사회의 모순으로 하여 피해당하는 쪽이다. 「그 여자의 겨울」 에서의 서민규(그는 6.25와도 관련이 있지만), 「神을 기르는 都市」에서의 민경미의 아버지 민태원, 전직 교수 구박사와 고등학교 학생이 그런 경우이다.

다른 하나는 사회적인 영향과 무관한 것은 아니지만, 비교적 가정적인 문제, 아니면 작중 인물의 성격적인 이유로 정신이상을 일으킨 경우인데 「왼손을 위하여」의 수녀 마리아 스콜라 스티카의 어머니나 소설화자인 정신과 의사 기호의 어머니, 「神을 기르는 都市」에서의 이미숙 등이 여기에 해당한다고 볼 수 있다.

정신질환자가 가장 많이 등장하는 「神을 기르는 都市」에서 보면 이 정신이상자들이 모두 정신이상을 일으키는 요인의 전형성을 띠고 있음을 알 수 있다.

이 작품은 정신과 의사인 함형준이 민경미라는 고등학교 학생의 기나 긴 편지를 받는 데에서부터 이야기가 시작된다. 경미는 그녀의 아버지가 정신이상자로 함형준의 병원에 입원했다가 치료를 마치고 퇴원했으나 어느 날 아파트에서 투신자살을 하게 되자 자기 아버지의 발병과정에서부터 죽음에 이르기까지의 전말을 편지로 보내온 것이다. 환자는 보잘 것 없는 봉제공장이 지방 굴지의 섬유회사로 발전하기까기 한 회사의 사원으로 이십일

년이라는 긴 세월 동안 요령 한번 부리지 않고 성실히 일을 하여 작업반장이 되어 있었다. 후배가 앞서서 승진을 해도 불평 없이 순응하면서 오로지 일만을 천직으로 알았다. 그런데 어느 날 감원바람이 불어 회사에서는 사원들에게 회사에 필요한 인물과 필요 없는 인물을 적어내라는 어처구니없는 사건이 벌어진다. 정직한 그는 누구를 지목할 수 없자 자기 자신을 불필요한 인물로 적어내지만, 그것도 용납되지 않았고, 예수를 판 유다를 생각하면서 마음에도 없는 사람을 적어내고 만다. 이 사건으로 그는 양심의 가책을 받아 정신이상을 일으킨 것이다. 그는 병원에 입원하여 치료가 되어 사고가 정상으로 돌아왔으나 오히려 더 많은 갈등을 일으켜서 결국은 자살을 하고야 말았다는 것이다.

정직과 성실이 인정되지 않고, 그것이 오히려 정신이상의 요인이 되며, 끝내는 사람의 생명을 스스로 포기하게 하는 회사라는 한 사회의 부조리를 고발한 것이라 할 것이다.

이러한 비극성은 우리의 특수한 역사적 환경에도 아직 그냥 남아 있다.

이 병원에 입원하고 있는 또 하나의 환자, 전직 공무원이었다는 사람은 자신이 6.25때 어쩔 수 없이 빨갱이들에게 일시 협조했던 것이 하나의 편집장애가 되어 누가 미행하는 것 같은 강박관념에 싸이고, 전화가 도청당하고 감시되는 것 같은 착각에 빠져 급기야는 정신이상을 일으킨 것이다. 이는 사상적으로 자유롭지 못한 우리의 사회의 단면을 말하는 것으로 분단의 아픔이 여전히 멀쩡한 사람을 미치게 만들고 사회적 비극을 들어내 보이고 있다.

우리의 사회에서 멀쩡한 사람을 미치게 만드는 것은 이 같은 회사라는 사회적 조직이나 분단이라는 역사적 비극에서만이 아니라, 정의롭게 살아보고자 하는 청소년조차도 그냥 놓아두지 않고 있다는 것이다. 이 작품의 또 다른 환자 십팔 세의 고등학교 학생, 그는 쾌활하고 온순하며 대인관계조차 원만하여 지극히 정상적인 학생인데 음료수 가게에서 행패를 부리는 불량배들을 말리려다 불량배들에게 칼로 복부를 찔려 정신장애를 일으킨 것으로 되어 있다.

그 뿐인가. 정직 교수였다는 구 박사, 그는 경직된 대학 사회에서 자기를 모함하는 집단이 있다고 느끼고 있으며, 심지어는 자기 담당 과목을 수강 신청까지 방해하는가 하면 자기를 사상적으로 몰아세우고 있다는 강박관념에 경도되어 정신장애를 일으킨 것으로 되어 있다.

또 있다. 27세의 처녀 환자 이미숙, 그녀는 어머니의 첩살이에 어려서부터 어머니의 존재를 수치스럽게 생각해 오다가 그 어머니가 다른 남자와 바람피우는 것을 보면서 정신이상을 일으키고 있다.

한 작품 속에 등장하는 이처럼 다양한 정신이상자들. 1920년대 「술 권하는 사회」라는 소설이 식민통치하의 우리 사회를 제목으로 말했다면, 오늘의 우리 사회는 강태근에 의하여 「미치게 만드는 사회」로 명명되어지고 있는 것일까. 이 작품의 정신병원에 입원하고 있는 이미숙, 구 박사, 민태원, 전직 공무원, 고등학교 학생, 이들은 가정과, 회사와, 역사적인 환경과, 오늘의 경직된 사회가 가해자가 되어서 피해를 입은 선량한 사람들인 것이다.

이 작품에서는 이들처럼 미쳐있는 사람들만이 문제가 아니다. 오히려 이들과 대립항을 이루고 있다고 할 수 있는 미치지 않은 정상적인 사람들 또한 문제 속에 놓여 있다는 데에 더욱 큰 과제가 된다.

정신과 의사인 소설 화자 함박사의 부인은 어떠한가. 오로지 의료 행위를 돈벌이의 수단으로 생각하여 남편인 의사를 괴롭히고 있으며, 부정한 의약품을 사용한 것을 빌미로 돈을 뜯어내며 술이나 얻어먹는 신문기자나 편집국장, 이런 것들을 못마땅하게 생각하면서도 자기 또한 딴 여자와 엽색 행각에 빠져있는 정신과 의사, 결국 이들도 정신이상의 진단만 받지 않았을 뿐 도덕적 정신이상자들이 아닌가.

선생님, 선생님의 병원에 입원해 있는 환자들 가운데 우리들의 이 비정상적인 통념에 의해 정신질환을 앓고 있는 사람들은 없을까요? 그들은 다만 피해자고 우리들 가운데 더 심각한 정신질환을 가지고 있는 비정상적인 가해자는 없을까요. 자신들의 더 깊은 병은 보지 못하면서 그들의 병을 걱정하고 있는 우스꽝스러운 꼬락서니를 하고 있는 것은 아닐까요?

라는 여고생의 편지나, "형준은 순간적으로 치료를 받아야 할 사람은 정작 자신인 것 같다는 생각이 들었다. 입원 환자들의 얼굴이 하나하나 머리를 스치고 지나갔다. 그는 갑자기 그들이 퍽 친근하게 느껴졌다. 자기가 나눠서 앓아야 할 몫까지 그들이 도맡아 병을 앓고 있는 것이라는 죄책감마저 들었다."는 소설 화자 병원장의 고백은 우리 사회의 총체적인 문제를 제시하고 있는 것으로 보아 무리가 없을 것이다.

이와 같은 유형의 정신질환 문제는 「그 여자의 겨울」에서도 발견된다. 물론 이 작품의 주조는 한 여인의 애정의 문제가 주를 이루고 있는 것이지만 정작 작가가 이 작품을 통하여 말하고자 하는 것은 오히려 그 여자의 남편 서민규의 정신장애에 관한 문제이다. 늦게 대학 교수가 된 그는 어두웠던 80년대에 운동권 학생 고문치사 사건에 대하여 고문의 비인간성과 도덕정치를 부르짖는 정부의 허상을 신랄하게 비판하는 글을 신문에 써서 문제가 되고 그 자신도 자기 아버지가 6.25에 일시 부역했다는 강박관념으로 위기의식에 빠져 자기방어적인 결벽증세에 이르자 정신질환자 취급을 당하여 급기야는 교수직을 그만 두게 된 것이다.

여기서도 정신질환자로 몰리는 서 교수는 사실상 정상이고 그를 정신질환자로 모는 정상인들이 더 비정상이라는 우리 사회의 아이러니칼한 현실이 제시된 것이다. 소설 화자 정신과 의사 정찬호는 "그를 정신병자라고 진단할 만큼 나는, 우리는 참으로 정신적으로 건강한 것일까? 나는 갑자기 두꺼운 유리벽 속에 갇힌 사람처럼 가슴이 답답해 왔다."고 고백한다.

멀쩡한 사람을 미치게 만드는 것에는 이 같은 사회나 역사적인 가해에 의한 것만이 아니라 인간 욕구의 보다 근원적인 억제에서도 일어난다는 것을 강태근은 외면하지 않고 있다. 「왼손을 위하여」에 나오는 수녀 혜인의 어머니나 정신과 의사 기호의 어머니가 그러한 경우이다.

혜인의 어머니는 32세의 남편을 교통사고로 잃고, 두 남매를 위하여 헌신적으로 여러 가지 고난을 이기면서 살아오다가 아들을 결혼시키고 나서 며느리가 사탄이 씌었다고 하면서 성격 파탄을 일으키고 있으며, 소설 화자 기호의 어머니 역시 남편이 중학교 사회 교사를 하면서 고시공부를 하다가 폐병으로 세상을 뜨게 되고 성적 충동을 이기면서 고난 속에 살아가지만 결국 남편의 친구에게 몸을 허락하게 되고 이를 안 큰 아들이 남편의 친구를 살해하고 자살하자 정신이상을 일으킨 것으로 되어 있다. 이들 두 여인의 경우 경제적인 생활고에 의한 요인이라기보다는 이성에 대한 억제에서 비롯되는 이른바 에디프스 콤플렉스에 의한 인간 본성적인 이유에서 그렇게 된 것으로 볼 수 있다.

이상에서 보는 것과 마찬가지로 강태근의 소설에는 각양각색의 정신질환자가 소설 주인공으로, 혹은 소설 화자로 등장하고 있는데 이 정신 질환의 위험에서 우리는 누구도 자유로울 수 없으며, 어떤 의미에서는 우리들 모두가 조금씩은 가해자의 위치에 서 있기도 하고, 더 나아가서는 그들 정신이상자들보다도 더 정신적으로 황폐해진 이른 바 정상인의 어처구니없는 현실을 들어내고 있다 할 것이다.

그가 작품 속에서 "대체적으로 정신병원을 찾는 환자들 가운데에는 자기 일에 충실하며 소심하면서도 선량한 인성을 가지고 있는 사람들이 많았다. 그들은 도덕성이 배제된 갑작스러운 경제성장과 복잡한 산업사회가 도처에 매복시켜 놓고 있는 혼돈의 덫에 걸린 사람들이었다."고 말하고 있는 것에서도 오늘날 정신이상의 증후가 개인적인 문제에 국한된 것이 아니라는 것을 알 수 있다.

사실 이러한 주제의 작품은 기왕에도 없는 것은 아니다. 정작 강태근의 작품에서 이러한 문제가 소설적으로 우리의 관심을 모으는 것은 이들 사건들을 보고 표현하는 자세에 있다. 그는 섣불리 이러한 사건들 속에 끼어들어 결코 흥분하지 않는다. 그는 깔끔한 꽁트 「神의 미소」에서처럼 이러한 사람의 현장에서 한발 물러서서 더 넓게 조망하고 문제의 본질을 예리하게 바라보는 눈을 가지고 있다는 점이 강점이라 할 수 있는 것이다.

이러한 의도들이 「왼손을 위하여」나 「그 여자의 겨울」에서처럼 사랑의 이야기로 녹아 있던지, 「神을 기르는 都市」에서와 같이 일상의 문제 속에 배경처럼 드리워지고 있는 것이다. 그의 작품이 우리에게 넘겨주는 소설적 재미는 바로 여기에 있는 것은 아닐까.

3. 아버지 상실의 극복

강태근 소설에 나타나는 특징적인 갈등 요소로 아버지 상실을 들을 수 있다.

우리 사회가 산업화, 근대화, 민주화되면서 가정에서 일어난 가장 큰 변화의 하나가 가부장적 전통의 붕괴라고 할 수 있을 것이다. 특히 우리 사회에서는 6.25전쟁을 치르면서 수많은 남성들이 전쟁터에서 목숨을 잃게 되어 결손 가정이 생겨났고, 그로 인해서 그 결손 가정에서는 가부장 자체가 없어진 것이다. 종래 아버지의 자리에 더러는 할아버지가 서기도 했지만, 대부분의 경우 어머니가 아버지의 대리 역할을 하지 않을 수 없었다. 참기 어려운 생리적인 욕구를 억제하면서 경제적인 짐까지 짊어지지 않을 수 없게 되니, 자연히 수많은 갈등을 일으키지 않을 수 없었다. 더욱이 자식을 위해서 수절을 하면서 고난을 극복하는 길이 이상적인 어머니 상으로 추앙되는 전통 윤리를 목숨처럼 지켜나가야 하는 사회 분위기에서 이들 어머니들의 갈등은 상상을 넘어서는 것이었다.

또 하나 우리 사회가 안고 있는 아버지 상실의 문제는 이런 전쟁이나 질병 등으로 목숨을 잃지 않은 경우라 하더라도 아버지의 권위가 많이 상실되었다는 점이다. 이제 가정이나 사회에서 아버지의 역할이 결코 어머니의 역할을 더 넘어서도록 권위적이지 못하다. 그것은 수많은 전쟁미망인들이 억척같이 노력해서 아버지의 역할을 충분히 해 낸 데에도 다소의 이유가 있겠지만, 산업화 민주화 과정에서 여성의 역할이 그만큼 커지고 당당해진 것이다.

따라서 우리 가정들은 가부장적 전통 윤리가 급격히 붕괴되고, 새로운 가정 윤리가 정립되지 않은 과도기적 단계에서 참으로 크고 깊은 갈등들을 일으키고 있는 중이다. 강태근 소설의 특징적인 갈등 요인이 이 아버지의 상실에서 오는 문제들인 것이다.

그리고 강태근의 소설 속에 등장하는 아버지들 역시 전통적이며 근원적인 아버지 역할 의미를 지니고 있다.

첫째는 생활을 유지시켜주는 절대적인 능력자로서의 아버지이고, 다음은 성적인 문제를 해결하는 어찌 보면 아주 일반적이면서도 근원적인 기능으로서의 아버지이다. 이 아버지의 상실이 가져오는 갈등이 바로 소설의 중요한 갈등 요인으로 그려지고 있는 것이다.

「왼손을 위하여」의 두 주인공은 아버지를 잃고 편모슬하에서 성장한다.

우선 수녀 마리아 스콜라 스티카의 어머니가 정시병원에 입원하고 있는데 그 차트의 기록에서 보면,

NAME:김종래, SEX: ♀, AEG:53,DIAGNOSIS:32세 때 남편을 사별하고

> 나서 두 자녀를 양육하여 종교에 철저히 경도된 가톨릭 신자임. 학력은 일제시대 때 여학교 중퇴. 성격은 내성적이고 비사교적임, …아들이 결혼한 후 며느리와의 불화가 깊어지면서 며느리를 부정한 여자라고 의심하기 시작했음, 하루에도 몇 번씩 장롱을 정리하면서 며느리가 자신의 속옷을 몰래 훔쳐간다고 아들에게 호소하기도 하고… 며느리에게 씌운 사탄을 예수의 권능으로 쫓아버린다고 주방에 있는 칼을 휘두르다가 며느리에게 중상을 입혀….

로 되어 있다. 그리고 소설 화자이자 이 수녀의 상대역이 되어 있는 정신과 의사 기호 역시 그 아버지가 시골 중학교 교사였었는데 청운의 꿈을 가지고 고시 공부를 하다가 폐병으로 38세에 죽게 되고 그의 어머니는 33세의 젊은 나이에 두 아들을 위하여 고아원으로 술집경영으로 파란 만장한 삶을 살게 된다. 그녀 또한 종교에 빠져 있으면서 자신의 순결을 지켜가려 하나 결국 죽은 남편인 친구인 고아원 원장에게 몸을 허락하게 되고, 그로 인해 고등학교에 다니는 큰 아들은 고아원 원장을 살해하고 자살하고야 마는 비극적인 가정이 된다.

결국 이 작품은 아버지 상실의 결손가정 출신인 남녀의 사랑 이루기 이야기가 되고 있다. 이 두 가정에 아버지가 생존해 있었다면 이 작품은 성립되지 않는다. 여기에서 보여지는 바와 같이 이들 아버지는 가정 경제를 담당하는 생활의 책임자요, 어머니의 본능적인 성의 문제를 충족시켜줌으로 가정의 평온을 지키는 우리의 전통적인 아버지 기능을 가지고 있다. 이처럼 가정의 기둥이 되는 아버지의 상실로 홀로 된 어머니는 아이들의 부양을 위하여 경제 문제 해결의 일선에 서야함은 물론, 종교를 통하여 성적인 욕구를 억제해 나가려는 의지를 다지면서 이를 악물고 살아간다.

오로지 희망은 자식이다. 수녀의 어머니는 그렇게 키운 아들이 결혼을 하자 며느리와의 갈등을 일으켜 정신 질환을 일으켰고, 기호의 어머니는 아들에 의하여 새로운 남자가 살해되고 아들마저 잃는다. 이는 우리 가정과 사회에 있어서 아버지의 역할이 사라지면서 어머니의 상이 어떻게 변모하고 있는가 하는 문제의 제시이자, 그 과도기의 어려움이 어떤 것인가를 보여주고 있는 것으로 볼 수 있다.

6.25전쟁으로 아버지를 상실함으로써 비롯된 비극적인 이야기는 「고향」을 들 수 있다. 휴전선 철책 지역 안 통일촌의 목소리 마을에서 대대로 말마디깨나 하면서 살아가던 설 씨네 집, 그 가장인 은희의 아버지는 유지였으나 전쟁이 나자 북으로 끌려가서 생사를 모른다. 피난가 있다가 다시 고향에 돌아온 어머니는 할아버지의 선몽에 따라 이장을 해야 남편이 돌아온다면서 조부의 산소를 이장하다가 지뢰가 터져 큰아들을 잃고 막내는 불구가 된다. 어머니는 마침내 정신이상을 일으키고야 마는데 설상가상으로 어머니마저 한밤중에 몰래 목소리 지뢰밭에 들어가 지뢰를 밟고 죽게 된다. 그 충격으로 초등학교 교사를 하는 소설의 주인공 은희마저 정신 이상을 일으켜 밤에 무기고 앞에 들어갔다가 사살 당한다는 이야기인데 전쟁의 아픔이 고스란히 응축된 이야기이다. 이 작품 역시 비극의 시작은 전쟁이지만 직접적인 원인은 가장인 아버지의 상실에서 비롯된 것으로 볼 수 있다.

「그 어둡던 날의 邂逅」 역시 전쟁으로 행방불명되었던 아버지의 문제를 다루고 있다. 섬에서 전쟁이 일어나자 아버지는 행방불명이 되고 할아버지, 할머니, 누이까지 바다에 희생된 한 현 순경, 그는 마침 섬 학교에 발령받아온 여교사와 정이 들어 결혼을 하고 행복하게 살아가다가, 어느 날 아버지가 간첩으로 이곳에 나타나 벌어지는 비극이다. 전쟁은 육친의 정까지를 야멸차게 빼앗아 가고야 마는 분단의 비극이 선명하게 되살아나고 있는 작품이다. 전쟁 통에 아들이 북으로 끌려 가 소식이 없어 늙은 내외가 어렵게 살아가다가 부인마저 먼저 보내고 인생의 외로움 속에서 눈 오는 날 젊어서 마을을 떠돌아다니면서 엿장수를 할 때 쓰던 해금을 손질하여 아내

뱀골네의 무덤을 찾아 황혼의 엘레지처럼 정읍사를 연주하는 막쇠 영감은 작품 「新井邑詞」의 주인공이다. 어쩌면 고난에 찬 인생의 아름다운 결산을 보는 것과도 같은 관조와 허무와 예술이 함께하는 만가적인 이 작품 역시 아들의 상실이 중요한 갈등의 요인이 되고 있는 것이다. 또한 「神을 기르는 都市」에서의 소설 화자 정신과 의사인 함형준도 34세 아버지와 사별했다.

이처럼 강태근 소설 여기저기에서 아버지 상실의 인물들(이는 부인의 입장에서 보면 남편 상실이기도 하지만)을 만나게 되는데 대부분 가정의 기둥인 아버지를 잃자, 그 어머니가 아들들에 매달려 희생적인 삶을 살아가게 되고 그로 인해 야기되는 각종 갈등이 사건의 틀을 짜가게 된다. 이러한 고뇌들은 결국 인간에게서 인간다움을 찾아내고자 하는 노력으로 진전되어 나간다.

무엇이 참 인간적인 것인가. 잃은 아버지를 마음속에서는 잊지 않는 인정, 아버지의 상실로 마음 밑바닥에 응어리지고 있는 한 같은 것을 한으로만 묶어두지 않고 슬기롭게 다음날을 향하여 펼쳐내려는 인간적인 의지, 이런 것이 아니겠는가. 이들은 이 어려움을 디디고 의사가 되고 수녀가 되었으며, 순경이 되고 꿋꿋이 고향을 지키는 농민이 되어 있다.

4. 내일에의 기대

강태근은 소년기의 그 황홀했던 문학적 재능을 안으로만 가다듬고 밖으로 들어내질 않다가 불혹을 넘어서 이제 본격적으로 소설을 쓰고 있다. 여기 수록된 작품들은 형상화를 보류하는 가운데에서도 어쩔 수 없는 창작의 욕이나 주변의 독촉에 의하여 써 왔던 작품들을 일차 정리한다는 의미에서 한 곳에 모은 것이다.

응축시킨 체험, 그는 성실한 교육자로 진실되게 살고자 했지만 한국 사학이 안고 있는 구조적인 모순 가운데 종교적 편집증을 앓고 있는 사람들에 의하여 그 꿈이 일시 좌절되는 아픔을 체험의 한가운데에 묻고 있다. 이러한 사화를 바라보면서 그는 쓰지 않고서는 견딜 수 없는 문학의 열정을 태우기로 작정한 것 같다.

그는 우리 사회가 급격한 경제적 산업화의 정치적 민주화를 거치면서 정신적 황폐화의 길에 들어서고 있음을 마음 아파하고 있다. 그의 소설에 나오는 많은 정신질환자는 발전이라는 이름 아래에서 정신적 상처를 깊게 입은 사람들이다. 그리고 그것은 어떤 특정의 인물들에게만 해당되는 질환이 아니라 이 시대를 살고 있는 사람들 누구에게도 부담이 되는 문제라는 것을 말하고 있다. 전쟁과 산업화의 와중에서 우리 사회의 많은 가정들이 그 기둥이 되는 아버지를 상실하고 갈등의 나날들을 보내야 했으며, 이제는 아버지의 권위조차 상실되어 가는 왜곡된 윤리로 정신앓이를 하고 있는 중이다. 강태근 소설은 이러한 인식을 그 바탕에 깔고 있다.

그리고 그의 소설 기법은 탄탄한 전통적 방법을 결코 버리지 않고 있다. 그림으로 치면 추상화의 방법을 쓰지 않고, 구상을 바탕으로 새로움을 추구하는 방법이라고 할까. 따라서 그의 작품은 누구에게나 편안함을 준다. 그러면서도 그 안에 담긴 내용들은 깊은 철학적 사색을 통하여 다시 한 번 생각하게 하는 것들이 많다. 이는 그가 그만큼 이제까지 안으로 생각을 익혀온 결과이리라.

우리는 앞으로도 읽기는 쉬우면서도 그 안에 담긴 내용들이 많은 생각을 낳게 하는 그의 작품을 기대해도 좋을 것이다.

도그마와의 고독한 투쟁

강태근론

임 관수(문학평론가 · 충청대 교수)

1

작가 강태근은 1991년 김기홍, 조동길, 심규식과 함께 낸 창작집『네 말더듬이의 말더듬기』를 냄으로써 등단했다. 《신인문학》의 동인들이 주축인 이들의 작품집을 통해 등단한 것은 신춘문예나 문학전문잡지들의 신인상이나 추천 제도를 통하는 우리문단의 관례로 볼 때에는 독특한 것이지만 자유와 개성을 추구하는 문학의 본질적인 측면에서 본다면 자연스러운 것이라 할 수 있다. 등단은 늦었지만 고교 재학 시 제 1회 대한민국 학생예술문화상을 수상하고, 전국고교 문예현상에 황순원의 선(選)을 받아 경희대에 문예장학생으로 입학했으며, 그 후 20여 년 동안 소설 창작에 뜻을 두었고, 동인활동을 통해 끊임없이 창작을 해왔음을 염두에 둔다면, 등단이 오히려 새삼스러운 것이라고 할 수 있다. 그러나 작가가 등단시기를『우리는 서로 門이다』라는 대전, 충남지역 소설가협회 작품집에서 밝히고 있기 때문에 그 이전의 작품은 습작기로 간주하여 논외로 하고, 이후의 작품들을 다루어보고자 한다. 또한 작가 자신이『네 말더듬이의 말더듬기』에 수록한

「나의 소설, 나의 삶」에서 이들 소설을 창작을 위한 베이스캠프임을 밝힌 것도 평론의 대상을 1991년 이후의 작품으로 한정한 하나의 이유가 된다. 등단이라는 전제는 이전에 발표되었던 작품 「新井邑詞」이 등단 후에 발표되었을 때 원문 그대로의 발표가 아니면 습작이 아니라 완결된 작품을 발표했다는 의미를 지닌, 등단 이후의 작품만을 대상으로 하는 것과 연관성을 지닌다.[1])

작가는 대전 전문대 교수로 재직하다가 1998년 경희대에서 문학박사 학위를 받았으나 몸담고 있던 사학재단과 갈등을 겪다가 현재 그만두고 소설 창작에만 전념하고 있다. 이는 작가의 작품세계를 이해하기 위한 일단 주목할 만한 사실이다. 그는 박용래 시인 등과 교유하면서 "가족들의 염원에 다소 부응하기 위해… 생활의 뒷다리에 살이 오를 때까지 문학과 결별"(「호박잎에 모이는 빗소리」에서)하려던 작가의 의지와는 달리 이 사건을 계기로 전업 작가로서의 위치를 확보하게 하였으며, 그러한 고민의 상황이 작품의 출발점으로서 자리 잡고 있으며, 현재까지 쓴 작품세계의 주된 주제가 되었기 때문이다.

2.

「호박잎에 모이는 빗소리」에는 '소설로 쓰는 박용래론'이라는 부제가 달려 있다. 이 작품은 어느 날 술을 마시다가 박용래 시인 생각이 나서 술친구들과 같이 시인의 무덤이 있는 천주교 묘역을 찾은 것을 소재로 한 사소설적인 작품이다. 시인과 술친구의 이름 등 작중인물들이 모두 실명으로 되어 있고, 사건들도 실제사건들을 다루고 있으나 회상의 기법을 통해 실

1) 그러나 본인의 뜻과는 상관없이, 1975년에 국방부에서 주최한 광복30주년 기념 현상소설에서 김동리의 선으로 당선한 것을 감안한다면, 본인의 뜻도 그러하지만, 강태근에게 등단의 시기를 따지는 것은 별 의미가 없다.

제 이야기와 작품속의 이야기 순서를 변화시키며, 그러한 이야기 속의 인물과 사건들을 보는 작가의 관점을 독자적으로 확립한 점에서 문학성을 획득하고 있다.

이 작품은 개성 있는 삶을 살았던 박용래 시인의 이야기를 주로 다루었지만 그의 인생을 돌아보면서 자신의 문학편력과 문학관을 함께 다루고 있다. 융은 자신의 노년에 자신의 인생을 회고하며, 인생 중에 여러 가지 사건들이 있었으나 자신을 변화시킨 것은 외적인 사건들이 아니라 그러한 사건들에 대한 자신의 반응이었으며, 외적인 것 그 자체는 자신에게 아무런 영향도 주지 않았다고 말했다. 「호박잎에 모이는 빗소리」에서도 이 말과 상통하는 면을 발견할 수 있다. 이 작품은 시인 박용래에 대해 다루고 있지만 시인 보다는 같은 문학인의 입장에서 그의 인생을 객관적으로 바라보면서 자신의 문학관을 재정립하고자 하는 의지를 담고 있다. 그리고 박용래의 삶은 작가의 문학관을 되돌아보기 위한 거울의 역할을 한다는 점에서도 이 작품은 박용래론이라기 보다는 강태근론으로서의 성격이 강하게 드러나고 있다.

작가는 중학교 때 시를 좋아하는 주산선생이던 박용래 시인을 만나 문학에 뜻을 두었으며, 그 분의 영향으로 고등학교 시절에는 전국의 백일장 대회에 나가고, 문예현상모집에 좋은 작품을 써서 주위의 찬사를 받았다. 그러나 대학시절에는 박용래 시인이 세상물정에 지나치게 어두워서 생활능력을 상실하고, 남편을 뒷바라지하고 가족을 부양하느라고 고생하는 아내의 비상금을 횡령하거나 외상 집으로 전전하면서도 술과 시(작가는 이것을 세상에 대한 천진난만한 낙서를 하는 것으로 표현했다)만을 일생의 낙으로 삼는 것에 거부감을 느끼게 되었다. 이때 박용래 시인 자신도 자신의 현재에 대해 "그 친구들이(필자 주: 고등학교 때 일본인 동창) 집에서 시만 쓴다고 했더니 뭐라고 한 줄 알아? 눈물을 글썽이면서 용래가 왜 이렇게 됐느냐는 거야. …나 강상시절에 조선 사람이지만 대대장두하구 그랬다. 너 …그렇지, 내가 은행을 그만두지만 않았대두 지금쯤 은행장 정도는 됐겠지….” 라면서 자신의 삶을 후회하는 모습을 보이기도 하였다. 이러한 박용래 시인을 옆에서 지켜보면서 강태근은 문인이 되기보다는 생활인으로서 살아야 하겠다는 생각을 강화시킨다. 풍요로운 삶을 누릴 때 문학을 다시 하자면서….

그러나 박용래 묘소를 다녀오면서 시인의 삶에 나름대로의 의미를 부여하였다. 시인은 후회하지 않는 삶을 살았을 것이라고 생각하며, 작가도 이제까지의 삶을 반성하고 소설가로서의 길을 가야겠다는 의지를 다지고 있다. 이 글을 쓸 때 작가는 그동안의 사회생활에서 생활의 기반을 어느 정도 다지고 문학에 전념하고자 청년시절에 유보했던 문학의 새 출발을 다짐하는 것이다. 산을 내려오며 길 중간에 세워진 입석의 글을 인용한 마지막 부분인 “오늘은 내 차례요 / 내일은 네 차례다 / 나도 너와 같았더니 / 너도 나와 같으리라”는 구절은 인간의 삶과 죽음을 다룬 것이다. 그러나 이 작품의 마지막 부분에 인용됨으로써 작품의 전체적 맥락에 의해 의미전이가 일어나 삶과 문학의 갈림길에서 문학을 택했던 박용래 시인처럼 이제부터는 창작에 전념하겠다는 작가의 심정을 대변해주고 있다.

이 작품에서는 박용래 시인의 소박한 인간성과 문학에 대한 집념이 주로 묘사되어 있다. 그리고 객관적인 이러한 묘사들은 박용래론으로서의 가치를 지니고 있으나 그러한 부분에 투사되는 작가의 감정적 반응들이 중요성을 지니고 있다. 이러한 감정이 가장 강하게 드러나는 부분이 박용래 선생의 적대적인 존재에 대한 반응이다. “박 선생이 등 뒤에서 벌떡 일어나 앉으며 생전처럼 어깨를 치며 ‘강’ 참으로 용서할 수 없는 것까지 용서하는 것은 용서가 아니에요! 하고 버럭 소리를 지리는 것 같았다”라는 작가의 감정이입의 서술이 그것이다. 용서할 수 없는 것은 용서하지 말고, 옳다고 생각하는 것은 끝까지 밀고 나아간다는 이러한 정신은 그에게 문학으로 돌아오게 한 계기가 된 것으로 생각된다. 본능의 세계의 영역인 이드의 강화는 창작의 원동력인 무의식의 세계와 공통기반을 지니고 있기 때문에 분노가 창작의 원동력으로 승화된 것은 자연스러운 결과였다. 「왼손을 위하여」와 대전 소설가 협회의 소설집에 수록된 「그 여자의 겨울」은 이러한 적대적인 대상을 용서할 수 없다는 정신을 바탕으로 하고 있으며, 그의 작품의 출발점이라고 할 수 있다.

3.

「왼손을 위하여」는 분량으로 볼 때에는 단편이지만 두 개의 이야기가 액자식 구성으로 되어 있는 병열식 복합구성이다.

「왼손을 위하여」는 종교의 독선이나 가부장적 독선을 통해 신과 인간의 문제, 전통적인 가부장적 권위에 대한 천착을 담고 있다. 강태근에게 이 두 문제는 병렬식구성을 통해 탐색되며, 도그마라는 점에서 같은 속상을 지니고 있는 것으로 파악되고 있다.

이 작품에서는 지방의 국립병원 정신과 의사인 '나'와 수녀 '마리아 스콜라 스티카'가 등장한다. 나는 정신병 때문에 입원한 어머니를 만나러 온 수녀 마리아 스콜라 스티카와 환자의 발병원인을 유추하기 위해 나누던 대화를 통해 자기의 불우했던 가정환경과 그녀의 가정환경에 동질성을 느끼게 된다. 환자는 32세 때 남편과 사별하고 두 자녀를 양육하며 종교에 철저히 경도된 가톨릭 신자이다. 그녀는 며느리가 부정한 여자라는 추측을 바탕으로 며느리에게 씌운 사탄을 예수의 권능으로 쫓아 버린다고 주방에 있던 칼을 휘두르다가 며느리에게 중상을 입혀 병원에 입원하게 되었다. 그녀는 독실한 신앙심을 지니고 있으며, 종교적 이론도 정연하게 세우고 있었다. 나는 그러한 어머니를 둔 수녀에 대해 "나는 어느새 마녀의 성에 갇혀있는 아리따운 공주를 구출하려는 중세의 기사를 흉내라도 내듯, 그녀를 결박하고 있는 어둠의 사슬을 끊어주어야 한다는 강박관념 같은 것에 사로잡혀 있었다."고 술회하고 있다. 이러한 강박관념에 사로잡힌 이유는 자신도 그녀와 비슷한 가정환경에서 자랐다는 동질적 체험 때문이었다. 나의 어머니는 아버지가 죽자 자식들을 훌륭하게 키우라는 아버지의 유언을 지키기 위해 시내로 나와 아버지의 친구가 원장을 하고 있는 고아원에서 일을 돌보면서 살아간다. 고시공부를 하다 끝내 소원을 이루지 못하고 죽은 아버지는 녹음기에 자신의 유언을 녹음해서 남겨두고 갔다. 재혼을 하라고 주위에서 얘기할 때마다 어머니는 자식들을 데리고 그 녹음기를 틀으며, 자식만을 위해 살 것을 다짐하고 자식들도 아버지의 뜻에 어긋나지 않는 삶을 살도록 다짐을 한다. 어머니는 그녀를 사랑하는 원장의 곁을 떠나 술집을 경영하는 이모의 집에서 일을 도와주다가 그 집에 불이 나서 영업을 할 수 없게 되자 독립해서 술집을 경영하게 된다. 이때 어머니는 깊은 신앙심을 지니고 교회에 나가기 시작했다. 그러던 중 어머니는 고아원 원장과 사랑을 하게 되고 고등학교를 수석으로 입학했던 형은 졸업을 한 달 남겨두고 원장을 칼로 찌른 후 바다에 투신하여 자살을 하고 말았다. 충격을 받은 어머니는 정신이상에 시달리다가 결국 바다에 빠져 자살했다.

나와 어머니와 형, 수녀의 어머니의 성격은 불완전한 인간임에도 불구하고 신처럼 완벽한 삶을 살려고 노력했다는 공통점을 지니고 있다. 사회의 제도와 관습에 따라 사는 이들의 완벽성 추구는 일종의 독단으로까지 강화되어 다른 사람의 부정을 용납하지 않는 단계로까지 강화된다. 그리하여 나의 어머니와 형은 원장을 죽음에 이르게 하며 결국 자신들도 죽게 되며, 마리아 스콜라 스티카의 어머니는 며느리를 칼로 찌르게 된 것이다. 이러한 과정에서 작가는 독단의 비인간적인 특성을 강조하고 있다. 인간은 불완전한 인간이며, 이러한 불완전성은 인간이 완벽한 신이 될 수는 없다는 숙명성 인식을 통해 인간의 열등의식을 강화하는 것이 아니라 불완전한 속성이 인간다운 아름다움이라고 할 수 있다는 점을 갈파하고 있다.

이 작품 속의 나는 같은 부류의 체험에서 서로 다르게 형성된 가치관의 갈등 속에 독단의 비인간성에 대한 확신을 지니고 수녀에게 자신과 같이 인간의 장단점까지 포용한 인간 중심의 삶을 지니도록 하려는 의지를 강화하는 것으로 끝을 맺는다. '나'는 수녀의 속명을 부르며, 키스를 하고 아무것도 없었던 것으로 하자는 수녀의 말을 무시한 채 "하나님을 닮은 건강한 아들"을 낳기 위해 그녀를 찾아 나선다.

천지창조에서부터 시작되는 종교와 오랜 전통 속에서 확립되어온 가부장제도의 이러한 도그마의 문제는 인간의 역사발전의 과정을 다시 한 번 생각해보게 한다. 현대는 역사발전 과정을 모두 거친 후에 존재하는 것일까 아니면 생활양식과 사고방식의 변화에도 불구하고 예전의 생활양식이나 사고방식이 현대에도 공존하고 있는 것일까?

정신문제와 밀접한 관계를 지니고 있으면서 보다 먼저 단순한 물질문명의 차원에서 접근을 해보면 이 문제에 보다 쉽게 접근할 수 있을 것이다. 인간의 물질문명은 원시시대부터 현재에 이르기까지 자연과학의 발달과 더불어 끊임없이 발전해왔다. 물질문명의 발전은 인간의 힘을 사용하던 원시시대를 지나 가축의 힘을 이용하다가 현재에는 기계의 힘을 사용하도록 하였으며, 교통도 점점 발달하여 인간간의 교류범위를 확산시켰다. 이러한 발전은 생활양식의 변화와 더불어 사고방식을 변화시켰다.

자연과학이 발달하지 못했던 중세에는 신 중심의 사고방식을 지니고 있었다. 인간이 합리적으로 이해할 수 없는 모든 것들은 신의 영역이었기 때문이다. 그 때에 인생의 목적은 죽어서 천당에 가는 것이었으며, 삶이란 신에게 영관을 돌리기 위한 과정이었다. 인간은 신의 섭리에 맹목적인 추종을 하게 되었고, 인간의 존엄성이나 자율성은 신의 테두리 안에서 억압을 당했다. 자연과학의 새로운 발명, 그리고 새로운 인문과학자의 사상은 신의 권위에 도전하거나 마녀와 마술로 간주되어 마녀재판에 회부되었다. 이러한 마녀재판은 학문의 침체를 가져왔으며 신 중심의 세계 내에서의 인간의 위상을 상징적으로 대변해주고 있었다. 자연과학의 발달과 더불어 형성된 합리주의를 바탕으로 인문과학을 하는 학자들이 신의 존재를 증명하라는 도전을 하게 되고, 그 질문에 대답을 할 수 없었던 종교는 약화되었으며, 상대적으로 인간의 존엄성은 강화되어 신 중심의 사회는 이미 중세 이후에 인간 중심의 사회로 변모하게 되었다.

이러한 변화의 마지막 순간으로 존재하는 현재는 인류역사상 자연 과학이 가장 발달한 시대이며, 또한 인류역사상 인간의 자유와 개성이 존중되는 가장 인간적인 세계라고 말할 수 있을 것이다. 에리히 프롬이나 마르크스 등은 현대를 대량생산과 대량소비의 경제구조 내에서 효율성을 중시하므로 인간의 개성을 최소화함으로써 인간성을 말살하고 있으며 이는 자본주의 경제가 발달할수록 심화될 것이라고 비판하지만, 이러한 변화가 의식적인 인간행동의 결과라기보다는 현대문명 사회의 특성에 대한 현대인들의 이해 부족에서 기인한 것이지 의도적인 것은 아니었다는 점에서 논외로 할 수 있다. 그러면 이러한 발달의 정점에 존재하는 현대사회 속에서는 이러한 현대적인 특성만이 존재하는 것일까? 「왼손을 위하여」는 그렇지 않다는 전제하에 이러한 근원적인 문제를 천착하고 있다.

인간의 물질문명의 발전이 근본적으로 인간의 힘을 사용한 생산 활동에서 가축을 이용한 생산 활동을 거쳐, 기계를 이용한 생산 활동으로 발전해 왔으며, 현대의 생산방식은 오토메이션을 통해 대량생산의 단계에 도달했다고 할 수 있다. 그러면 모든 현대인의 생산 활동이 오토메이션을 통해 이루어진다고 할 수 있을까? 그렇지는 않다. 아직도 공사 현장에는 인간의 힘을 이용하여 생산 활동을 하고 있으며, 시골에서는 아직도 가축의 힘을 이용하여 농사를 짓고 있으며, 가내 수공업을 통해 생산되는 물건과 오토메이션을 통해 생산된 상품들이 백화점에 공존하고 있다. 이러한 사실은 과거가 역사속의 한 부분이 아니라 우리 생활의 한 부분으로 현대 속에 존재하고 있음을 시사해준다.

현대문명 속에 과거의 특성들이 현재 속에 용해되어 공존하듯이 정신세계에서도 생존 그 자체가 목적인 원시적 단계에 머물러 있는 사람이 있는가 하면 인생의 목적은 죽어서 천당에 가기 위한 것이며, 삶의 과정은 신께 영광을 돌리는 데 바쳐야 한다고 생각하는 사람들도 있다. 후자 중에 극단적인 양상을 지니고 있는 종교계 사학재단에서는 집단적인 형태의 전근대적인 사고방식을 지니고 있기도 한다. 후자는 그 과정에서 신의 권위에 도전하는 것은 제거해야 한다는 사명감을 지니고 자신이 원하는 종교생활에 투철하지 않다고 생각되는 직원을 해고하기도 한다. 이러한 사실들은 현대의 물질문명이나 정신문화 속에는 근대적인 것이나 중세적인 것 내지는 원시적인 특성이 혼합되어 있음을 시사해주고 있다.

이처럼 현대 속에 있는 과거의 특성은 개인에게도 남아있다. 한 인간의 성장과정이 인류의 발전과정을 되풀이하고 있기 때문이다. 즉 네 발로 기다가 걷고, 말을 하며, 글을 쓰는 과정 등이 인류의 발전과정을 재현하는 것이라 할 수 있듯이 정신세계에서도 신이나 가부장의 도그마에 빠지고, 자아를 찾는 과정 속에서 과거의 특성이 남아 있다고 할 수 있다. 이처럼 과거는 흘러간 것이 아니라 현재 속에 존재하고 있는 것이다. 그리고 과거는 현재에도 우리의 삶에 많은 영향을 주고 있는 것이다. 이러한 전제 아래, 현대 속에 남아 있는 과거의 편린들을 통해 인간성을 회복하고자 하는 것이 이 작품의 주제라고 할 수 있다.

「왼손을 위하여」에서는 '나'의 성장과정을 통해 이러한 과정을 겪었음을 회고의 기법을 통해 보여주고 있다. 그러나 수녀 마리아는 그러한 도그마에서 빠져나오지 못하고 있었다. 따라서 '나'는 수녀의 그러한 무지를 일깨워 비인간적인 도그마에서 빠져 나와서 인간적인 것의 아름다움을 일깨워야 한다는 강박관념에 사로잡히게 되는 것이다.

강태근은 이 작품을 통해 현대사회 속에 존재하는 전근대적이거나 중세적이기도 한 가치관에 도전하며, 인간성을 회복시키고자 끊임없이 노력하고 있다. 이러한 소재를 다루게 된 근본적인 이유는 그가 몸담고 살아온 직장이 종교계 사학으로서 신 중심의 독단적 경향을 지니고 있었기 때문인 것 같다.

「왼손을 위하여」에서 현대 속에서 현대 이외의 전근대적이거나 중세적인 요소들이 공존하고 있다는 이러한 사실에 대해 다시 한 번 생각해본 것은 의의있는 일이었다. 우리는 현대적인 것만을 추구하다가 현대 속에 남아있는 전근대적인 요소들에 대해 소홀히 했었기 때문이다. 문학이 인생을 포착하기 위한 것이라면 현대 속의 과거도 현대성만큼 비중을 지니고 있는 것으로 다루어야 할 것이다. 현대는 과연 인간 중심의 사회라고 할 수 있는가 하는 근원적인 회의와 고전적인 가치관과 현대적인 가치관의 회의 속에 다시 문제를 제기하고 해결책을 추구하는 것은 끊임없이 역사를 재해석하려는 역사가들의 노력처럼 아직도 유효하다는 데에서 강태근 소설의 위상이 정립될 수 있다. 이는 동시에 이러한 문제는 끊임없이 현대성만을 추구하던 현대문학이 현대성의 탐구에 치우쳐 인생의 실체를 추구하는데 편협하지는 않았는가에 대한 반성의 계기를 만들어주고 있다.

이러한 현대사회에서의 권위와 독단은 신과 인간의 관계나 가부장적인 제도 내에서만 형성될 수 있는 것은 아니다. 앨빈 토플러는 현대의 권위와 독단이 장교와 사병의 관계나 스승과 제자, 고용주와 직원, 목사와 신도, 의사와 환자의 경우에서도 있다고 말하고 있다.(미래에는 이들의 관계에서 권위가 사라질 것으로 예측하지만) 이 작품에서는 의사인 나와 직접적으로 환자는 아니지만 환자의 보호자라는 관계를 지니고 있어 권위적으로 대할 수 있는 수녀가 의사의 권위를 극대화할 수 있는 병원에서 만나고 있다. 이때 '나'는 자신의 권위를 최대한 발휘하게 된다. '나'가 결혼을 하고자 하는 것은 도그마를 타파하기 위해 현대적 의미의 또 다른 독단에 빠져는 것이라 할 수 있다. 이는 작가가 현재 독단에 대한 거부감에 대해 독단으로 대응하고 있는 모습을 보여주고 있다.

4.

두 가지의 도그마를 한 작품 내에에서 다루는 것은 강태근 소설의 특성이다. 그는 두 가지의 도그마를 병치시키거나 상호대립 시키는 플롯을 주로 사용하고 있다. 강태근에게 있어서 도그마에 대한 항거는 「왼 손을 위하여」에서 병렬식으로 탐색한 종교적, 가부장적인 범주에서 출발하여 다양성을 띠고 있다.

「고향」과 「그 어둡던 날의 해후」에서는 고향의 의미천착과 가부장적 관습이 상보적이거나, 상호 대립적으로 다루어지고 있다. 그리고 이면에는 남북분단의 이데올로기에 의한 비극성이 도 다른 도그마로 자리 잡고 있다. 이러한 도그마들의 갈등 양상이 다양하게 나타나는 것은 강태근의 소설세계가 종교적인 차원을 포함하여 인간의 자유의지를 말살하는 도그마의 총체적인 것들에 대한 항거에 자리잡고 있음을 보여주고 있다.

「고향」의 은희는 철책선 부근의 마을에서 "인적 없는 산골에 빨간 첨탑의 교회를 짓고 하나님의 은혜로 아름다운 마을을 만들어 착한 사람들끼리만 모여 살겠다."는 생각을 지니고 있었다. 은희에게 고향은 하나의 이상향이었던 것이다. 그러나 이데올로기에 의해 이러한 이상은 깨어지고 말았다. 은희네 집안은 대대로 그곳에 살아왔으나 6.25 때문에 마을 유지였던 아버지는 북한으로 끌려가게 되었다. 식구들은 피난을 갔다가 선영을 버릴 수도 없으며, 아버님께서도 살아계시면 고향에 찾아오실 것이라는 믿음에 이 마을로 돌아와 살고 있었다. 고향이 비극성을 지니고 있는 것도 강태근 소설의 특성이다. 「그 어둡던 날의 해후」에서는 고향에서 이십 리쯤 떨어져 있기 때문에 보다 비극성이 약화되는데, 이는 그의 소설에서 고향이 비극의 배경으로 자리 잡고 있음을 보여주고 있다. 은희네 할아버지의 묘를 이장하면 아버님이 돌아오신다는 어머님의 말을 믿고 묘를 이장하다가 폭탄이 터져 큰아들은 죽고 막내는 불구자가 되었으며, 그 충격으로 어머니는 정신이상이 되었다. 어머니는 한밤중에 돌아다니다가 지뢰를 밟고 처참하게 죽었으며, 그곳에서 초등학교 선생을 하던 은희도 어머니의 처참한 모습을 보는 순간에 정신이상이 되고 말았다. 은희나 오빠인 종삼이는 고향을 떠날 수 있었다. 그러나 고향에서 행복하게 살고 싶다는 생각 때문에 비극 속에 빠지게 되는 것이다. 고향은 이처럼 행복을 추구하는 은희네가 행복을 추구하면 할수록 더욱 더 비극으로 몰아간다. 은희네에게 육 이오의 전쟁 중에 폭탄이 여기 저기 남아 있는 고향은 이데올로기에 의해 가족의 삶을 유린당한 비극의 장소인 것이다.

그 후 은희는 정신이 있을 때는 "가끔 흙장난을 하면서 모래더미로 여러 가지 모양을 만들이 놓고, 이건 목소리야, 요건 빨간 뾰족 탑이 있는 예배당이구, 요건 어른들이 일 나가면 아이들이 노는 놀이터야, 엄마와 내가 살던 집은 요기구."하면서 옛 고향을 재구성하곤 한다. 그는 머리에 꽃을 꽂고 아이들에게 돌을 던지기도 한다. 머리에 꽃을 꽂고 단죄의 상징을 지닌 돌을 던지는 것은 그녀가 머리에는 이상세계인 고향을 간직하고 있으나 고향에 살 수 없도록 하는 분단 현실이라는 이데올로기의 도그마를 비판하고자 하는 의지를 표출하고 있다고 볼 수 있다. 그러나 결국 그녀도 정신이상으로 철책선 주위를 돌아다니다가 초병의 총에 맞아 죽음으로써 이데올로기의 비극성을 극대화시킨다.

이들 인물들의 비극적인 상황은 일차적으로는 남북분단이라는 도그마에 의해 유발된 것이다. 그러한 도그마는 6.25를 통해 관념적 이데올로기의 차원에서 감정적 차원으로 증폭되어 독단적인 성격이 강화되었기 때문에 북한에 있는 아버지도 만나지 못하는 현실을 빚어낸 것이다. 비극의 이차적인 이유는 고향에 대한 애착감 때문이다. 만약 그들이 아버지가 북으로 끌려갔다는 남북분단의 슬픔을 간직한 채 귀향을 하지 않고 피난지에서 살았다면 어머니나 은희가 정신이상이 되거나 죽지도 않았을 것이다. 정신이상의 과정을 겪고 죽은 두 모녀의 삶은 현대소설에서는 보기 드문 비극이다. 이 작품의 비극성은 남북 분단과 그러한 상황을 받아들이지 않으려는 고향에 대한 애착감에서 비롯된 것이라 할 수 있다. 이 두 도그마의 갈등은 비인간적인 이데올로기와 인간적인 것의 상징인 고향의 갈등이라고 할 수 있다.

비극의 땅인 고향에 대해 어떻게 생각할 것인가에 대해서는 "나 말입니까? 내가… 내가 왜 이곳을 떠납니까? 고향을 두고 어디로 간단 말입니까? 난 여기서 죽을 겁니다."라는 은희 오빠의 말로써 잘 나타나 있다. 이 작품에서 고향은 인간에게 가장 소중한 것이기 때문에 어떠한 대가를 치르고라도 간직할 만한 가치가 있음을 보여주고 있다. 이들의 귀한은 단순한 추억의 장소이거나, 회귀본능의 차원을 넘어선 생존의 의미로써 자리 잡고 있다. 그리고 귀향한 후에는 어떻게 살아야 할 것인지 하는 삶의 양식까지 탐구했다는 점에서 의의를 지니고 있다. 고향은 산업개발과 도시화 속에 어렸을 때의 추억을 불러일으키지 못하기 때문에 현대의 문학에서 중요한 소재로 다루어지고 있다. 그러나 회고의 대상이나 귀향의 모티프의 차원을 넘어 고향에 돌아와서 사는 방법까지를 다룬 작품은 많지 않다. 이 작품에서 고향은 비극의 장소이지만 그러한 비극성을 통해 인간답게 살기 위해서는 어떠한 고통도 감수해야 하는 고귀한 존재로 의미를 부여하고 있다.

「고향」은 꽃, 돌 등의 이미지를 사용함으로써 고향의 정감어린 서정성을 획득하고 있다는 특성도 지니고 있다.

「그 어둡던 날의 해후」는 남북 분단 이데올로기와 부자지간의 정 사이의 갈등을 그린 작품이다. 「고향」에서 다룬 소재가 다시 등장하고 있다는 점에서 이 두 작품은 같은 계열의 작품으로 묶을 수 있다. 그러나 현이의 고향에서 이십 킬로미터쯤 떨어진 섬인 죽도를 배경으로 함으로써 고향의 의미를 약화시키고, 현실의 삶을 위협할 수 있는 아버지에 대한 정을 부정했다는 점에서 「고향」의 독단적 삶의 양상을 탈피하여 현실과의 타협을 시도한 작품으로 볼 수 있다. 고향으로부터 약간 떨어져 있음은 이 작품의 비극성을 「고향」에서 보다 약화시키는 의미도 함축하고 있다.

현이의 아버지는 현이 열한 살 때 고기잡이를 갔다가 풍랑도 없는데 실종되었다가 이십삼 년 후에 간첩으로 나타나 현의 거처를 묻고 사라졌다. 본서에서는 그를 잡으라는 명령이 떨어지고 현(한 순경)은 자신의 임무와 부자지간의 정 사이에서 갈등을 느낀다. 사흘 후 아버지는 섬을 탈출하게 되는데, 이 작품은 그 사흘간에 느끼는 한 순경의 내적 갈등을 그리고 있다.

현이와 아버지가 분단현실의 고통을 겪고 있는 배경인 섬은 고통스러운 현실이다. 현이의 할아버지와 할머니, 여동생 순임이까지도 바다에서 죽었다. 고향에서 이십 리쯤 떨어진 이곳은 현이의 고향이라고 할 수 있는 곳이었다. 남편을 바다에 잃고 아들도 고기잡이하러 나갔다가 석 달 동안 생사를 모르는 노파가 아들을 찾아 헤매는 곳이며, 이러한 일은 섬에서는 흔히 볼 수 있는 사건으로 받아들여지는 곳이다. 그들은 언제든 그곳을 떠날 수 있었다. 그러나 「고향」에서처럼 고향이기 때문에 그곳을 떠나지 못하고 있는 것이다. 이러한 귀향의식은 간첩으로 남파된 현이 아버지가 자신의 임무와는 상관없이 찾아올 수밖에 없었던 이유가 되기도 한다. 아버지의 짐 속에 있던 북한에서 새로 가정을 꾸몄음을 보여주는 모란봉에서의 가족사진은 분단 이데올로기의 고착화 현실을 보여주고 있다. 아버지의 사진과 한 순경의 아버지에 대한 현재의 심경은 일맥상통하는 바가 있다. 그는 아버지에 대해

> '아버지는 아버지고 나는 나야. 벌써 이삼십 년 전에 절연되어 버린 부자간이라는 인과의 끈이 올가미가 되어 나의 생을 균열시킬 수는 없어. 아니, 그런 생각을 한다는 것 자체부터가 망상이야, 망상! …그래 아버지와 나는 타인이나 다름없어!' 현은 애써 불안감을 떨쳐 버리려고 안간힘을 다했지만 소용이 없었다. 그가 부친을 부정하려 들면 들수록 부친에 대한 기억의 파편들이 자꾸 아프게 가슴을 찔러왔다.

고 생각하고 있었다. 남한의 아들을 수소문하고 찾아왔었으나 북한에 가족을 갖고 있었기 때문에 아들 앞에 나타나지 못했던 아버지나 현재의 행복한 삶을 유지하기 위해 겉으로는 아버지의 존재 자체를 무시하지만 끝내 부정하지 못하는 아들은 모두 분단의 현실이 빚어낸 비극적인 인물이라고 할 수 있다. 「그 어둡던 날의 해후」에서 이들의 만남을 통해서 이루어지는 현실의 변화는 없다. 그러나 그 만남을 통해 아버지는 아들이 있음을 확인하였고, 아들은 아버지가 있음을 확인했다. 그러나 이는 분단 상황 하에서 간첩과 경찰의 신분으로 함께 있을 수는 없는 만남이었다. 그리하여 결국 그들이 서로 옆에 있을 수 없음을 확인하는 계기만을 제공했다. 비극은 슬픔 보다는 우리의 곁에 있는 것(예를 들면 목숨, 가족 등)을 잠시 빼앗음으로써 그 존재의 의미를 강화시켜주는 의미의 재확인 작업이라 할 때, 이러한 잠시 동안의 만남은 그들 서로가 곁에 없음을 더욱 생생하게 느낄 수 있게 하는 비극적인 존재의 확인 작업이라고 할 수 있다.

이 작품에서 작가는 일종의 도그마라고 할 수 있는 이데올로기가 빚어낸 비극적 상황을 체념하고 수용하려는 인물을 창조했다는 점에서 도그마의

실체를 받아들이고 있다고 할 수 있다. 이로써 도그마는 추상적인 개념의 차원을 넘어 현실을 살고 있는 누구에게나 영향을 줄 수 있는 구체적인 것으로 형상화된다. 도그마에 항거하지 않고 공존하는 방법도 있음을 알았던 것이다.

5.

「그 여자의 겨울」에서 도그마는 현재의 정치상황(작품상으로는 노태우 대통령 말기의 대통령 선거)을 배경으로 하고 있다. 이는 '슬픔이 기쁨에게'의 여주인 주 여사가 프로메테우스 콤플렉스를 지닌 딸애를 데리고 병원에 오는 것으로 시작된다. 환자에 대한 이야기를 나누는 도중 그 아이의 이상행동의 원인은 아버지의 결벽증과 완벽성 추구에서 비롯된 것을 알게 되었다. 주 여사는 고속도로보다는 국도를 좋아하는 인생관 즉 삶에 어떤 목적의식을 지니고 그것을 추구하기보다는 삶의 순간순간을 음미하며 살아가려는 의식을 지니고 살아가는 사람이었다. 그리고 그 남편은 주 여사의 말을 빌면 "어린 왕자처럼 세상의 진실의 꽃에 물을 주려고 안간힘을 하다가 되레 불의의 공해에 오염되어 고통으로 신음하는 사람"이다. 사회의 진실을 탐구하고 진실을 추구하다가 현실의 구조적 모순을 비판하면서 행동하지 못하는 양심은 위선이라고 말하다가 퇴직을 당한 그는 심리의 축소행위(말을 하지 않고 자신만의 껍데기에 들어감)를 겪고 난 후 분노를 바탕으로 한 메시아 콤플렉스의 소유자가 되어버린다.

그는 주 여사에게 끌려 병원에 와서

이 놈의 나라가 이렇게 썩어가도 좋단 말이오. 포장만 민주구 정의구 자유지 곳곳에서 유독가스가 분출되고 있다 이 말입니다! 이대로 있다가는 다 질식해서 죽구 말아요! 경보 신호를 울려줄 때요! …이런 세상에서 지성이라는 것들은 어용노릇이나 하기 바쁘고 권력의 주구노릇이나 하기에 혈안이 되어 있는 판이니 무슨 희망이 있겠오? 그래서 내가 지금이야말로 국민이 무서운 것을 보여주고 올바른 눈을 떠야 한다고 말했는데 그게 뭐가 잘못됐다는 거요.

라고 당당하게 자신의 소견을 펴던 서민규는 대통령 선거 개표 시 특정 후보를 비방하다가 경찰서에 끌려갔다. 그리하여 정신이상의 진단 외에는 경찰서에서 끌어내올 방법이 없어서 정신과의사인 '나'가 주 여사의 요청을 받고 경찰에게 그가 정신 병력이 있음을 말하고 데리고 나온다. 이 작품은 사건들이 가볍게 처리되어 통속적인 분위기를 자아내는 면이 곳곳에서 보이지만 지금까지와는 달리 도그마에 대한 항거를 포기했다는데 차이점을 보이고 있다. 서민규는 일방적으로 자신의 주관을 토로하지만 결국은 정신이상자로 판결을 받게 되는 것이다. 이는 「왼손을 위하여」에서 도그마에서 탈피하기 위해 작가가 또 다른 독단을 추구했던 단계를 넘어서고 있음을 보여주고 있다. 이 작품에서는 모순된 사회구조 내에서 문제를 극복하고자 하는 한 개인의 몰락을 사실주의적으로 그리고 있는 비극이라고 볼 수 있다. 「왼손을 위하여」가 고전주의적 세계관을 지니고 있었다면 이 작품은 작중인물이 최선을 다하여 착하게 살려고 노력하지만 사회 구조적인 모순 때문에 결국 비극적으로 되고 만다는 리얼리즘적 세계관을 지니고 있다고 말할 수 있을 것이다. 도그마라는 피상적이고, 추상적인 실체가 현실적으로 구체화되어 문제를 드러낸 것이다.

첫 작품으로 대학교 때 썼다가 최근에 개작하여 발표한 「新井邑詞」는 탐색한 도그마에 대한 문제를 제기한 작품이다. 강태근의 소설세계에서 이 작품에 대한 성격의 규명이 어렵다. 그 이유는 등단 후 최근의 작품으로 보면 일종의 탐색이 결말에 도달한 것이라 볼 수 있고, 이전에 쓰여진 작품이라면 이후의 작품이 「新井邑詞」에서 포착할 주제에 대한 다양한 검증 과정이라고 할 수 있기 때문이다. 이 중의 어느 상황을 놓고 보더라도 이 작품은 그의 작품 세계에 중요한 위치를 점유하고 있다고 할 수 있다. 이 작품은 과거의 사실을 다루고 있기 때문에 일종의 역사소설로 분류될 수 있지만 그의 소설 세계와 연결되는 일종의 매듭이 될 수도 있다.

이 작품에 나오는 막쇠영감은 전통적인 가부장적 사고방식을 지니고 있는 인물이다. 선친으로 물려받은 해금을 사십여 년 동안 해금을 켜면서 엿장수를 했고, 선친의 뜻에 따라 매사에 체통을 잃지 않으려고 노력했다. 이러한 사실들은 그의 가부장적 사고방식을 강화시켜주는 효과를 지니고 있다. 그는 부인을 다루는 데 여자는 몽둥이로 다스려야 한다든지, 바람을 피우면서 그것을 탓하는 부인 뱀골네에게 오히려 사내가 하는 일에 간섭한다며 부인을 당당하게 구박한다.

그들이 어렵사리 낳아 길렀던 자식이 육이오 사변 중에 인민군이 되어 북한으로 가버리고 뱀골네도 죽었다. 이제 가부장으로서의 임무도 지위도 사라져버린 것이다. 막쇠영감은 일상생활의 곳곳에서 평소에 느끼지 못했던 부인의 소중함을 새삼스럽게 느끼다가 애모의 정이 점점 깊어져, 추운 겨울날 부인의 묘지를 찾아가 애지중지하는 해금으로 부인이 좋아하던 '井邑'을 연주하며 눈 속에서 죽어간다. 가부장으로서의 도그마의 종말인 것이다. 도그마는 그 자체가 인간에게 고통을 주지만 인간성의 말살 이후에 도그마 자체도 존재의의를 지닐 수 없어 자멸하고 마는 것이다. 이는 도그마의 비인간적 측면을 비판하기 위해 작가가 뱀골네를 죽이고 가부장적 인물인 막쇠영감을 고통에 빠트려, 인간성 회복을 주장한 것이다. 강태근에게 도그마 그 자체가 문제가 되는 것이 아니다, 도그마가 인간성을 파멸로 이끌기 때문에 파괴하고자 하는 것이다.

이 작품이 단순히 막쇠영감의 죽음만을 가져온 것이 아니라 부인의 무덤에서 해금을 켜면서 죽는다는 점도 강태근 소설에서는 독특한 결말이다.

죽음 그 자체가 해금을 통해 예술적으로 승화되고 있기 때문이다. 이는 도그마를 또 다른 도그마를 통해서 극복하거나 공존하려는 타협과 달리 도그마를 주체적으로 탈피하고 탐미주의적 예술성 추구의 방향으로 나아가고 있음을 보여주고 있다.

6

강태근 소설에서의 인물들은 그가 속한 상황 하에서 권위를 지닌 인물들이 주류를 이루고 있다. 「왼손을 위하여」와 「그 여자의 겨울」의 정신과 의사, 「고향」의 민통선 내의 군인, 「그 어둡던 날의 邂逅」의 외딴 섬에서 근무하는 경찰 등이 권위적인 사회적 위치를 점유하고 있다. 그리고 의사와 환자 또는 환자의 보호자로 만나는 수녀와 대학교수까지도 객관적으로는 권위를 확보하고 있다.

그리고 이들 주동인물들은 자신의 권위를 극대화할 수 있는 배경 속에서 활동하고 있다. 정신과 의사는 병원에서 환자인 프로타고니스트들을 만나며, 군인은 휴전선의 철책선을 지키며 탄약고에 접근하던 정신이상자를 합법적으로 죽인 상황에서 피해자인 죽은 은희의 오빠와 이야기를 전개시키며, 경찰은 자신의 권위를 최대화할 수 있는 외딴 섬에서 아버지이지만 간첩과 사건을 이끌어간다.

권위주의적 인물들을 설정해 가장 권위주의적인 상황에 위치하도록 한 것이 강태근 소설의 특성이라 할 수 있다.

이러한 인물과 배경을 선택한 이유는 도그마에 대한 탐색을 하기 위해서였다. 도그마의 대상은 인간의 인간다움을 추구하는 자유를 속박하는 신과 이산가족을 만들고 고향에서 사는 사람들이 고통을 받는 남북분단의 현실, 대통령 선거를 통해 부분적으로 나타나는 독재현실들이 그 도그마가 되고 있다. 남북분단의 문제와 겹쳐서 나오는 고향의 문제에서 분단의 원인이 이데올로기 문제 때문이며, 이데올로기는 일종의 취향의 문제이지 진리탐구의 문제가 아니라는 점에서 도그마라고 할 수 있다. 그리고 이러한 도그마는 한 작품에서 둘 이상이 겹쳐 나오며, 상보적이거나 대치하는 양상을 보이고 있다. 이러한 점은 강태근 소설의 주된 관심사가 현실사회 내에서 인간의 자유와 존엄성을 위협하는 도그마에 대한 항거에 있음을 보여주고 있다.

이들 소설에서 정신과 의사나 정신이상자들이 많이 등장하며 각자 심리적 배경도 지니고 있다는 특성도 지니고 있다. 그러나 이는 심리 소설이라기보다는 도그마에 대한 탐색의 심도를 강화하기 위한 장치에 불과하다. 「그 여자의 겨울」에서 육공화국 때 대학교수였다가 파면을 당한 서민규는 사회 구조적 모순을 자신이 타파해야 한다는 사명감을 지니고 있다. 이 세상에서 문제를 해결할 수 있는 사람은 자신밖에 없다는 메시아 콤플렉스의 소유자인 것이다. 그는 결벽증과 사회 불신을 딸에게까지 전파시킨다.

> 완벽주의자에다가 결벽증도 심하구요, 어떤 사람이고 허점이 드러나는 것을 용납하지 않아요. 애한테도 그래요. 이제 초등학교 이학년일 뿐인데 애한테도 청교도적 결벽증을 강요하지요. 짧은 치마를 입고 팬티가 노출된다든지 하면 심하게 꾸중을 하고… 학교 갈 때도 매일 아이를 세뇌교육을 시켜 보내지요. 길에서 누구든지 말을 붙여도 대답하지 말아라. 친절한 사람을 특히 조심해라 등등 미주알고주알 다 곱씨구서야 학교를 보내요.

이러한 현실은 그의 딸이 보다 빨리 성장해 어른이 되고 싶다는 의식을 강화시키는 프로메테우스 콤플렉스에 빠지게 하기도 한다. 그의 딸이 불장난을 저지르는 것은 인류에게 불을 훔쳐다 주어 신의 경지에까지 도달하게 했던 프로메테우스처럼 불을 자유롭게 사용함으로써 어른이 될 수 있다는 심리의 표출인 것이다. 이러한 심리묘사는 현대 소설의 대표적 특성이다. 그러나 이들이 심리 그 자체보다는 도그마의 존재를 설명하는 배경으로서의 역할에 주력하고 있다는 점도 간과할 수 없다. 따라서 강태근 소설에서는 심리보다는 심리묘사를 통해 도그마의 역기능을 부각시키는 장치로 활용하고 있다고 할 수 있다. 즉 심리탐구 자체가 목적이 아니라 도구인 것이다.

도그마에 대한 작가의 입장은 감정적 저항에서부터 자체적인 파멸에 이르기까지 다양하게 탐색되고 있다. 도그마가 신에 대항하거나 분단 이데올로그 등 큰 문제를 다룰 때에는 감정적인 저항이 거세게 나타나지만 가부장적 사고방식의 경우 등 개인적인 문제로 국한될 때에는 해결책까지 제시하여 직접적인 도그마의 파멸로까지 이끌어가고 있다. 이러한 스펙트럼의 한 쪽인 도그마에 대한 감정적 대응의 축에 「왼손을 위하여」가 있고, 도그마의 허구성을 갈파한 다른 한쪽에 「新井邑詞」가 있으며, 다른 작품들은 그 사이에 갈등을 일으키거나 공존하면서 스펙트럼처럼 존재하고 있다.

이러한 도그마를 다룬 작품들은 일면 관념적으로 흘러 문학성을 약화시킬 위험이 있다. 강태근의 소설에서 이러한 문제를 극복하기 위해 사용한 것은 원화의 작화 사이의 시간의 도치라는 장치이다. 현재에서 시작되는 그의 소설들은 이미 작중 이야기들의 원인을 제공하지 않은 채 갑자기 상황을 전개시킨다. 그리고 과거와 현재 사이를 불규칙하게 오간다. 과거의 회상이 오래된 것부터 나오는 것도 아니며, 현재에서부터 일관되게 보다 과거로 나아가는 것도 아니다. 이러한 작법의 활용은 그의 모든 작품에서 사용되고 있다. 그리고 낯설게 하기의 기법으로 독자들의 호기심을 붙잡아 둔다. 그러나 「그 어둡던 날의 邂逅」에서는 이러한 기법의 과도한 사용으로 작가 자신이 혼란에 빠진 모습을 보여주고 있다. 그 작품의 서두부분은 다음과 같이 시작되고 있다.

이윽고 마지막 배가 뱃고동을 몰고 포구를 빠져나가 안경사의 눈에는 실의의 빛이 역력했다. 현은 그 안경사의 눈빛에서 필사적으로 먹이를 쫓는 야수의 집념 같은 걸 엿볼 수 있었다. 그리고 자기는 그 한 마리 쫓기는 짐승이 무사히 빠져나가기만을 애타게 갈구하고 있는, 역시 동병상련의 가련한 존재라는 강박관념을 떨쳐버릴 수 없었다.

그리고 마지막 부분은 현이 숙직 중 주민의 신고를 받고 노인의 숙소에 가서 소지품을 보다가 197*년에 모란봉에서 두 남매를 가운데 놓고 찍은 가족사진을 발견하고 있다. 간첩의 소재지와 아버지임이 밝혀진 것과 도주 사이에는 아무 설명이 없다. 이는 주제의식을 강조하기 위해 의도적으로 삭제하거나 독자의 상상력에 맡기는 기법일 수 있으나, 필연성의 부족이라는 지적도 가능할 것이다. 그 배에 간첩이 타고 있다는 확신은 어떻게 할 수 있었으며, 그 간첩이 섬에서 떠나기만 한다면 신분과 위치가 드러났음에도 불구하고 무사히 북한에까지 갈 수 있을까 하는 의구심이 여전히 미해결 상태로 남아있다. 작품에 문학성을 부여하는 것은 소재가 아니라 기교이다. 그러나 그 기교는 주제의식을 강화하기 위한 것이지 기교 그 자체가 목적이 될 수는 없을 것이다.

강태근의 소설은 현대 속에 현대뿐만 아니라 전근대적이거나 중세적인 것까지 혼재하고 있다는 시간관을 바탕으로 현대를 조명해보고 있다는 점에서 나름대로의 세계를 구축하고 있다. 그리고 이러한 탐색은 점차 현대적인 문제로 나아가고 있다. 이러한 일련의 작업은 작가의 세계관 형성의 한 과정으로서 보다 치밀한 작가의식을 형성하는 밑바탕이 될 수 있을 것이라고 생각된다. 강태근의 현재의 소설세계는 도그마에 대한 항거를 출발점으로 하여 구축된 세계관이 다양성을 획득하기 시작하는 작품세계를 보이면서, 각기 작품들의 개별성들이 전체성으로 통일성을 지니고 하나의 세계관, 인생관이 구체화되어 가는 모습을 보여주고 있다.

한 작가의 새로운 경계

강태근 장편소설 『잃은 사람들의 만찬』에 부쳐

김종회(문학평론가 · 경희대 교수)

강태근 작가를 처음 만난 것은, 경희대학교 대학원 박사과정 강의실에서였다. 필자에게는 학과의 직속 선배이긴 하나 연령의 차이로 함께 학교를 다닐 기회가 없었고, 어렴풋이 소싯적부터 알려진 그 문명(文名)을 전해 들었을 뿐이었다. 강의실에서의 그는 늘 성의 있고 진중하였으며, 후배들이 보기에 후덕한 맏형 같은 인상을 주었다.

그의 은사이자 필자에게도 그러한 고(故) 황순원 선생께서는 그를 특별히 사랑했다. 경희대에서 역사상 가장 오랜 권위와 전통을 가진 전국고교문예 현상공모에서, 그는 황 선생의 선(選)을 받았다. 그에 뒤이어 1968년 문예장학생으로 경희대 국문과에 입학했다. 황 선생의 문하에서 1988년 박사학위까지 모두 마치고 대학 강단으로 출발할 때, 황 선생은 정성어린 추천서를 써주었고 심지어는 백지에 도장만 찍어 추천서 문안을 위임하는 신뢰를 보여주기도 했다. 그런 점에서 강 작가는 스승의 복이 많은 사람이다.

일찍이 충남 논산에서 출생하여 대전 보문고에 진학했을 때, 그는 고교 재학생으로서 제1회 대한민국 학술문화예술상을 수상하는 등 일찍부터 문학적 재능을 드러냈다. 그러나 한 인간으로서의 품성이 신중한 만큼 소설

또한 과작(寡作)이었다. 학위를 마친 후 여러 대학의 소설 창작 및 소설론 강의를 맡고 있으면서 스스로의 창작을 포기하지 않았으며, 예순 중반에 이른 지금도 고려대학교 교수로 적을 두고 있으면서 여전히 현역 작가의 길을 걷고 있다.

그동안 4인 창작집 『네 말더듬이의 말더듬기』와 개인 창작집 『신을 기르는 도시』 등을 상재한 작가 강태근의 소설 세계는, 인간의 외형과 내면이 밀접하게 맞물려 있다고 보고 그 본질의 정체성을 탐색하는 경향이 약여하다. 특히 정신의학적 증상으로 나타나는 여러 병리학적 상황은, 근원적으로 사회·역사적 사건과 상관되어 있다고 판단한다. 그러기에 작가로서 그의 시각은 그 부정적 면모에 대해 침묵하거나 후퇴하지 않고 정면으로 마주선다.

그런가 하면 전통사회의 가부장적 질서 또는 아버지의 상실이라는 주제가 소설적 담화로 어떻게 표출될 것인가에 대한 관심이 깊어 보인다. 이는 우리 민족 전래의 강건한 선비정신, 곧 유학의 정명주의(正名主義)에 잇대어져 있는 것으로, 문학을 통해 사회 고발이나 사회적 실천의 영역으로 전환될 수 있는 모티프를 포괄한다. 그가 몸담고 있던 사학 재단과의 갈등으로 오랜 세월을 그 현장과 거리의 법정에서 투쟁해온 사실이 그의 소설 세계와도 무관하지 않다는 말이다.

미상불 이 투쟁의 기간을 통하여, 그는 많은 것을 잃거나 유보당했고 그만큼 심정적 고통도 극한의 지경에 있었을 것이다. 그러나 그 과정을 통하여 어쩌면 인간이 마지막까지 지켜야 할 위의나 정신적 가치와 같은 덕목은, 그 체험이 없는 경우에 견주어 훨씬 큰 진전과 승급을 이루었을 것으로 짐작된다. 이번에 새 얼굴을 보이는 장편소설 『잃은 사람들의 만찬』은 바로 이 사건에 대한 가슴 아픈 자전적 기록이다.

이 소설의 강청은 작가 강청의 심경과 행적을 직접적으로 반영하고 있으나, 그렇다고 해서 그 작중인물이 작가와 동일하지는 않다. 그것은 소설이라는 문학 장르의 존재양식이기도 하다. 하지만 강청이 작가의 절망과 울분, 그 진정한 소망을 담아내기에는 부족하지 않다. 모두 3부로 이루어진 이 소설은 작가 자신의 카타르시스이자 작가의 오래 묵은 육성으로 유사한 사건들에 대해 환기하는 비판의 경종이다. 우리는 한 작가의 생애를 담은 이 소설적 서사를 유의 깊게 성찰해야 할 책무를 넘겨받은 셈이다.

주인공 강청은, 마오쩌둥 사후 중국 문화대혁명 기간에 숙청된 4인방의 우두머리 강청과 이름이 같다. 마오의 세 번째 부인이기도 했던 그의 몰락이 작가에게 어떤 시사점을 던졌는지는 확실하지는 않으나, 중국의 강청 못지않게 이 소설 속의 강청도 사회·역사적 인물로서의 비중을 가졌다. 필자가 바라기로는, 이 소설로 인하여 강 작가가 자신을 금압했던 오랜 굴레를 벗어던지고, 저 해맑았던 소년 수재(秀才)의 초심을 회복하여 더 유암(柳暗)하고 화명(花明)한 창작의 경계를 열어갔으면 한다.

움직이지 않는 『움직이는 城』

「소나기」는 많은 독자들의 사랑을 받아왔고 지금도 여전히 선생님의 대표작으로 사랑받고 있다. 그런데 선생님께서는 생전에 그 같은 평가에 대해 자주 불만을 토로하셨다. 언젠가 박사과정 강의가 끝나고 김용성, 조태일 형 등 몇이서 선생님을 모시고 휘경동에 있는 '러시안집' 에 갔을 때의 일이 떠오른다. 1984년도 늦가을쯤으로 기억된다. '러시안집'은 뚱뚱한 주인 마담과 주점 분위기가 러시아풍이라고 해서 붙여진 이름인데, 경희대 국문과 대학원생들이 교수님들을 모시고 잘 들르는 간이음식점이었다. 술이 몇 순배 돌고 분위기가 시국 얘기로 돌아가는데 지방 대학의 김 모 교수가 느닷없이 「소나기」 얘기를 꺼냈다. 전란의 포성이 요란했던 1953년 4월에 어떻게 그런 순정한 감성을 담은 작품을 쓰실 수 있었느냐며, 「소나기」는 한국 소설의 진수를 보여주는 대표작이라고 용비어천가를 읊어댔다. 그러자 선생님께서 서운함과 화가 담긴 목소리로 "왜들 '소나기' 얘기만 하는 거야! '움직이는 성'은 읽어보지도 않고 들!" 하시면서 길게 한숨을 내쉬었다. 세간의 평가가 작가로서는 못내 서운하시다는 감정이 그 한숨 속에 깊게 배어 있음을 느꼈다.

『움직이는 城』은 선생님께서 자선하신 대표작이며, 야심작이다. 주지하는 바와 같이, 『움직이는 城』은 한국인의 유랑민 근성을 '움직이는 城'에 비유하여 작중인물들을 통해 예리하게 통찰하고 비판한 작품이다. 그리고 그 구원의 궁극은 기독교의 진정한 사랑으로 정체성을 확립할 수 있다는 메시지가 담긴 소설이다. 선생님께서 『움직이는 城』을 집필하실 때 얼마나 심혈을 기울이셨는가를, 아는 제자들은 다 안다. 그러나 어쩌랴. 작자가 제일의 창작자라면 독자는 제 이의 창작자인 것을. 작품에 대한 평가는 온전히 수용자의 몫인 것을.

세간에 알려진 것처럼 『안나카레리나』는 톨스토이가 실패작이니 사장시키라고 한 작품인데, 세기의 명작으로 많은 독자를 가지고 있다. 허만 멜빌의 『백경』이나 에 밀리 브론테의 『폭풍의 언덕』은 작자의 생전에는 인정받지 못하다가 사후에 명작의 반열에 오른 작품이다. 김승옥의 「무진기행」 역시 그런 후일담을 가지고 있는 소설이다.

이제 『움직이는 城』 얘기를 하자. 작품에 관한 평가나 해설은 기왕의 이상섭 선생의 작품 해설이나 평론가들에게 맡기고, 『움직이는 城』에 담긴 선생님의 삶의 모습을 살피면서, 선생님께서 남기고 가신 추억담이나 지면이 허락하는 대로 언급하련다.

이 소설의 핵심 인물은 준태, 성호, 지연이다. 유랑민 근성론은 주로 이 세 사람 사이에서 벌어지는 논의이다. 그러나 그들은 각자 나름대로 유랑민이 아닌, 정신적 뿌리가 깊이 박힌 정착민이 되고자 한다. 특히 준태는 자기 주변에서 늘 대할 수밖에 없는 속물주의, 천박성, 임시변통주의, 부정적, 불합리성을 한국 민족 고유의 숙명적 특질로 귀결시킨다. 준태는 한국인의 그러한 숙명적 유랑민 근성을 극도로 비판하고 혐오함으로써 그 근성과의 관계를 끊으려 한다. 숙명적으로 움직일 수밖에 없는 『움직이는 城』의 후예이면서도, 성의 견고성을 상실하지 않으려고 안간힘을 한다. 창작을 하다 보면 무의식중에 작중 인물에 작자의 모습이 투영되게 되는데, 나는 준태에게서 황순원 선생님의 생전의 삶의 자세를 많이 느끼게 된다.

"…남에게 억눌려도 순순히 받아들이구, 어질구 착한 백성이니 용서해 주리라는 걸 미끼삼아 그때그때의 권력에 붙어사는 얌체족이나 길러내야 한다는 건가, 분노할 때 분노할 줄 아는 민족이어야 해."라고 외치는 준태의 모습에서, 5·18의 비극을 불러온 신군부시절, 심한 지각의 요동에도 견고하게 자신의 성을 지키려 하셨던 선생님의 의연한 모습이 떠오른다.

80년대 어느 가을이었다. 국보위에 불려 갔다 오신 선생님께서 심기가 불편하신 착잡한 얼굴로 날씨도 그렇고 하니 술이나 한잔 하자고 하셔서 '러시안집'으로 갔다. 술이 몇 순배 도는데도 선생님의 표정이 풀리시지 않아 내가 조심스럽게 "심기가 많이 불편하신 거 같으시네요…." 하고 말끝을 흐렸더니, 선생님께서 잠시 침묵하신 뒤 "나더러 국보위 위원이 돼 달라고 하더군. 흠, 나는 못 한다고 했고… 서정주는 수락했지." 하고 말없이 거푸 술잔을 비우셨다. 그러고 나서 "자네 이광수를 어떻게 생각하는가?" 하고 물으셨다. 내가 가볍게, 작품과 사람 평가는 구별할 필요가 있지 않겠느냐고 대답했더니 "자네도 그렇게 생각하는가? 혼이 떠났으면 그게 사람인가, 시체지! 용서는 진정한 참회가 있은 다음에야 가능한 거야. 참회한다고 「돌베개」를 썼지만 그건, 참회가 아니라, 자기합리화고, 변명이고, 위선이야!"라고 격분하셨다.

선생님은 작가는 오직 작품으로만 말해야 한다는 신념에도 흔들림이 없으셨다. 신문에 잡문 한편 안 쓰신 것이나, 여러 방송사에서 선생님의 생전의 모습을 영상으로 남기려고 끈질기게 시도하였지만 끝까지 고사하셨다는 것은 널리 알려진 사실이다. 독자들도 만나기를 꺼려하셨다.

어느 해, 조선일보 신춘문예에 「조부사망급래」로 당선한 김수남 형과 한국일보에 「생성」으로 당선한 이진우 형이 신춘문예 수상식장에서 심사위원이셨던 황순원 선생님을 잠깐 뵈었을 뿐 수십 년이 흐르도록 선생님을 뵙지 못했으니, 한 번 뵈었으면 좋겠다는 뜻을 내비쳤다. 그래서 이창훈 소설가와 함께 넷이서 서울로 볼일을 보러 가는 길에 용무를 마치고 댁으로 전화를 드렸더니, 뜻밖에도 선생님께서 단호하게 거절하셨다. 내가 당황하여 몇 번을 사정 말씀을 드려도 "강 교수, 그 분들한테 미안하다고 말씀드려요. 나, 사람 안 만나는 거 알잖아, 오려면 강 교수나 왔다 가요." 하고 요지부동이셨다. 하는 수 없이 대전으로 고속버스를 타고 되돌아오면서 세 사람에게 얼마나 미안했던지, 선생님의 그 성(?)의 견고함이 야속하기까지 하였다.

그렇다고 선생님이 비정한 분은 아니시다. '술'의 시에서도 알 수 있듯이 기독교를 바탕으로 한 인간애가 깊으시다. 특히 아끼는 제자들에게는 엄격하면서도 융숭 깊은 사랑으로 대하신다. 말년에 오랫동안 대전에서 살다가 작고한 최상규 선생에 대한 애정도 그 한 예가 될 것이다. 내가 알기로, 최상규 선생은 칼날 같은 결벽성 때문에 '황문회 사건'으로 한동안 황순원 선생님과 소원한 관계로 있었다. 역시 선생님의 제자인 오유권 선생이 선생님의 제자들로 구성된 '황문회'를 만들자는 제안에, 최상규 선생이 그 발상이 의심스럽다고 반기를 들어, 황순원 선생님의 심기를 상하게 한 것이다. 그러나 선생님은 자주 최 선생님의 안부를 물으시며 "최상규, 지방에서 썩고 있기에는 아까운 작가야. 둘이 잘 지내."라는 당부를 잊지 않으셨다. 최상규 선생도 작고하기 얼마 전 나와 함께 황 선생님을 찾아뵙자고 누차 약속을 하였는데 안타깝게도 그것이 실행으로 이어지지 못했다.

황순원 선생님의 각별하신 사랑에 보답하지 못한 나의 통한은 절망에 가깝다. 나는 시인으로 널리 알려진 정호승과 함께 황순원 선생님의 선으로 경희대 소설 부문 문예장학생으로 입학하였다. 그러나 실토하자면, 나는 가정 형편이 너무 곤궁하여 장학 혜택을 받지 않았으면 대학 진학을, 더구나 당시에 서울로 유학을 간다는 것은 꿈조차 못 꿀 일이었다. 입학하고서도 학교에서 주선해 준 가정교사에 충실하면서, 어떻게든 대학을 졸업하고 가족을 부양해야 한다는 일념에만 몰두하였다. 제자로 불러 주신 황순원 선생님도 찾아뵙지 않았다.

선생님을 뵙게 된 것은 2학년 초 창작론 수강을 하고서였다. 선생님께서 과제로 소설을 한 편씩 써서 제출하라고 하셔서 단편 「新井邑詞」를 제출하였더니, 어느 날 선생님께서 강의가 끝나고 교수 휴게실로 오라고 하셨다. 내가 선생님 맞은편 자리에 앉자마자 "이 소설, 정말 자네가 쓴 소설인가?" 하고 정색을 하시면서 물으셨다. 순간 어이가 없었다. 선생님께서는 나를 문예장학생으로 선발하신 것을 까맣게 잊고 계신 것이 분명했다. 그래서 서운한 목소리로 "선생님께서 문예장학생으로 뽑아 주셨잖아요." 하고 말씀드렸더니, 선생님의 표정이 환하게 밝아지시더니 "아, 그랬지, 그랬었지…." 하고 감회에 젖으셨다. 내가 소설을 되돌려 받으려고 하자 선생님께서 "이 소설, 잘 썼어. 이 소설은 학보에 발표하고, 추천할 테니 현대물로 한 편 더 가져와. 나는 한 편 가지고 추천하는 사람이 아냐." 하고 말씀하셨다. 하지만, 당시 최인호도 조선일보 신춘문예에 당선하고서도 다시 선생님의 추천을 받았다는 사실을 모른 채, 추천제도의 거부감과 함께, 소설은 생활의 뒷다리에 살이 오르면 그때 열심히 쓰겠다는 신념을 버리지 않고 선생님의 크나 큰 배려를 외면하였다.

선생님께서는 그런 나를 묵묵히 지켜만 보셨다. 세월이 흘러 대학을 졸업하고 공립 중학교에서 근무하고 있을 때, 선생님께서 대학원에 진학하라고 권유하셔서 석사과정에 입학하였다.

내가 다시 글을 쓰게 된 것은 삼십을 훨씬 넘어서였다. 대전 성모여고에 근무할 때, 손종호, 김백겸, 강돈묵 등의 문우들이 찾아와서 "정말 글을 안 쓸 거냐. 썩은 문단의 관행을 깨고 무크지 활동을 하려고 하는데 같이 참여하자."고 하여 동참하였고, 그때 창간한 무크지 《문과 율》이 후에 계간문예지 《문학마당》이 되었다.

무크지 활동을 하면서 문우들의 권유로, 이문열이 「塞下曲」으로 등단한, 동아일보 중편 부문 신춘문예에 응모도 했다. 심사위원은 이호철, 유종호 선생이었다. 네 편이 최종심에 올랐는데, 내 작품에 대한 평은 "이렇다 할 결점이 없는 것이 결점이다."라는 단 한 마디뿐이었다. 선생님께서 그 사실을 아시고 어느 날 박사과정 강의가 끝난 다음, 괜찮으면 함께 회기동 역에서 지하철을 타고 안양으로 가서 저녁을 먹고 대전으로 내려가면 어떻겠느냐고 물으셨다. 선생님이 안양시 관양동에서 사실 때였다. 회기동에서 안양역까지 오는데 한 시간 반이 넘게 걸렸다. 선생님께 왜 이렇게 먼 곳까지 오셔서 외롭게 사시느냐고 물었더니 "자네, 상아가 왜 비싼 줄 아나? 코끼리는 죽을 때 아무도 모르는 데로 가서 죽음을 준비하지…." 하고 선문답하듯이 미소를 지으셨다.

안양역에 내리자 선생님께서 바로 역 앞에 있는 음식점으로 나를 데리고 가셨다. 회덮밥과 반주로 소주를 시켰는데 여주인이 진열대에서 반이 넘게 남은 소주병도 같이 가져왔다. '황순원'이라고 쓰인 종이가 붙어 있는 술병이었다. 선생님은 양이 많다고 하시면서, 당신의 그릇에 담긴 회덮밥을 내 그릇에 덜어 주시고, 천천히 입을 여셨다. "이제 시작해 봐. 봇물처럼 쏟아져 나올 거야. 콘래드를 비롯해서 사십대에 시작해서 대성한 작가들이 많아. 신춘문예는 변수가 있고, 기질에 맞지 않는 작가도 있어. 나도 신춘문예로 등단의 길을 택했다면 실패했을 거야."라고 하시면서 낙선 소설을 추천하시겠다고 하셨다. 나는 그때도 선생님의 배려를 받아드리지 않았다. 어느 때고 선생님께 자신 있게 내놓을 새 소설을 가지고 가겠다고 고집을 피웠다. 선생님은 진노하셨다. 선생님께서 감정을 드러내놓고 그렇게 진노하시는 것을 본 적이 없었다. 선생님께서는 안양역 앞에서 '다시는 내 앞에 나타나지 말라!'고 고함을 지르셨다. 나의 그런 태도에 역시 화를 내시면서 안타깝게 지켜 본 또 한 분이 박용래 시인이다. "너 혼자 잘난 체 해야 너만 손해야. 묻혀 있는 놈을 누가 거들떠보기라도 할 줄 아니! 강, 이문구한테라도 같이 가자. 니 재주가 아까워서 그래! 문단에 적을 거는 건 아무것도 아냐! 좋은 글 쓰는 게 문제지. 미련한 놈! 황순원 선생님이 어떤 분인데, 너만 끝까지 사랑할 줄 아니! 인간의 마음은 파도와 같은 거야!"라고 역시 화를 내셨다. 그렇게 어정쩡하게 글쟁이 노릇을 하다가. 1990년도에 재직하던 기독교 대학에서 종교적인 문제로, 유신헌법의 교수재임용제도의 올가미에 걸려 해직당하고, 신음하면서, 이십여 년을 법정 투쟁에다 시간을 탕진하였다.

해직을 당하고 절간을 헤매면서 시간 강사로 전전할 때 선생님을 찾아뵈었다. 사당동 대림아파트에서 사모님과 두 분이 사실 때였다. 점심 무렵이 다 되어 찾아뵈었는데, 사모님은 외출하시고 선생님 혼자서 맞아주셨다. 선생님께서는 고난을 겪고 있는 나를 안타까워하시며 "이 나라가 뭔가 아주 잘못 돼 있는 거야. 흔들리지 말아요."라고 위무해 주셨다. 사모님이 돌아오실 시간이 되자, 선생님께서 사모님의 무사 귀가를 기원하는 기도를 간곡하게 올리셨다. 노년의 아름다운 부부애를 확인할 수 있는 장면이었다. 사모님이 돌아오시사 선생님께서 "강 교수가 왔으니 점심 준비를 해요."라고 말씀하셨다. 내가 곧 돌아가겠다고 하자 사모님께서, 불편할 거 같아서 그러면 중국집에서 음식을 시켜다 먹자고 하시면서, 평소에 선생님께서 즐기셨던 간자장면을 주문하셨다. 식사 전에 선생님께서 "강 교수, 강 교수를 위해 기도하고 싶은데 괜찮겠지…." 하고 말씀하시며 나를 애정 어린 눈으로 바라보셨다. 그날 나를 위해 두 분께서 하신 간절한 기도는 고난을 극복하는데 크나큰 힘이 되고 용기가 되었다.

아, 선생님에 대한 죄스러움과 여한을 어떻게 필설로 다 할 수 있으랴!

지난번 선생님 기일에 처음으로 소나기 마을을 찾아가 참배를 드리고 돌아와서, 착잡한 상념에 잠을 이루지 못했다.

「소나기」 소설 속의 소녀가 떠오른다. 죽으면서 진흙물이 밴 저고리를 함께 묻어달라고 한. 선생님에 대한 그리움은, 그 소설 속 소녀의 옷에 밴 황톳물 같은 것이다, 내게는!

아프다!

* 이 글은 황순원문학촌에서 청탁하여 '소나기마을'에 게재한 회고록입니다.